领导微艺术

高永华 高海冬 孙潇雨 赵宏娟 编著

中国社会出版社
国家一级出版社 全国百佳图书出版单位

图书在版编目（CIP）数据

领导微艺术／高永华等编著．—北京：中国社会出版社，2013.11

ISBN 978－7－5087－4579－4

Ⅰ.①领… Ⅱ.①高… Ⅲ.①领导艺术 Ⅳ.①C933.2

中国版本图书馆 CIP 数据核字（2013）第 256436 号

书　　名：领导微艺术
编　　著：高永华等
责任编辑：孙　研

出版发行：中国社会出版社　　**邮政编码：**100032
通联方法：北京市西城区二龙路甲 33 号
电话：编辑部：（010）66060097
邮购部：（010）66081078
销售部：（010）66080300　（010）66085300　传真（010）66051713
（010）66080360　（010）66080880　（010）66080880

网　　址：www.shcbs.com.cn
经　　销：全国各地新华书店

印　　刷：中国电影出版社印刷厂
开　　本：160mm×230mm　1/16
印　　张：19
字　　数：250 千字
版　　次：2014 年 1 月第 1 版
印　　次：2014 年 1 月第 1 次印刷
定　　价：39.00 元

Preface / 前言

就职责而言，领导关注大事，抓好中心工作，完成本职任务，自不待言。但是，有些细节小事，也是不能忽略的。

细节小事看上去似乎无关宏旨，微不足道，但它却不可或缺。因为它或直接，或间接地连着大事，是全局中的一环，长链中的一节，失之便不完整。进而言之，有些小事本身就具有关键性意义，搞得不好，小事可能转化为影响全局的大事，出现功亏一篑、满盘皆输的悲剧。概言之，小事不是全局，但影响全局。“小不虑则乱大谋。”

在现实生活中，不少领导把小事不当回事，因其细微，每每丢在脑后，在有意无意间忽略了它们，结果因小失大，造成不良后果而追悔莫及。这方面的教训值得记取。正是从这个意义上说，提醒领导者在全力抓好大事的同时，适当分一点心思，关注和观照一下细节问题并不是多余的。

俗话说，“小洞不补，大洞尺五”“蝼蚁之穴，溃堤千里”“大石头离开小石头砌不成墙”。这些俗语形象生动地说明了大与小的关系，阐释出细节的重要性。作为有抱负的领导者、管理者应深谙大与小的辩证法，处理好大事与小情的关系，做到全局在胸，又见微知著，不忘细节小事，善于小中见大，以小促大，积小成大，使自己变得卓越，让工作顺利圆满，事业兴旺发达。

有一句名言叫“细节决定成败”，此言有一定道理。从某种意义上说，关注并处理好小事，让小事为自己助力，表现正能量，也是一种领导艺术，称之为“领导微艺术”。

当然，有关领导的细节问题成千累万，涉及方方面面，任何人都不可能面面俱到，滴水不漏，十全十美。但是，诚如毛泽东同志所说，领导工作要学会“弹钢琴”，在统筹全局、抓住工作重心、奏响主旋律的同时，也要点到次要问题，抓好次要矛盾，才能演奏出有声有色的动听乐章。

为此，作者积多年的观察和思考，从诸多领导细节小事中选取了116个问题，分成自身形象、工作方法、识才用才、上下关系、交际口才、当众演讲和素质建设7个部分，汇集成册。为追求通俗好读，贴近实用的效果，本书不过多展开理论阐述，而是采取点睛之语与事例剖析、事理结合的方式，说明领导处理细节问题的要点、方法和技巧，并命名为《领导微艺术》，以期为领导艺术作一点补充，供中下层领导者、管理者参考和借鉴。读者可以对照反思，或拿来即用，或举一反三，本着“不求完美，但求卓越”的精神，结合个人实际，有所为有所不为，在实践中不断提升自己，让自己做得更多一点，更好一点。

本书在写作过程中，参阅了大量有关书报杂志，引用了一些事例，在此对原作者表示感谢。

本书提出的观点做法是一家之言，由于作者经历和水平所限，难免存在疏漏和偏颇之处，恳请专家和读者批评指正。

作者于2013年6月

CONTENTS / 目录

第一章　立德树威，重在律己

第二章　真抓实干，讲究方法

第七章　孜孜以求，强化素质

第一章

立德树威，重在律己

打响上任第一炮

对于新任领导而言，就职演说是一种具有开启意义的亮相形式。能否打响这上任的第一炮，对于任期工作有重要影响。

有的领导上任时，对首次演说重视不够，以为随便说几句客套话、见见面就行了。因而事先并不认真准备，上台后东拉西扯说几句没有多少实际意义的套话。结果第一次与群众见面就留下了一个不佳的印象，在很长一段时间内都难以纠正，甚至影响到工作的展开。尤其是从外地调来的领导，人地两生，搞不好就职演说的负效应是很大的。有位新上任的领导，在进行就职演说时，由于他的口音很重，腔调有些怪，讲话内容下面听不太清，于是人们交头接耳，会场秩序比较乱。他对此很生气，以为群众不尊重他，便中断演说，指着台下发火道："……那是谁在讲话，你要讲就上来讲!"他这样一来不但没有起到什么好作用，听众反而哄笑起来，他更加生气地说："这，这简直是乌合之众!"此话一出口，下面更是不满，于是有人高喊说"听不清!"就这样，他的就职演说不但没有开个好头，而且把自己的形象也搞坏了。

第一次见面就对群众耍威风，在群众中造成了负面影响，落了个没水平的印象，把自己与群众的距离拉开了，此后很长时间内人们都在议论这件事。

明智的领导就不同了，他们特别重视上任后的第一次亮相。他们会精心准备自己的就职演说，全力打响上任第一炮，以成功的就职演说把最佳的形象展示给群众，给大家留下良好的印象，为自己今后和群众合作共事奠定第一块坚实基石。

1. 态度真诚坦率。就职演说不是一般的讲话，也不是作指示，它是以发表施政纲领，展示个人理念和形象，初步建立良好上下关系，进而同心同德共同战斗为目的。为此，就职演说者在口气、举止、做派上，应充分体现出自己的真诚态度和尊重群众的意愿。介绍自己要真实坦诚，实事求是，不卑不亢。在演说的语气腔调上，既坚定有力，又热情谦虚；既体现领导风度，又有同事、同志的平等亲切。要避免用那种居高临下、盛气凌人的口气讲话，以免引起群众反感。表情要自然随和，举止要优雅大方，透出精明强干的气质。领导以这样的姿态亮相，有助于展现自己的人格魅力和精神品位，易于形成人格吸引，赢得听众由衷的好感，拉近自己与群众的心理距离，促进心灵沟通，取得信任。

2. 内容实在服人。对于群众来说，最关心的是领导演说的内容。看领导将要做些什么，怎么做；他们的目标是否恰当，措施是否可行。所以，就职演说应有的放矢，回答群众最关心最关注的问题。首先，提出的任期目标既不能开“空头支票”哄骗人，也不能毫无根据地许愿，要实在、可靠，合情合理。特别是对于近期能办到的事情，应有所交代。其次，提出的措施要可行，解决问题的办法要切合实际，有可操作性，较好把握，能够实现。这样的演讲既有长远的打算，又有近期的安排，使大家感到你这个领导心中是有数的，是干实事的，不是在说大话、唱高调，而是一个有强烈责任感和使命感的人，一个脚踏实地诚心诚意干事的人，一个可以信赖的领导。同时，大家也从演讲中了解到下一步努力的方向，有助于把大家的力量集中到一起，形成同心同德的局面。

当然，就职演说是刚上任时的演讲，新任领导不可能对下情了解得十分具体和深入，如果说得太多太细，会留下一个上任之始就夸夸其谈的印象，效果反而不好。因此，就职演说不宜太长，要精短一些，要有一定的概括性，有些内容不能展得太开、太细，只要点到就好。

3. 语言精练生动。对于演说内容要精心组织和构思，力求新颖别致，给人耳目一新的感觉。尤其在语言运用上要有个性色彩，要追求生动有趣，避免生硬的说教意味。比如，有位领导的就职演说就与众不同，他这样说："我来这里主持工作，带了三件东西：一是带来一只碗。平时碗口向上，什么意见都能装，一定广采众议，悉心听取；形成决议后，碗口向下，包括我在内谁也不能轻易再翻动……同时还要'一碗水端平'。二是带来一张纸。我绝不用它打收条，打欠条，而是要用血汗写下今后的历史，交上合格的答卷。三是带来一颗心。我要和大家以诚相待，用自己的心换同志们的心……"很显然，他的演讲内容和语言都是经过精心准备和策划的。他如此用形象化的语言，生动地表达了自己上任后的决心和目标，十分具体、十分有趣，又不雷同，因此效果很好。

这个事例还告诉我们，就职演说不要搞得太严肃，应轻松活泼一些，使大家在轻松和谐的气氛中认识并接纳你这个新领导，同心协力地合作共事，一起迈向新的奋斗历程。

» 上任巧施"下马威"

"下马威"通常被视为贬义词，指官员初到任时对下属显示的权势、威风。如果我们剔除其中的消极意味，仅从上任时就要形成威望、建立威信的角度看，巧施"下马威"也未尝不可。

一般说来，人们对于新任领导并不了解，难免存在观望、猜测，甚至存有偏见，保持距离。如何尽快消除距离感，实现上下沟通，是新任领导不能不考虑的问题。通常有两种方法：一是在实践过程中，用自己的实际言行塑造形象，赢得人心，让大家逐步认识自己的思想、作风、才干，建立威信，最终接纳自己。但这需要持之以恒在一个较长的过程中完成。二是巧施"下马威"。在初次亮相时，就给大家留下良好的不同凡响的形象、做派、风格，显示出威力，赢得大家的喜欢，让人感到你是一个可以信赖的人，从而建立起威信。显然，后者利用人们“先入为主”的心理，易于形成威信效应，能很快打开局面，是一种较为投巧的方法。

当然，这里所说的“下马威”，在内容和方式上与本来意义上的“下马威”有质的区别。首先，其目的是出于公心，为了促进沟通，推动工作，而不是仅仅为显示个人威风；其次，从内容上看，它不是借助个人权势压服人，而是通过展示自己的才华、学识、作风和思想，引起人们重视，形成人际吸引和敬佩之情，进而建立威信。因此，它具有积极意义，不失为初到任者的一种选择。在具体操作上，有这样一些方法可供借鉴。

1. 展示学识之威力。一般情况下，群众对于有学识有本领的领导是会由衷地产生好感和敬佩之情的。所以，当你第一次与下属见面，或进行就职演说时，就要恰当地展示自己的学识，力求以大量新鲜信息，引起关注，以学识之力，造成吸引，引来尊敬。比如，一位军队转业干部到一家药厂当领导，此前人们以为他是外行当家，疑虑不少。在第一次开会亮相时，群众对他冷眼相看。他了解大家的心情，因此一走上讲台，他就出人意料地提出几个问题，引起不小的震动。他说：“同志们，我想提几个问题：西安杨森制药厂的效益是我厂的几倍？为什么这家药厂要用一个军阀的名字命名？‘三九胃泰’靠什么打开市场？‘丽珠得乐’是湖南人发明的，为什么到珠海去发展？谁来回答一下？”台下的人们一下子都愣住了，这些制药行家们还没有人关注过这些问题，自然回答不上来。于是，他从企业文化讲起，谈了企业的改革振兴，谈了自己的设想看法。由于他掌握的信息很新，有些见解十分独到，大家听得入神，一下子就被征服了，都说这个转业军人了不得、在行，是个干大事业的领导。由此赢得了人心，建立了威信，到任不久就打开了局面。

在这里，他的“下马威”的成功就得益于展示自己的学识和信息。大量的新信息、新思想，让人开窍长见识，自然就把人心抓了过来，赢得人们的信赖。

2. 展示本领之威力。有时候，新领导到一个单位去，还可以创造机会表现自己的本领、才华，给人们形成强烈印象，叫大家体会到你不是等闲之辈，从内心佩服你，愿意跟着你干。那时，你的身价就将倍增，并博得人们的信任。有一位军校毕业生被分配到一个军事训练尖子连当排长。开始时，有些老班长对他并不信任，以为学院培养的学生吃不了苦，带不了兵。他很清楚士兵的心理，为了打开局面，他组织了一次小拉练。他和大家一样全副武装，一起爬山越岭，300 里路行军他一直走在最前面，还帮助战士背枪，做宣传鼓动工作。在行进间实弹射击时，他以灵活的战术动作，用三种武器对不同距离的运动目标射击，发发命中，一下子就把全排"震"住了。战士们情不自禁地报以热烈掌声，说："乖乖，没想到他还有这样的绝活！"从此以后，全排战士接纳了他，他的威信很高，全排工作十分出色。

很显然，他的"下马威"就是亮自己的绝活，以自己高超的军事技能，扫除了战士的疑虑，提高了自己的威信，从而打开了工作局面。

3. 展示个性之威力。初到任上，领导者还应表现自己崭新的工作作风，或与众不同的姿态，这对于改正不良作风，形成良好风气，提高下属的素质有重要的作用。有一位领导调到新单位上任前，就了解到这个单位人心涣散、作风拖拉。到任后，他在大会上提出机关作风要坚持高标准、严要求，并从自己做起，请大家监督。一天，有个机关办事员起草了一份文件请他审批，他看到文件字迹潦草，多处修改并未誊清，就严肃地说："拿回去重写。"办事员回去后，第二次再写就认真多了。写好后又送过来，他看到格式不对，又打了回去。这次，下属感到了压力，不敢马虎，认认真真地修改，第三次才过了关。拟订一个文件三次才过关的事情，在机关引起很大震动，都说这位领导要求很严，轻轻松松是过不了关的。从此，机关出现了认真学习的风气，工作更加认真严谨、一丝不苟，机关作风发生了很大变化。应该说，这些可喜的变化，就是从那次"下马威"开始的。

4. 展示原则之威力。领导者到新单位后，一开始就要在坚持原则、贯彻政策问题上以身作则，做出样子，对于违反原则的行为决不姑息，这同样可以对下属产生震动，甚至能改弦更张，扭转局面。特别是在那些存在问题的单位更应如此。有一位新上任的局领导到下属单位检查工作，中午吃饭时，这个单位领导设宴招待他。他一看满桌山珍海味，脸上便露出不快，他没有说什么，转身就走，自己到外面小摊上吃了一顿。把这个单位的领导晾在那里，个个面面相觑，十分紧张。他虽然没有批评下属，但是用行动表明了自己的态度和立场，其威力之大，足以引起心灵的震撼。下属看到他动真格的，所以从内心里佩服他，于是主动作了检查，决心纠正错误。新领导罢宴的事件在单位不胫而走，引起强烈反响，从此吃喝风大大收敛。

这个事例说明，对于明知故犯、有违原则的人就是要给一点“下马威”才行。领导者坚持原则的行为是对下级的最好教育和示范，同时群众对于一身正气的领导是最佩服和拥护的，因此在原则问题上显示“下马威”最容易建立威信，赢得人心。

巧施“下马威”还有多种方式，这里不再一一列举。

从上面的事例可以看出，巧施“下马威”一定要从实际出发，事先要进行必要的调查研究、摸清情况，针对问题、精心策划、认真准备，力求第一次亮相一炮打响。此外，巧施“下马威”要恰到好处，切忌装腔作势、恣意卖弄，否则不但不能产生威信效应，反而可能事与愿违，留下笑柄。最后需要强调的是，有效的“下马威”仅仅为自己赢得了一个良好的开端，但不能一劳永逸，明智者应以此为起点，乘胜前进，扎实工作，创造出更大的成绩来。

» 初到任上如何建立威信

有些年轻领导干部，新到一个单位上任时，往往遇到一个难题，那就是群众与自己存在心理距离，甚至是猜疑和不信任。对此，有的人沉不住气，急于在群众面前建立威信，要么在会上自我吹嘘，哗众取宠；要么当众批驳，发泄不满……这样一来，不但不能消除他人的偏见，反而越描越黑，正好验证了人们的猜疑，进一步影响了自己的形象，实在得不偿失。

应该说，这些领导者力图建立威信的动机也许没有错，但是失之于操之过急，又用错了着力点，难免事与愿违。为了避免类似问题出现，初到任上，起码应注意以下几点。

1. 不要太看重个人面子。对于一位领导者来说，拥有权威是很重要的。然而，工作权威与个人面子往往掺和在一起，太看重个人面子势必会影响自己看人看事的高度和角度，扭曲自己的待人方式和处世原则。所以，初到任上，面对种种舆论压力，应把着眼点放在如何开展工作上，不必太在意个人面子。至于别人的说三道四，不当猜疑，甚至不实之词，尽可任人去说，不必生气，也不必辩驳，更不要耿耿于怀，当众发火批评。要知道，人之口是难以用话语封堵的，要想获得威信必先赢得人心。要采取高姿态，说服自己，泰然处之，沉住气做文章，扑下身子抓工作，让时间说话，用你的实力、你的成绩、你的人品来证明自己，总有一天会被群众接纳，那时你将会赢得大面子。有一位从外地调来当主管的年轻干部，人未到任就有不少风言风语，说他是“关系干部”“他凭什么，不就是有张硕士文凭吗”。听了这些说法，他既没有追问，也没当成一回事，只是一笑了之。有人建议他在大会亮相时狠批一下，来个“下马威”，压压邪气。他说：“一见面就叫我和群众对着干？馊主意！我相信一句俗话：‘身正不怕影子斜。’”他在大会上亮出自己的施政纲领后，第二天就带着人下乡调查去了。他从实际情况出发，解决了一些长期得不到解决的难题。人们看到了一位务实的领导，当初那些风言风语很快烟消云散了。

这位年轻干部是十分明智的。如果他一上任就顾及自己的面子，纠缠那些风言风语，那就会成为人们的口实，验证了不当说法。好在他十分清醒，对那些说三道四他采取超脱态度，把视点放到工作上去，从而在更高的起点上塑造了自己的形象，纠正了人们的看法，赢得了信任。

2. 以谦虚姿态主动与人沟通。初到任上，不管你有多大本领，一定要少一些傲气，多几分谦虚，保持平易近人姿态，放下架子主动与下属接触，倾听意见，尽量把自己融入群众之中，争取好感，拉近心理距离。也许你的主动姿态一时难以解除他人的误解，但你切不可放弃努力。实际上，群众都在用审视的眼光关注和评价你的一举一动，一言一行。只要你出以诚心，尊重他人，礼贤下士，就能换取同样的情感回报。起码你在做人这一点上可以得分，给人留下良好的第一印象，为你打下坚实的群众基础。

有位年轻的部队团职干部转业到地方机关当处长，第一次与同事见面就看出自己不太受欢迎。他是个明白人，知道由于自己的到来，使原有干部的提拔机会失去了，人们不高兴是正常的。所以，他不怪这些人的冷漠态度。他主动与同事交谈，谦虚而真诚地说："领导安排我到这里来，自己专业不对口，又缺乏经验，我感到压力很大，可是既然领导这样安排了，我必须服从决定，好在大家都是行家，以后我要好好学习，希望大家多多帮助，我相信只要我们齐心协力，就一定能把工作做好。"在工作中，他十分注意发扬民主，征求老同志的意见，在生活上关心下属，力所能及地解决实际问题。他的主动、坦诚、谦虚，很快产生了正面作用，大家对他的态度发生了很大变化，出现了合作共事的局面。

3. 少说多做，用行动征服人心。从根本上说，领导的威信不是说出来的，而是干出来的。当你用实际行动、聪明才智出色地完成工作任务，成绩突出，证明你的确更胜一筹，让人从心里佩服时，你的威信自然而然就树立起来了。归国留学人员陈章良26岁当副教授，28岁成正教授，当时是全国第一位，34岁他当北大副校长，又成为中国最年轻的副校长。他刚回国到北大执教时，校方给他的待遇很高。当时就有人不服气，说"凭什么仅仅因为是从国外回来的人，他的待遇就比我高？为什么国家对他这么重视？"面对这种情况，他从不辩驳，全力做好自己的工作，在条件有限的情况下，他瞄准前沿课题，进行科学实验研究，拿出了过硬的科研成果。当校领导后，依然不离实验室，继续主持科研课题，战斗在第一线，他的成就人们不得不服气。他还注重学校体制改革，为学院大量创收，在科研成果转化方面形成了产业大发展，大大提高了学校的实力和教师的待遇。就是这样，他用自己的实力证明自己，让人心服口服，那些“说三道四”听不到了，反过来是一片赞扬声。事后他说，年轻干部必须懂得用你的实力说话。

事实就是这样，群众认识和接纳一位新领导总要有一个过程，而且领导威信的形成最重要的不是用语言表白，而是靠行动赢得，舍此没有他途。因此，初到任上，你必须在干实事上下功夫，真正干出成绩，让人刮目相看，才会赢得大家的尊重，建立起真正的威信。

» 口头承诺不能当儿戏

信守承诺是做人的起码准则，对于领导者尤其如此。

一般说来，对于经正式场合签字画押的文字合同协议之类，人们往往能严肃认真地对待，不敢等闲视之。然而，对于口头承诺，人们的态度就不尽相同了。有的人每每轻率承诺，事后又不尽力兑现，以致造成不良后果，著名的“玫瑰花悬案”就是一例。

1797 年 3 月，拿破仑偕同他新婚的妻子参观了卢森堡的一所小学，受到师生的盛情款待，拿破仑夫妇很受感动，当场向校长赠送了一束价值 3 个金路易的玫瑰花，并说：“……只要我们的法兰西国家存在一天，每年的今天都将派人送给贵校一束价值相等的玫瑰花。”然而时过境迁，由于诸多原因，这位伟人没能兑现自己的诺言。200 年后的 1984 年，卢森堡政府重提此事，向法国提出“玫瑰花悬案”的索赔，本金加利息高达 137 万多法郎。法国政府实在不愿为一句话而付出如此高昂的代价，但为了挽回拿破仑的声誉，只得写了一张措辞委婉的道歉书，才算了结了拿破仑那次“一诺千金”的玫瑰花誓言。

在现实生活中，这类事情也不鲜见。有位青年女工是劳动模范，积极热情，一心扑在事业上，工作十分出色，自己的婚事却一拖再拖，未能解决，结果步入大龄行列，成了“困难户”。一次，厂长深入车间听到这个情况，随口对她说：“好好干，你的事情包在我身上。”姑娘对领导的话信以为真，十分激动，总惦记厂长会给自己带来好消息。可是一等数月，不见动静。这天，厂长又来车间，看到这位姑娘，关切地问：“有对象了没有？”姑娘一听就愣了，万万没想到厂长竟把自己承诺的事忘得一干二净，她感到吃惊和不解：“厂长，你……”厂长大包大揽地说：“好好干，这事包在我身上。”此时，厂长的承诺再也唤不起姑娘的激情。这位在与外商、外单位打交道时恪守合同、讲究信誉的厂长在姑娘的心目中再也不那么完美高大、可亲可敬了。从此以后，她开始躲着领导，工作热情也大大减弱了。

在这里，厂长随随便便承诺，却没有认真兑现，结果糊里糊涂地伤害了一颗诚实善良的心，失去了一个工作上的积极分子。这是多么可悲的事情啊！试想，如果把口头承诺当成儿戏，信口抛售，久而久之，这位厂长还有多少威信，还有多少人真心拥护他呢？

中国人历来把讲信义看得很重。把它当成做人的美德，看人的尺度，交友的准则。古人曾留下不少格言警句，如“言必信，行必果”“人而无信，不知其可”“君子一言，驷马难追”等等。这些古训至今仍被人们普遍尊崇。从某种意义上说，诚信无小事，对于口头承诺是开不得半句玩笑的。

然而，有些领导把口头承诺当成小事，这实在是一种误解。要知道，口头承诺也是承诺，它虽然没有“立字为证”那么严肃，但它是以人格做担保的。如果认识不到这一点，把口头承诺当成一般的客套话来说，或当成好听话取悦于人，那就大错特错了。因为不准备兑现的承诺无异于骗局，一旦骗局曝光，那你也就信义无存了。

因此，口头承诺绝不能当儿戏。为此，一是不要轻率出口承诺。如果明明知道某事自己无力办到，或因违反政策规定不能去办，或因某种原因不想去办，就绝不要为自己一时的面子而大包大揽地口头承诺，应该婉言拒绝。当然，拒绝也许会出现暂时的难堪，但总比自己失信让人怨恨、造成威信扫地的后果要好些。

二是要全力兑现口头承诺。口头承诺一旦作出，就变成了一种义不容辞的责任，就要全力去落实。从思想上要把诺言作为必须完成的硬任务来对待，毫不犹豫地用自己的实际行动兑现承诺，维护自己的信义。有时，落实承诺可能遇到重重困难，需要付出时间、辛劳和汗水，但也绝不能动摇。要知道，兑现承诺就是维护自己的尊严和人格，含糊不得。

三是采取措施，防患未然。还有一种情况，就是有些领导是热心肠，喜欢帮助人，但就是爱忘事，工作一忙可能就忘了自己答应别人的事情。虽然并非主观故意，也许有一千个理由为自己辩解，但同样难以挽回个人诚信的损失。所以，对于那些健忘的领导者最好采取一些措施，如搞个备忘录，将口头应承他人的事一件一件记下来；也可直言告诉对方，“我工作多，又好忘事，你要及时提醒我，不要不好意思”。这种坦诚态度，同样可以避免造成失言，赢得他人的信任。

» 守住诚信的防线

在正常情况下，作为企业领导几乎人人都会看重诚信，不敢拿诚信当儿戏。问题是在特殊情况下，比如当遇到困难时，能不能兑现承诺，人们将面临诚信的挑战。有的人就是在这当口犹豫了，退缩了，败下阵来，失信于人。也许他们可以找出一百条理由为自己开脱，借以平衡自己的心理，但是却不能挽回失信对他人造成的损害，更难以洗清失信对自己人格的玷污。

可见，对于企业领导诚信度的真正考验并不在平时，恰恰是在非常之时。一切把诚实信用当成生命的领导，都应懂得讲诚信没有条件，也不需要条件，只有这样才能在任何情况下，甚至在非常条件下，无条件地兑现自己的承诺。守住诚信，领导才会有真正的威信和号召力。

创建某知名品牌化妆品公司的曾经理就是如此。在建立企业之初，他倾注了全部的心血和资金。当时，由于技术不过关，在配料、温度、卫生等方面总是出问题，造成产品的不合格。出一次不合格产品，他就全部倒掉，就会有一两万元的损失。一个月下来，倒掉了几十万元，他心里痛啊。到了月底发工资时，工人们都估计这个月的工资不会发了。可是，曾经理按合同规定不但发了工资，而且还发了奖金。当时就有一半员工把奖金退给他，说"产品不合格，心里过意不去，这个月不拿奖金了"。他却认为，产品不合格，工人虽然有责任，但他们一直在努力；再说打工不容易，就靠那一点点工资过生活，自己再困难也绝不能少员工一分工资。晚上，他又把奖金一个个塞回到员工的床头。他的行为令员工们感动不已，更与经理一条心，努力工作。就这样，又经过一次次失败，废品倒了一锅又一锅，终于在半年后产品达到了一流水准，公司从此在化妆品市场上崭露头角。

在这里，我们看到了领导讲诚信的力量和价值。曾经理本可以以出废品为理由，把责任推到工人身上，扣发他们的工资奖金，似乎也合乎情理。可是，他没有这样做。在他看来诚信大于金钱，有合同在，就必须无条件遵守，宁失金钱不丢信用。他如此说到做到，因而赢得人心，也赢得了事业成功。

进而言之，有时候，领导可能会遇到更为险恶的局面，或企业陷入困境，没有能力兑现承诺。这时坚守诚信就更加不易。然而，在这种情况下守住诚信，就更有意义更加感人至深，也更能显出领导者的品格，赢得真诚的朋友和由衷的信赖。在东北和华北地区开有400家皮衣清洗翻新连锁店的姜经理就有这样的体会。他在创业过程中曾几起几落，遇到过巨大的困难，但他从不失信于人，依靠诚信品质，他最终赢得了人心，摆脱了困境。那是他开办第一家皮衣清洗翻新店时，请了两位从国外进修回国的专业技师，在资金很紧张的情况下，咬牙签下两年合同，以当时每人每月1200元的高薪聘用他们，并以每人每月500元的工资留下了技师带来的两名帮手。店开起来后，不料生意不景气，入不敷出，发工资都成了问题。在这种情况下，能不能兑现合同，兑现承诺？技师和工人都有点犯嘀咕。

那时，他完全可以对工人说明情况，推迟发放工资。可是，他想到做人重在一个“信”字，绝不能拖欠工人工资。思前想后，他决定和妻子到夜市去烤羊肉串，挣钱给工人发工资。于是，他白天在店里干活，夜里和妻子推上车子去卖羊肉串。为节约开支，他给工人做好吃的，改善生活，自己家却吃小萝卜……就这样，他吃了不知多少苦，支撑着店没有倒掉，却始终没有拖欠过工人工资。他如此克服困难，兑现承诺的诚信之举，深深打动了手下的技师，技师自愿把洗染的绝技毫无保留地教给了他。他掌握技术后，一步步走出困境，经营规模越来越大，事业也由此走向成功。

把难题留给自己，把诚信献给他人，这种对待诚信的态度和做法实在难能可贵，值得称道。在现实生活中，有些人失信于人，并不是他们不知道诚信的重要，问题是他们在不利因素的冲击下，一时动摇了自己的信念，放弃了诚信的阵地。由此可见，领导坚守诚信必须从心开始，在心底把诚实和信用原则作为人生的信条、至高无上的品德，甚至看得重于生命，不管发生何种情况绝不动摇。只有这样，领导者才能赢得人心，让下属与自己同心同德，从而使自己成为最有力量的人，在追求事业的过程中，步步走向成功。

» 坦诚使人更有魅力

所谓坦诚，通常是指在为人处世上表现出来的坦率诚恳的态度和行为。其特点是心地坦荡，表里如一，语言直率。经验证明，坦诚是一种可贵的品格。它对于领导者来说，不但有助于塑造自己的良好形象，提高自己的威信，而且有利于赢得群众的信赖，能够有效地推动工作，创造同心同德的局面。

1. 坦率承认自己的不足，赢得他人的高度信任。在现实生活中，有些领导过于看重自己的面子，他们有意无意地掩盖自己的不足，而对自己的优势夸夸其谈，甚至沽名钓誉、哗众取宠，以图强化自己的形象和威信，反而适得其反，叫人窃笑。明智的领导者就不同了，他们敢于直言自己的不足、缺陷，甚至当众说自己不如人，真诚地表达谦虚之意。这样做，不但无损于自己的形象，反而拉近了与群众的心理距离，得到了信赖。

某校校长上任之初，有些人私下议论他文化水平低，对他缺乏信心。在一次教员大会上，这位校长作就职演讲，出语坦率，令人吃惊。他说："在我们学校里，我调查了一下，文化最低的有三个人，我是其中一个。在座的都是科班出身，在教学上又有丰富的经验，所以我到这里来的第一个任务就是夹起尾巴好好学习，争取早日获得发言权；第二个任务是决心为在教学第一线的老师们服务好，同时希望各位教师大胆提出意见建议，你们的每一条合理建议我都会认真考虑，决不敷衍……"他的讲话赢得了一片热烈掌声。

一般说来，新官上任第一次亮相总要表现一下自己的实力，力图造成强者形象。可是这位校长上任伊始却直陈自己学历低的问题，并由此入题，表明自己的态度。他的坦诚直率，大大出乎人们的意料。原先存有看法的人们反而觉得他很真诚、谦虚，说实话，可以信赖。所以，他如此亮相一下就把大家吸引住了，人们对他亲近了许多。这个事例告诉我们，领导者越是坦诚，越是说实话，越是不讳言自己的不足，他们的威信就越高，形象就越可爱。

2. 坦率诉说自己的难处，唤起更多理解和支持。在实际工作中，难免遇到这样那样的困难和问题。面对难题，有的领导思想压力很大，他们自己苦思冥想，想点子，找对策，却很少把难处告诉别人，结果回天乏术，工作难以展开。有些领导者则主动把自己的为难之处开诚布公地讲出来，求得大家的理解和帮助，很多难题便迎刃而解了。

某单位在清房工作中遇到一个大难题，就是有些退下来的老领导多占住房不退，群众意见很大。现领导感到很为难，很棘手。为了推动这项工作，单位一把手在一次有退下来的老领导参加的会议上，坦言自己的难处。他动员说："在清房问题上，我很矛盾。从感情上说，我不想这样做，可是上级有明确指示必须贯彻；同时群众对不当住房有意见，我作为一把手必须抓好这件事。所以，今天请各位老领导来，一起商量对策，看怎么办更好。我知道，如果你们在位的话，也会这样做。我是你们培养提拔起来的，你们总不会看着我坐蜡不管的。所以，我真诚地请老领导们支持一下我的工作。我由衷地说一声‘谢谢了’!”

这位领导如此坦率地谈及自己的为难之处，既唤起了到会老领导的责任感，又激发了他们的同情之心，进而理解清房的政策和措施，所以会后他们很快就把多占的房子交了出来。试想，如果这位一把手在会上一本正经地对这些老领导讲一通大道理的话，那结果恐怕就不是这样了。

3. 坦率承担自己的责任，借以形成感召力量。在工作中出现失误、造成损失时，领导者绝不可文过饰非，敷衍塞责。这样既不能服众，也不利于纠正问题。面对失误，应坦言自己应承担的责任，以此影响他人的言行，从而共同担起责任，接受教训，齐心协力地挽回损失，把工作做好。

某厂产品出现了一些质量问题，商家要求退货，厂长决定对此事严肃处理。有些基层领导却不理解，认为是小题大做；有些想推脱责任，找客观原因。在会议上，厂长第一个讲话，他没有直接批评下属，而是首先检查自己失察之责，从几个方面点明自己应承担的责任，之后又宣布和车间干部一样也扣发自己一个月奖金。他的认真坦诚的自责，对到会的干部震动很大，受到深刻教育，对照厂领导坦率地严于责己的言行，个个感到惭愧，纷纷进行自我批评，从主观上找质量事故的原因，从而形成了上下一心抓质量的大好局面。

在此例中，领导坦率地承认自己的失误，主动承担责任，为下级树立了榜样，因而产生了积极的昭示作用。这样做，比起板着面孔点名批评下属，一味追究下面的责任，效果要好得多。

从上述分析不难看出，对于领导者来说，坦诚不仅仅是做人的一种高尚品格，而且还是赢得群众同情和支持，实现同心同德，共同奋斗的一种有效的工作方法。

当然，领导要做到坦诚待人也不是很容易。因为坦诚的前提是对自己高标准严要求，敢于自我揭短、“亮丑”。有些领导所以缺乏坦诚精神，就是因为他们过多考虑自己的面子，担心在群众面前“亮丑”，坦言问题，会影响自己的威信。其实，这是多余的。领导者应充分相信群众的眼光和判断力。领导的品格如何，水平怎样，群众心里最有数。因此，领导对于自己存在的问题，大可不必自我遮掩。他们越是坦率直言，群众反而越会感到领导把群众当成了自己人，倍感亲切贴心，因而形成“自己人效应”，越发靠近领导。这样的领导将具有更大的吸引力，在群众的拥护支持下，会把工作做得更好。

» 敢于碰硬彰显正气

几乎在每个单位都有一些私心过重、不通情达理，甚至无理取闹的人。这些人往往软硬不吃，很多在其他人看来是顺理成章的事情，可是在他们那里就成了难题。他们经常提出一些不合理的要求，一旦得不到满足，就会找领导的麻烦，口出狂言，胡搅蛮缠，甚至来蛮的，玩邪的。由于他们的这些做法并未触犯刑律，所以领导处理起来感到很头痛。假如一个单位摊上几个这样的“刺头”，领导的精力就会被他们牵去大部分，更重要的是，对这些人的问题如果处理不当还可能给全局工作造成不良影响。

从实际情况看，有些领导对这种无理取闹的人采取回避态度，把他们拒之门外，不予理睬。这样做并不能从根本上解决问题，你“躲得了初一，躲不了十五”，与他们总会见面的，矛盾是回避不了的。也有的领导则对他们姑息迁就，采取宽容退让态度，只要他们不闹事，就答应其无理要求。这样做也许暂时可以安抚一下，可是长远来看效果也不会好。一来这样做有失原则，在一个人的身上失去了原则，就难以服众；二来可能刺激他们的胃口，他们会得寸进尺，变本加厉地给领导出难题，最终还是不能彻底解决问题。还有些领导则采取针锋相对，以硬对硬的方式，不讲策略，对他们寸步不让，一顶到底，结果可能使矛盾激化，酿成意想不到的悲剧。这样看来，上述三种处理方式均非良策。

必须看到，领导与这些无理取闹的人打交道是干群关系中的一种特殊矛盾现象，如果用通常的工作方法是很难奏效的。只有从实际出发，采取一些非常的手段，既要敢于碰硬，又要善于征服，开动脑子，讲究策略，对症下药，攻其弱点，才可能药到病除，使问题圆满解决。下面介绍几种有效方法，供参考。

1. 分析矛盾，有攻有守。无理取闹者大多是为了自身的利益而闹，他们吃不得一点亏，只想占便宜，所以常常提出一些过分的要求。作为领导者面对无理取闹者时不能先入为主，一概否定，应细心听取他们的意见，进行全面分析，看看其中有没有合理的成分，作出正确公正的评价。并以实事求是的态度，对其中合理部分给予肯定，在原则允许的范围内尽量给予满足。而对过分的要求予以拒绝，甚至进行批评。领导采取这种公正客观的态度，就可能使对方有所触动，使他们失去继续闹事的理由，从而使矛盾出现转机。

某单位有一名工人的住房紧张，一家三代住一间房子，又因他打架受过处分，每次分房都没他的份，所以他就常常找领导闹事，到领导办公室泡，影响领导工作。每一任领导都说这个工人“刺头”，拿他没有办法。后来一位新领导到任了，头一天这个工人就到他办公室里要房子。此后，天天找这位领导磨。这位领导了解到他是有名的“刺头”，并没有拒绝见他，而是耐心地听他说明情况，事后又亲自到他家里去看，发现这个工人的话虽有水分，但也确有一些实际问题。经和其他领导研究，认为应该把他受处分的问题与他的实际问题分开处理，他提出的取消处分的要求不能答应，但这个问题不能长期影响他分房子。于是，厂里把他也列入最困难住房户名单，不久便解决了住房。对于处分问题则向他说明不能改，应正确对待，好好干。这样具体问题具体分析，对其合理要求给予满足，这个工人果然受到了触动，搬新家后像变了个人似的，再也没有找领导的麻烦。

这个事例说明，对因有一定的实际问题而和领导闹的人，尽管其言行表现使人恼火，但是作为领导却不能感情用事，更不能产生抵触情绪，对他们的合理要求置之不理。相反，应像这位领导那样，从实际出发，采取积极的态度，认真分析矛盾，在力所能及的范围内帮助他们解决实际问题。领导的这种真诚的实事求是的态度，有很强的感化教育作用，可以唤起无理取闹者的良知，约束自己的言行，改邪归正。

2. 借力使力，合力施压。有些闹事的人也许并不怕激怒领导，但是他们却怕得罪师傅、同事、亲友和群众。那么，作为领导者就可以利用这种心理现象，通过其朋友和同事，作为借用力量给他们做工作，帮助纠正不当行为。

某公司有一个青工因为工资没有调上，就对领导有意见，常常找领导出难题，有一次开大会，他跳上台要领导当众说说清楚，给领导难堪。事后领导找他谈话，他又听不进去。后来，领导找他的师傅出面做工作。这位老工人找到青工家里，把他臭骂了一通，说："你小子，犯什么浑，总和领导过不去是什么意思？上次工资没有调上，那根本不是领导和你过不去，是群众没有通过，你记在了人家的身上，有你这样办事的吗？如果你再闹，下一次还得泡汤，这个账你就算不出来？你这个浑小子！"师傅一通骂，青工却想通了。事情就是这样，闹事者因为产生了逆反心理，领导说得再正确他们也听不进去，可是同样是那句话，如果从朋友同事、自己信得过的人的口中说出，那就大不相同了，可能立刻生效。

有时候，对于无理取闹的人领导还可以发动群众，形成一种正气氛围，群众成了领导的后盾，歪风邪气也就站不住脚了。比如，有个工人泡病号，自己到外面包工发财。领导命令他回厂上班，他就和领导过不去。上班后他每天到书记的办公室来静坐，拿着病假条让领导为他平反，反咬领导诬赖好人，要领导向他道歉，把领导搞得没法工作。后来，书记依靠群众，请群众说话，看这件事如何处理。不少工人当面揭露这个工人外出干活的地点，拿多少工资；有的说他的病假条是在某某医院走后门开的……证据一摆，这个工人傻了眼，嘴也硬不起来了。这时，厂领导叫他作出选择：要么上班，要么调走。这个工人在事实面前无法抵赖，表示愿意来上班，就这样把他的毛病治住了。

3. 以攻为守，直击软肋。有时候，对于无理取闹的人领导则不能退让，必须表现出坚定的原则性，主动发起攻势，展开有理有力有节的斗争，可以达到以正压邪，征服对手的目的。

某单位有个青工不好好工作，酗酒、打架，常常误工，领导处分了他，扣了他的奖金。他心里不服，找领导无理取闹，并扬言要和领导“白刀子进去红刀子出来”。业务部门有人担心领导的安全，建议把他的处分撤了。这位领导说，正确的决定就不能改，不然以后怎么开展工作？一天，这位领导一个人来到这个工人家中，开门见山地说：“我听说你有意见，不服处分，还要玩命。我今天来了，我劝你还是服从，因为你违反了规定。男子汉大丈夫在哪倒了就在哪爬起来，这才对。如果你要赖，我可是不怕。要说生死，我见多了，在战场上死过几回了。就算你把我杀了，我可以算作烈士，你呢？罪犯一个，要受到人民的审判，连你的儿子都要跟你倒霉。我想，你老婆孩子也不会同意你这样干。你想想吧！”说到这儿，这个青工的头重重地低下了，再也没有和领导拼命的勇气了。

这位领导主动出击，在精神上占了上风，压倒了对方，同时通过讲道理让对方晓以利害得失，又借用法律的权威，给对方的心灵以强有力的震慑，从而使无理取闹者的防线崩溃了。

需要指出的是，不管采取哪种方法，领导要想征服无理取闹者，还要具备以下四个条件。

一是领导者自己首先必须站得直、立得正，一身正气，两袖清风。如果自己屁股不干净，那你说话就硬不起来，人家和你闹，你就一点办法也没有。俗话说，打铁先得自身硬，说的就是这个道理。

二是要有敢于碰硬的勇气和胆量。俗话说，邪不压正。如果真理在自己手中，就没有什么可怕的。无理取闹者往往欺软怕硬，他们不占理，心是虚的。所以，只要你敢和不良风气进行坚决斗争，对方会惧之三分，气焰必定收敛，问题也就不难解决了。反过来，如果你怕他们，显得软弱无力，顾虑重重，他们就会认为你奈何不了他们，就会越发盛气凌人，变本加厉发起攻势，使领导陷入被动。

三是要了解对手，摸准对方的软肋，有的放矢，对于不同的人采取不同的方式。闹事人的情况、原因、思想性格各不相同，领导者在采取措施之前，必须对他们充分了解，区别对待，抓住要害，或软或硬，或柔或刚，才能药到病除，立竿见影。

四是不管采取什么方法，都要有正确的动机。征服无理取闹者是为了团结、教育他们，把工作做好。所以，领导者不能只考虑自己的面子，更不能闹意气、泄私愤、图报复。只有这样认识和处理难缠问题，才可能事半功倍，收到理想效果。

» 让脸色表情助力

1979 年 1 月 28 日下午，邓小平率中国代表团到美国访问。在这次重大外交活动中，有一个小小的细节格外引人注目，产生了意想不到的积极反响。当时，美国政府破例以接待国家元首的礼仪规格接待了邓小平副总理，在机场上铺着一公里长的红地毯，鸣礼炮 21 响。第二天，卡特总统在白宫举行正式欢迎仪式，晚上举行了盛大国宴，之后，卡特陪同邓小平观看了精彩表演。就在观看演出过程中，邓小平满含深情地微笑着走上前去，与演唱中国歌曲的美国儿童拥抱，又满面慈祥地与小演员亲切亲吻。他的这些动人表情，使在场的许多观众感动得流下了眼泪。一直反对与中国建交的美国参议员拉克索尔特见此情景，长叹一声说：“他们把我们打败了，谁也没法对唱中国歌曲的孩子们投反对票。邓小平和他的夫人看来真的爱人民，他确实令在场的观众和电视观众倾倒。”（《人民日报》，1979 年 1 月 30 日）

谁能想到，给人们产生了巨大冲击力的竟然是邓小平的脸色表情和深情动作！在这里，一位领导人，一位年长者，以自己一个细节表情成功地塑造出中国人民对美国人民的情感，展示了有着五千年文明传统的中国人民的友善和真诚。因而，小小细节产生了撼动心灵的力量，改变了人们对中国的偏见。

在外交场合如此，在内部交往中也不例外。之所以如此，是因为领导的脸色表情也是一种信息，一种特殊语言，它反映领导的内心世界、处世原则和思想作风，有很强的影响力。因此，与一般人相比，领导的脸色表情更令人关注。有人比喻说，领导的脸色表情就是“晴雨表”“导向牌”，领导有什么样的脸色表情，单位就会有什么样的风气。这话有一定道理。

所以，作为领导者不能不注意自己的脸色表情，要有意识地让它准确地传递信息，以对下属形成积极的正面的影响作用。从某种意义上说，善于运用脸色语言也是一种领导的沟通艺术。事实证明，有两种脸色语言如果运用得当，将大有益处。

1. 以和蔼的脸色表情，塑造自己平易可亲的待人形象。在诸多脸色表情中，和颜悦色是最讨人喜欢的。在日常生活工作中，我们应保持平和心境，以温和自然中略带笑意的脸色对人。这种脸色表情所展现的是自信、善意、友好、接纳的信息，具有较强的人际吸引力，有助于塑造自己可亲可敬的待人形象。

有些领导并不注意自己的脸色表情，在公众场合，他们总是持一副冷面孔，没有一点笑模样；或盛气凌人，对人不屑一顾；或不苟言笑，一本正经；有的甚至疾言厉色，对下属斥责训教，耍威风。领导者这些不当面孔往往带来负面影响，导致下级紧张，不敢接近，有话不愿和领导说，使上下级之间形成一道鸿沟。最近看到几篇报道，是下级议论领导脸色的，其中有“舒展一下板紧的面孔”“愿连长多点微笑”，这些出自下级之口的文章，表达了他们对领导者改变过分严肃面孔的期望。

导致有些领导持一副冷面孔的原因有两种：一是性格习惯使然。有些人天生不爱说笑，或是“热水瓶”性格——“内热外冷”。当下级不了解他们时，可能影响关系，但相处时间长了，人们从领导的言行中了解了他们的为人品格，就会产生新的认识，不再计较领导脸色的冷峻。但这需要以较长时间的接触共事为前提。二是片面认识使然。有些领导以为对下属就是要板着面孔，严肃一点有助于建立自己的权威形象。其实，这种看法未必正确。事实上，领导者的权威来自于人心的敬慕。如果领导者事事处处都端着架子，对人冷若冰霜，势必使下属与之保持距离，心里隔着一道墙，躲着领导走，很难从内心里敬重他们，自然也就不会有真正意义上的权威了。对于这些领导来说，则应调整心态，端正自己的认识。

某部队有位连长就是如此，平时他对下属很关心，可就是表情过于严肃。新兵入伍后没有见他笑过，有一点怕他，躲着他走。有时大家正在说笑，只要连长一出现，大家马上鸦雀无声。战士在背后戏称“连长脸上没有笑神经”。有一次，全连看文艺节目，会场上一片安静，演到开心处，连长忍俊不禁地笑了。大家见连长笑了，也跟着哈哈大笑起来。后来，有的战士大胆地给连长提出脸色意见，说：“连长，不要板着脸了，我们喜欢你的笑脸。”由此他受到震动，下决心改掉不良表情，脸上多了几丝微笑。从此，战士愿意和他接近了，官兵关系也融洽多了。你看，脸色由严肃到温和的变化创造出良好的上下级关系氛围，足见和颜悦色对于调节和改善人际关系的魅力。所以，在日常工作中，作为领导者有必要把笑意、善意写在脸上，这对于塑造自己的可亲可敬的风度形象，对于提高自己的吸引力，对于调动下属员工的积极性都是大有益处的。

2. 适当运用威颜怒仪，塑造自己一身正气的原则形象。因领导负有重要的公务职责，在工作中难免遇到一些有关原则性的问题和矛盾。在这种情况下，领导如果总是一副笑脸，一脸和气，当然不行。他们必须以负责的态度、严肃的表情表达自己的立场态度，对下属进行教育指导。

有时候，对于违反原则的行为，对于搞不正之风的人，也要虎起脸来，板起面孔，进行严肃批评，甚至疾言厉色，拍案而起。这种体现原则性的脸色语言，能强有力地传递出一种立场，一种正义力量，给对方形成威压，对搞歪门邪道的人形成强烈的震撼，使他们受到震动、教育和刺激，从而起到扼制作用。

如某单位一位领导为人正派，在他负责的一项建筑工程中，有一些包工头儿拎着重礼，甚至金钱来叫他“通融”，希望把工程抢到自己手中。在事关重大原则问题上，他对来人没有一点笑脸，他黑着脸，厉声说道："你马上把东西拎走，不然我就送到纪委去。"来人一看这副黑脸，个个心里打战，只得收起礼品，灰溜溜逃跑。在这里，一副黑脸吓退了行贿者。这位领导的黑脸形象在群众中引起很大的反响，都称他是"黑老包"，受到了群众的赞扬。

当人们面对不公不正之事时，显露义愤之色是必要的，运用这种刺激性的脸色对人，能表明自己坚定的立场和处世原则，并产生强烈的批判效果。事实上，搞不正之风的人最怕领导的严肃神色。领导者一旦拉下脸来，不怕得罪人，显示出领导的人格、权威和正气力量，歪风邪气就会收敛，群众就会从心里拥护他们，站在领导一边，领导就能带出风清气正、有战斗力的队伍。

当然，领导的脸色表情说到底并不仅仅是一个外在表现问题，对脸色真正起支配作用的是其内在的思想。有些人的脸色不当，根子在于思想作风不正。比如，有的人听到恭维就和颜悦色，听到几句批评话就面带愠色；有人送礼，他们喜形于色，吃了一点亏，又怒不可遏，甚至打击报复，给人穿小鞋等。这样一来，不当脸色就起到了负面导向作用，导致下属看领导的脸色行事，助长一些人的邪念，使不正之风滋生蔓延。可见，要解决脸色问题，首先要提高思想觉悟，加强思想修养。

» 也说领导拍案而起

一般来说，作为领导者是不应该轻易发怒的。因为在愤怒情绪之下，人们容易失去理智，作出不当的决策或言行。所以，领导者在控制情绪方面应有更高的修养，在处理问题时，应更理智更清醒。但是话说回来，领导也是人，也有七情六欲，修养再好，有时候也难免发怒，更何况有时候发怒并不一定就是坏事，甚至这种强烈的感情发泄也会产生积极作用。

一是领导的愤怒是其是非曲直鲜明态度的表现。比如，当面对恶势力欺压百姓，或因官僚主义给人民造成巨大损失时，作为领导者理应表现出愤怒态度，展现自己爱憎分明的强烈正义立场。人民领袖毛泽东就是如此，他一生为人民，无私无畏，与人民感情相通。在他身边工作的人员撰写文章记述道："毛主席是一个感情丰富的人。有时，在我给他读诗、读来信时，如遇有不平之事，或有人有困难，或有人蒙受不公正待遇，他老人家就常常动感情。他有时激动气愤，有时伤感泪下，喜怒哀乐形于色。毛主席从不隐瞒自己的观点，也是从不把感情埋入心底的人，凡是有不公平之事，他都要管，即或是古人之事，他也会激昂评论，予以褒贬。"很显然，这种正义感情的流露是人民公仆应有的与人民同呼吸共命运的爱憎情感和立场态度。领导拍案而起的强烈态度，易与群众产生情感共鸣，心心相印，说明他们想群众之所想，急群众之所急，心与群众贴在一起。人民群众会从这种情感表现中认识一个领导，一个有血有肉敢爱敢恨的有正义感的领导，进而产生信任感。相反，面对不公不洁之事，如果一个领导者无动于衷，不痛不痒，反而是不正常的，他们的是非立场和情感取向肯定是出了问题，为群众所难以理解。

二是领导者发怒还有一定的威慑力。他们的正义之怒，甚至拍案而起，本身就是一种信息、一种态度，能对相关方产生强烈的震撼作用，有助于伸张正义，打击歪风，鼓舞士气。在领导的这种强烈正义立场威压之下，让人们看到领导的坚强决心，从而使问题迅速得到纠正和解决。

如有一名战士的父亲因宅基地纠纷被邻居打伤住进了医院，花了几千元。他们向派出所报案三个月，却没有处理结果。父亲打电报叫儿子回家讨个公道。这名战士回到家乡，到县公安局，有人以为他的事太小，不愿过问。他找到县委书记，书记果断地说，这是关系到军属权益的大事，不能置之不理。他立即召集有关部门开会，限期依法处理。可是由于种种原因，书记的指示未能落实。无奈之下，这个战士只好找到地委书记，书记听完他的陈述后，拍案而起，说："我们有责任依法维护军属的正当权益，不管对方关系多硬！"他立即打电话给有关领导，要求排除阻力从快依法解决。几天后，问题得到解决，打人凶手被依法拘留。这件事在部队引起强烈反响，说这位领导主持公道，感情上与群众相通，有正义感，令人钦佩。

总体说来，作为一个领导者应加强思想品格修养，不能轻易发火动怒，更不要无端地把怒气向人发泄。在这里用得着一句古语："气血之怒不可有，理义之怒不可无。"两者的界限在于为公还是为私。气血之怒通常是为私的，应该杜绝，而理义之怒多是为公而怒，才有一定的积极意义。

当然，即使理义之怒，也不能滥用，更不能以怒代替理智决策。愤怒是一种短暂的有破坏性的情感表现，关键要在怒气之后能以理办事、依法办事，讲政策、讲法规，讲尊重事实，绝不可以情代法，感情用事。只有这样，才可能控制情感，理智决策，把事情办好，办得群众满意。

» 领导衣着有学问

衣着服饰本来是个人的事情，可是由于领导的职责地位与一般人不同，所以衣着又会显示出特别的意义。

领导的衣着作为一种特殊的语言符号，对于他们的形象、追求，以及对人际关系常常会产生某种影响。领导穿什么戴什么，有时候就要有所讲究，以得体的衣着，塑造自身的良好形象，表达特定的思想，借以产生推动工作的积极作用。

1. 领导衣着要符合特定社会角色要求。在一定场合，每个人总是扮演着特定的社会角色。特定的社会角色又有特定的社会规定性（包括言行、服饰、表情等）。如果有人在正式交际场合不顾及这些规范性，就可能影响到对他的评价。有句俗话说："穿衣戴帽，各人所好。"这句话在一般情况下是对的。但是，在正式社交活动中，你就不能只考虑自我所好，还应同时考虑到自己充当的社会角色的需要，尽量做到衣着与自己社会角色相吻合。否则，易于形成"角色混乱"，导致角色判断失误，产生误会，带来不良的后果。作为领导者，在公众场合的衣着就要符合领导角色，应庄重大方，不能着奇装异服等。如在出席重要集会时，可以着合体的西装、职业装等；深入群众进行调查研究时，通常应着便装，更贴近群众，利于与群众打成一片。

2. 领导衣着要体现个性风采。领导衣着在符合特定社会角色要求的前提下，并不否定衣着的个性化。恰恰相反，个性风采具有特殊魅力。除军人、警察等统一着装的职业外，社会成员在衣着上有广泛的选择余地，比如衣着的款式、颜色、质地等都可以在主观爱好、气质修养、审美情趣的支配下进行选择，以展现出与众不同的风格。比如，同是领袖人物，周恩来在衣着上就有自己的风格。在正式场合他经常穿身合体的中山装，纽扣总是一颗不落地扣得整整齐齐，皮鞋也擦得很亮。他在衣着上的这种严谨、潇洒的风格，不仅具有鲜明的个性特征，而且还展示了中国人民的精神风貌，大国总理的风度和魅力，几乎使每一个见到他的人都为之倾倒。英国前首相撒切尔夫人在衣着上有自己独特的见解，她说："我必须体现出职业的特点和活力。"她认为，女性过分化妆容易给人以男性的玩物和花瓶之类的浅薄感觉。所以她喜欢穿深色衣服，追求高雅、庄重，不喜欢太鲜艳，以表现作为女首相的个性风度和气派。

3. 领导衣着要符合特定社交主旨的需要。有时，参加有特殊意义的社交活动时，领导的衣着就更要费心思了。这时，领导在衣着服饰上应服从交际宗旨需要，进行独具匠心的刻意选择，甚至不惜牺牲个性风格。1934 年春，冯玉祥将军到烟台小住。当时驻在烟台的美国海军舰队司令邀请他参观军舰。他们把军舰洗刷一新，水兵都着新装，在甲板上排成整齐的行列，举行隆重的欢迎仪式。在轰鸣的礼炮声中登上美舰的冯玉祥将军，却使那些水兵和中外记者们惊得目瞪口呆！原来他穿着一身中国老农民的装束。冯将军并不是没有高级服装，显然他是有用意的。他这样着装旨在体现他与崇洋媚外的权贵们的鲜明对比，表现他对外国军队的轻蔑和为平民着想的追求。此事在当时引起不小的轰动。

我们说，衣着也会说话，它可以表明自己的特定意向或追求。

有时候领导为推动一项工作，不但言行要有指向性，而且注意衣着加以配合，借以营造出理想的场合气氛。

2003年春，“非典”肆虐中国大陆。吴仪临危受命，兼任卫生部部长。她不但实招迭出，很快扭转了最初防控不当的被动局面，掌握了决战的主动权，而且善于在各种场合，抓住各种机会，用自己的言行仪表，为陷入“非典”恐慌的人们鼓劲打气。4月26日，吴仪陪同温家宝总理到处在封校状态之中的北京大学视察，中午时分在农园食堂的普通学生餐厅进餐。当有学生称赞身着白底黑色条纹套装，领子、袖口有一抹红色的吴仪着装很美时，她笑着说：“很美是吧？这是我精心准备的，目的是想让大家多一些战胜疫情的信心！”吃完饭，吴仪又微笑着对大家说道：“你们现在的伙食比起我上大学时，真是强太多了，到北大来饭量大增啊！”同学们听了高兴地鼓掌。

在这里，吴仪在非常时期，精心着装，当受到同学赞扬时，她抓住着装这一话“点”，顺势着意点明用心，表示“是想让大家多一些战胜疫情的信心”，饭后又大发感慨，说“伙食……强太多了，到北大来饭量大增啊！”这样就通过多重信息，强化表达了自己的理念，产生了很好的鼓舞作用。让大家在轻松惬意的气氛中，感受到党和政府战胜“非典”的决心和信心，一道行动起来，战胜疫情。

» 真正的名片是你自己

当你递出精美名片的时候，千万不要以为对方会立即接纳你、认可你名片上的职务地位，对方还要再看一看你“未递上的名片”，才能作出是否深入交往的判断。

某公司一位部门经理，年轻气盛，十分自负。有一次，他代表总经理去接待韩国一家公司客户，谈判合作开发新产品事宜。彼此在几句简单客套之后，他习惯地掏出随身携带的名片，递给在场的多名客人。这时，有一个身材矮胖、相貌丑陋的中年人主动伸手向他要了一张名片。他扫了这位其貌不扬的客户一眼，感到有一些莫名的厌烦。在谈判过程中，这个中年人不时插嘴，问一些与业务无关的问题。部门经理很烦他，只是出于礼貌的原因，才勉强地回答了他几句。午宴时，部门经理几乎没有主动向他敬过一杯酒，不把他放在眼里。就在散席时，那位中年客户让翻译给他留下一句话："我想接受的是你的另外一张名片，而不是第一张。"部门经理始而有点莫明其妙，继而大吃一惊，意识到自己坏了大事。原来，他冷落的中年客户是韩方最大的股东。不用说，那项合作计划泡汤了。总经理十分恼火，撤了他的部门经理职务。他很懊悔，事后深有体会地说："真是人不可貌相啊。当你递出第一张名片的时候，人家已经在揣摩你的第二张名片了，教训太深刻了。"

他的教训对我们不无启示。它告诉我们，在日常交际和公务交往中每个人起码有三张名片在起作用。

第一张是你递上的文字名片。有些人在这张名片上做文章下功夫，喜欢做得精美漂亮、质地高贵，甚至做成金属的、镀金的；有的人则把它当成头衔的介绍信，把自己的各种头衔都印上去，实的虚的，有用的没用的一行行排地满满的，以显示自己的不凡地位和身份，以期抬高自己的身价，引起对方的重视。

第二张是你的衣着打扮。在交际场合，一个人的衣着服饰，化妆扮相，直接面对他人，很能影响人们的交际判断，产生首因效应，留下第一印象。故而，人们十分在意自己的衣着打扮，通常会精心包装，或西装革履，或着中式裤褂，或浓妆艳抹，或浅施粉黛，或追求个性，或体现时尚等，所有这些在自觉不自觉之中，已经起到了介绍自己的作用。人们的不同追求和喜好，不同品位和性格，都将由它显露出来。可以说，衣着打扮是一张没有文字的名片。

第三张就是你的表情态度。在交际过程中，你对人热情，还是冷漠；是谦虚礼貌，还是目空一切；是尊敬有加，还是轻慢不屑等态度，都会写在脸上，表现在言行举止中，交际对象一眼就可以看出来，感受到。而这些表情动作，恰恰能将你的为人处世的原则，你的内心世界，尊卑理念暴露无遗。从某种意义上说，这才是你真正的名片。

从实际情况看，在交际活动中这三张名片各有各的用途，比较而言，第三张名片可能更有分量些。在现实生活中，不少人过分看重第一、第二张名片，而忽略了第三张名片，这就本末倒置了。前两张物质的名片人们可以用钱买来，可以精心包装，甚至可以造假，唯独第三张名片不可能造假，也难以包装，它通过人们的言行气质流露出来，所以更真实可信，也更为交际对象所看重。明白了这个道理，我们就应在精心制作第一、第二张名片的同时，下功夫打造好自己的第三张名片，追求三张名片的高度统一，以创造最佳交际效应。为此，应注意以下问题。

一是平时要加强思想道德修养，提高自己的内在素质，追求品德高尚，懂得尊重人，那时人们的言行举止自然就会高雅起来，一举一动、一颦一笑都会表现出得体的交际风度，讨人喜欢，赢得众多朋友。

二是切忌以貌取人。要记住“人不可貌相”的古训，尤其是面对陌生人时更要警惕。人的相貌与他们的地位才华往往并不一致。在交际场合，要懂得尊重你所接触的每一个人，哪怕对方给的印象并不好，你不喜欢他，也要约束自己，以礼相待，尊重对方的人格，这样你才可能在交际中得分。

三是不要顾及失彼。当交际场面较大时，要注意坚持突出重点，兼顾一般的原则。在关照好交际主宾的同时，也要分出一点精力关照到他们的随从人员，照顾到在场的每一个人，特别不要冷落了地位低下的人。这样周到的关照，可以大大提高你在交际对象心目中的地位，你将成为一位受欢迎的人而赢得交际。

» 展现可敬的“临场形象”

实践证明，当领导干部出现在公众场合时，他们的行为举止的影响力要比他们语言的影响力大得多。这是因为，在公众场合，领导的一举一动都被群众看在眼里，这些直观的形象信息很能影响群众对领导的看法。对于群众来说，他们坚持“耳听为虚，眼见为实”的信条，也就是说他们更相信自己眼睛看到的东西，并据此作出自己的判断。一般说来，领导的良好形象将带来积极作用，反之便会造成消极后果。有些领导意识不到这个问题的重要性，尽管他们在机关做了很多工作，也很辛苦，可是当他们下到群众中时，没有在意自己的形象，反而影响了威信。可见，领导者不能不注意这种“现场形象效应”。

1. 在危急时刻，领导者应展示坚定勇敢的形象，借以产生强大的号召力和凝聚力。这种形象的作用在生死攸关的战场上、在抢险救灾的搏斗中，在恶劣的条件下，尤其显得必要。如一艘货轮在大海里触礁，就要沉没，情况十分危急，船员们慌了手脚，纷纷跑出船舱，要跳海逃生。可是当他们看到船长一动不动地站在甲板上，十分平静，像没有发生什么事似的，大家的情绪一下子就稳定了下来。船长沉着地说：“大家都回到自己岗位上去，听我指挥！”其实，船长心里比谁都急，可是他知道此刻自己在大家眼里的分量，自己的一举一动，自己的脸色表情，一点一滴都有昭示作用。如果自己也表现得惶恐不安，手足无措，船员们必然乱成一窝蜂，那损失就大了。他的处变不惊的大将风度，影响了船员们，大家有条不紊地做完了弃船前的每一件必须做的事情，使损失减到了最低限度。可见，在危急时刻，领导者的沉稳形象就是一种精神、一个榜样，会给大家的心里注入一支镇静剂，形成战胜危机的信心和力量。

2. 在平时，领导者应树立自律自重的形象，借以形成感召力，影响下属的行为。领导者只要按照他们要求下属做到的去做，做好，哪怕是一个不大的动作，一个细微的表情，都可能产生意想不到的效果，而且职务越高影响力就越大。这些极平常的细微的动作，群众看了会产生亲近感，并由小及大，推测领导的为人品行，进而产生信任感。江泽民在上海工作时，一天下大暴雨，部分居民区发生了水灾，他冒雨到现场查看灾情。这时工作人员怕大雨把他淋病了，就给他撑起一把伞遮雨。这本来也没有什么，可是他把伞推开了，和在场的群众一样站在雨水中。这样一个小小的动作，反映了他体察群众的疾苦，和大家风雨同舟的精神。

在“文革”中，一次周总理召开会议，由于开会时间较长到了午饭时间还没有完，服务员端上了饭，发言的人继续讲，其他人边吃边听。一位负责干部接过饭菜后只在菜盘里挑着爱吃的吃了两口，便搁下筷子。可是当他抬眼时，看到周总理吃完了盘里所有的菜，又用茶水涮了涮盘子，倒进碗里一饮而尽。这时，他的脸红了，立即又拿起了筷子……

你看，在无声的示范中，起到了上行下效的作用。在这里，领导者的行为就成为他们提倡的思想观点的最好注脚。人们看到了领导不搞特殊、严于律己、艰苦奋斗、身体力行、为人师表的形象。事情虽小，但意义重大。

3. 在特殊情况下，领导者应塑造同舟共济的形象，发挥其激励作用。有时为了突击完成艰巨任务，领导者往往亲临现场，不但指挥，而且做一些力所能及的事情，有意识地通过自己的行动给群众以激励和鼓舞，其效果也是十分明显的。

某单位一项工程必须在暑期完成，任务十分艰巨。当时天气酷热，工人们在烈日下施工，有的干脆光膀子干，但工程进度还是不理想。负责此项工程的领导年纪大了，本来可以在有空调的办公室里指挥。可是他不，他在布置完工作后，就到现场，就工作在工地上。天热得难受，他也脱光上身，有扇子也不用。工人干多长时间，他就陪大家多长时间。他的行为使工人们很感动，干劲更大了，最后工程提前完成。这样惊人的速度恐怕与这位领导在现场“陪”干的形象不无关系。

当然，领导这样做并不是故意给人看的，不是作秀。这些举动应是他们本色思想的体现，一贯作风的反映。这样的临场真实面貌和形象，才会产生积极作用。

» 展示良好的会议形象

领导者主持或参加各种会议是实施领导、推动工作的重要活动方式。不管听汇报还是作报告，不管大会还是小会，领导者都处于中心位置，是下属或群众注视的焦点。因而，不仅他们的讲话内容影响力很大，而且他们的会议形象也具有不可低估的作用。

从实际情况看，有些领导对自己的会议形象并未引起足够重视。比如，有的领导在会议上讲话缺乏新意，不痛不痒，语音不当，动作不美；有的精力不集中，忙着看文件，或频繁地离席打电话；也有的则听不得不同意见，表现粗暴，甚至拍桌子压人；还有的则精神不振，衣冠不整，坐没坐相，嘴里嚼吃东西；等等。很显然，上述会议形象都有失领导风度，易于给下级、群众留下不良印象。特别是在群众大会上，领导的讲话、气质、衣着、做派等，群众都看在眼里，记在心上，并据此对领导者作出判断和评价，进而影响领导者的威信。在与会者与领导者并不熟悉的情况下，尤其如此。某单位有位新领导到任，在欢迎大会上他发表讲话不注意分寸，夸夸其谈，自吹自擂，群众听着不入耳，不免交头接耳，小声议论。这位领导看了很生气，指着台下一位听众斥责道："请你到台上来说！我把讲台让给你，好吗！"这样一来下面没人说话了。可是他以这样的会议形象在群众大会上亮相，其威信在很长一段时间内都受到影响。

你看，领导者的会议形象多么重要！所以，领导者应特别关注自己的会议形象，把出席每一次会议都当成展示和塑造自我形象、实现上下沟通和推动工作的舞台。为此，要注意以下几个问题。

1. 要准时到会，衣着得体。领导者的时间观念是会议形象的重要内容。会议时间一旦明确，领导者就应准时或提前到会，绝不迟到，不能让其他人等自己。如果临时有事耽搁了，也要及时通知会议人员。这一点十分重要。有的领导开会时喜欢晚到几分钟，叫他人等自己，以此显示自己权威，这是很失策的。

同时，领导出席会议要注意自己的衣着打扮。一般情况下，衣着要整洁，要富有个性，还应与会议宗旨、会场气氛保持一致，使衣着成为体现会议主旨的一部分。比如，严肃会议与欢迎会议，参加上级会议与出席群众大会，在本机关开会与到基层或第一线开会都应有所区别。特别是到基层开会时，衣着应朴素一些，与群众融为一体，不能太吝色，这样有助于塑造领导者的大众化形象，能拉近与群众的距离。当然，有时出于某种需要，领导在衣着上也可以别出心裁，与众不同，以个性衣着传递特殊的意向，追求某种特别的效果。

2. 要姿态端正，精神饱满。在会议上，领导的做派姿态下面看得清清楚楚。所以，领导者应严格自律，精神振作，坐姿端正，把精力放在会议议题上。当别人发言时，要把目光投向对方，专注倾听，必要时还应插话，以激发对方的兴趣，把话题引向深入。在会议期间，没有特殊情况，不应频繁打电话，或长时间离开会场干别的事情，也不应低头看与会议无关的文件，处理其他公务。当会议上出现分歧意见时，领导者要有雅量，不要与下级发生争执，应心平气和地讨论问题，陈述自己的看法，给人一种平等商讨、尊重他人的印象。尤其不要以权压人，更不能说粗话、脏话、有辱人格的话，否则就会有损于领导者自身的良好形象，因小失大。

3. 要言简意赅，讲求实效。出席会议之前领导应做必要准备，比如对于不同性质会议的宗旨、时间、组织形式进行谋划，力求使会议开得富有成效，特别要精心思考自己的讲话内容。比如如何组织材料，用什么语言，讲多长时间；重要的会议发言，还要事先起草，甚至演练几遍，以增强发言的效果。出席会议时，要从会议宗旨出发，把握自己的言行做派，驾驭会议进程，追求最佳效果。凡是传达文件或研究问题的会议，一定要注意讲究时效。发言时内容要围绕中心，切忌言不对题，过分啰嗦，力争做到所言独到，条理分明，有理有据，信息量大。领导在主持会议时，要发挥主动权，善于引导，有时不妨穿插一些幽默语言，调动与会者的情绪，使会场气氛活泼一些。当领导搞演讲、作报告时，则应刻意运用语言艺术，讲究语音语调技巧，辅之以恰当的手势和表情，以增强演讲的影响力。这些对于塑造领导者的会议形象都有积极意义。

4. 要表现个性，展示风采。每个领导者的经历、爱好、修养不同，在会议上也应表现出自己的个性特色和独到风格，以给与会者留下深刻印象。比如，周恩来在会议上就有自己的个性风采，不管面对什么人，或遇到什么难题，他都表现得十分优雅自如，谈吐从容，机敏睿智，显示出特有的风格和大国领袖的风范，令与会者钦佩不已。再如，有些领导善于运用比喻，深入浅出地说明道理。在“文革”中，彭真坐了 9 年牢。恢复工作后，1979 年的一天，他到中央党校作报告。下边与会者递条子，询问他 9 年狱中生活的情况。他看一眼，把纸条放在一边，继续讲与此无关的话。就在这时，突然停电了，过了一小会儿又来了电。这时，只见他拿起这个纸条念了一下，然后说：“这 9 年是一段漫长的时间，但你想开了，它在我们党的历史上，不过像刚才灯暂时灭了一会儿一样。现在，灯重新亮了，我们该做什么，就又应该去做什么了。”他的这一系列动作和精彩的讲话，引来长达数分钟的掌声。在这里，我们看到一个老革命家把事业放在高于一切位置上的光辉形象。他所展示的会议形象令人由衷钦佩，久久难忘。

» 难能可贵的雅量

说到雅量，通常是指一个人胸怀博大，豁达包容，遇事内敛，宽以待人等。对于领导而言，尤其需要有雅量，它不仅能展示个人素质修养，而且也是一种领导艺术。因为领导的雅量体现着人格力量，具有强大的凝聚力和感染力，能有效地激发下属的创造性，推动事业的发展。

某单位进行一项技术改造工程，很多技术人员都想参加，不想错过这次难得的机会。青年工程师王礼也想参加，可是不久前，因为评定职称的问题他对主管领导胡主任有意见，在一次会议上，他情绪冲动，当众放炮，说领导一碗水没端平，不应行政干预。胡主任当时感到很难堪，脸色十分难看，让他举出事实，可以向纪委举报，愿意接受监督。后来，王礼冷静下来，感到自己太冲动，不该捕风捉影，当众叫主任下不来台，后悔不该鲁莽从事。他想，这项技术改造工程自己肯定不能参加了，而且做好了被整的思想准备。可是令他没想到的是，当宣布参与人员的组成名单时，他的大名赫然在列。有人告诉他，正是胡主任提名他参加的。他深感意外，十分感动，又万分愧疚。他沉不住气了，去找胡主任问："您为什么推荐我参加？真的不恨我？"胡主任微笑着说："我为什么要恨你呢？就因为你在会上说了几句难听话？其实，谁都有冲动走板的时候，我能理解。再说，我也没有那么神经衰弱。你想想，你是年轻的技术骨干，这么大的工程你不上谁上呀？我这个人是好话听坏话听，就是废话不听，你就好好干吧！"胡主任这种宽容豁达的态度，让他感动不已，内心产生深深的敬意。此后，在工作中王礼更加兢兢业业，在改造工程中扛大梁，有创建，有一个项目获得了省级技术革新二等奖。

在这里，我们看到了领导的雅量有效地化解了下属的积怨，激发了年轻人的正能量，也让我们更加敬重这位领导的高尚人格，领略了领导雅量的价值和意义。

然而，展现雅量并不是一件十分容易的事情，它需要很高的思想修养、心理磨炼和胸怀拓展。在现实生活中，有些领导气量狭小，遇到不同意见，往往首先想到个人的面子、自己的权威，所以很难容忍下属向自己挑战，自觉不自觉地以维护个人意见为选择，压抑不同意见，这就与雅量大相径庭了。所以，作为领导一定要自觉加强思想修养，要站到事业的高度想问题，以全局眼光看人对事，才能让自己拥有海纳百川的胸怀，容得下多种意见，表现出超人的豁达和雅量。

此外，展现雅量还需要一种自以为“非”的勇气。一般说来，自以为是的人是很难表现出容人容事雅量的。其实，不管什么人的认识都会存在某种局限性，不可能一贯正确，自以为是显然是片面的错误的。如果领导者认识到这一点，就应该多一些自以为“非”的勇气，当面对不同意见的时候，不要武断地加以否定，更不要利用权威把个人意见强加于人，应当冷静地对待差异，以宽容的态度给下属一定的发展空间，允许他们按自己意见行事，让他们在实践中验证真伪，最终得到真理性认识，在此基础上实现上下的步伐统一。

最后，领导雅量不仅表现为理念上的宽容，更可贵的在于行动上的支持和帮助。领导者可以不赞成下属的观点，但是不能不尊重和支持下属开拓事业的积极性和创造性。因此，当上下之间观点不同时，领导在保留自己意见的同时，还应在职权范围内给予下属真诚的支持，为他们的大胆实践提供必要条件。进而言之，当实践的结果证明下属的意见正确，甚至超越自己的时候，领导不应怕自己被否定、被超越而感到脸上无光，相反应对下属的成功感到由衷的高兴，表示祝贺。这时，领导的雅量就找到了具体注脚，并放射出夺目的光彩。下属会越发为之感动、为之敬仰，将领导的可敬可亲的形象深深地印在脑海里。

》宽容是一种征服

在对待下属失误的问题上，领导者可以有多种处理方式和选择。而宽容便是其中具有特殊教育效果和征服人心作用的一种。

某单位有名干部因为分房问题对主管领导不满，曾当众给这位领导难看，损害其名誉，当时这名领导十分恼火。后来，事情真相澄清了，这名干部知道自己搞错了，后悔不该鲁莽从事，同时他也做好了被整的思想准备。可是，在很长一段时间内不见动静，领导像什么事情也没有发生似的，既不批评他，也没有报复他。他沉不住气了，找到领导问："为什么不处理我？"这位领导宽厚地说："为什么要处理你呢？这不过是一场误会。再说，谁都会犯错误，只要认识到了，以后注意就是了。"领导这种宽容态度，使他感到意外，又十分感动，从此他对这位领导产生深深的敬意，在工作中更加兢兢业业，并与这位领导保持着密切的个人关系。

从此事我们看到了领导在处理上下级关系时，采取宽容方式所产生的特殊作用。

首先，宽容是一种征服。领导的宽容往往可以引起当事人的深刻反思和自责，促使其自觉纠正问题。一般说来，当下属出现失误时，领导给予严厉批评是惯常方式。但是批评教育作为一种外在力量必须转化为当事人内在的认识才可能发挥作用。如果当事人对问题并不认识，或认识不足，那么批评教育的效果就会大打折扣。然而，采取宽容态度的教育作用就不同了。宽容能引起对方心灵的震撼，激发内在的批判力，促使内心"裂变"，自觉进行深刻反思，严厉自责，认识问题，最终心服口服地从错误中走出来。可见，对于下属的宽容是不批评的批评，它比直接批评教育的作用要大得多。

其次，宽容是一种吸引。领导的宽容可以塑造自身可敬可亲的人格形象，征服人心。我们知道，宽容意味着对对方错误的容忍，意味着承受他人加给自己的伤害，承担他人失误带给自己的痛苦。如此对他人失误的后果不予追究，放人一马，就与那种得理不让人、揪住不放、借机整人的做法形成了鲜明的人格对比。特别是手中握有大权的领导者如此不计较他人的冒犯，充分体现了领导者的宽大胸怀，感人善意和超凡脱俗的可爱品质、可敬形象，表现出高尚的人格吸引力，因而能赢得人心，让人景仰，让人感动，使当事人从内心产生崇高敬意，进而被彻底征服。

最后，宽容还是一种工作策略。有时候，宽容还可以作为思想方法和工作方法运用在领导实践中。在处理上下级矛盾时，领导者从自身职责出发，从大局利益着眼，适当采取宽容立场，有时可以很好地化解矛盾，感召人心，营造和谐的关系氛围，对于推动工作具有积极作用。正是从这个意义上看，善用宽容也是一种领导艺术。

需要指出的是，领导的宽容绝不是放弃原则。当下属的错误涉及原则纪律，且影响很大时，领导者就不宜一味宽容，必须进行严肃的批评，甚至追究其责任，借以教育本人并消除不良影响。

» 领导切忌耍威风

领导需要有威望。因为权威是一种推动力，是促使任何团体统一步伐，完成任务所必需的。但是权威作为一种资源，不能滥用，如果用之不当，甚至处处耍威风，那时权威就会失效。下述几种耍威风现象理应杜绝。

一是小题大做，动辄当众训人。领导的权威应用于大事，推动工作，特别在关键时刻上表现出来，借以显示威力和决心。但有一些人不懂得这一点，他们喜欢在小是小非上耍权威，在无关大局的问题上小题大做，显示权威，结果“大材小用”，不但不能起正面作用，反而会造成不良后果。某单位一位领导喜欢在大会上教训人，经常针对下级的一些小问题，把下属当众叫起来亮相，点名批评。如有一次下属送上一篇文稿，他发现文中有一个错别字。本来不是什么大问题，只要动手改掉它，再告诉下属以后注意认真仔细也就行了。可是这位领导抓住不放，在大会上当众点这件事，还叫这位下属站起来亮相，批评他不认真、水平低，搞得下属很没面子，心里犯嘀咕，自己在哪些地方得罪了领导，拿自己开刀?！从职责上说，领导这样做也许没有错。可是如此“杀鸡用牛刀”方式，未免小题大做，给下属过大压力，从此背上了包袱，一见他就紧张，对他敬而远之。

显然，这样做有耍权威之嫌，起码工作方法不当。其结果，不但难以教育下属，而且把下属搞得十分紧张，背后对他议论纷纷，自然领导在群众中的威信受到了损害。

二是出人洋相，对下属搞突然袭击。对下属加强管理考核是必要的、有效的。但是，考核要有预告有章法，要符合实际情况，有利于推动工作。比如，下属职责范围内的事情，下属应知应会的内容，上级就要考一考。如果答不上来，下属会心服口服认识不足，努力学习，这样也会树立起领导的权威。有些领导不是这样，他们把考核当成表现自己高明的工具，在下属毫无准备的情况下，突然提出一个生僻问题叫下属回答，下属很难答得上来，于是他们就开始教训下属，说他们不努力，不学习，并指导一番云云。如有一位领导到下属单位检查工作，突然向下属领导提一个问题："请你说说邓选第三页第一行写得是什么?"对方一听就毛了，半天答不上来。与会的人们个个自危，生怕点到自己的名。这个领导批评下属读书不认真，读不到精髓等。可是下属心里很不服气，甚至有人私下说："我从《资本论》里找一页叫他答，他肯定也答不上来!"

如此突然袭击式的考试，是一种整人的方式，对工作毫无助益。难怪人们私下说他没有水平，得不到下属由衷的尊重，更谈不上群众威信了。

三是不分是非，以职务压人。作为领导必须要坚持真理，分清是非，这样才可能建立真正权威。当自己的意见与下属发生矛盾时，不能轻易以自己是领导来压服对方。应该让对方把话说完，认真考虑对方意见的合理性，然后再作决定。这样下属才会心服口服，维护领导的权威。然而，有些领导过多考虑自己的面子和权威，听不进他人的意见。当有人不同意自己的意见时，他们就亮出自己职务，以压服对方尊重和服从自己。如说："在这里是你说了算还是我说了算?""你是领导还是我是领导?"这种赤裸裸的压服人的说法，很容易给人留下霸道的印象，让人感到你不是出于公心，不是坚持真理，而是以势压人，同样不能叫人心服口服。有一位领导到下面检查工作，看到厂房有台机器，他说这样安不好，还是横过来好些。单位领导说："我们请专家论证过了，这样安放可能更好些。"这位领导一听就不高兴了，说："我说这样好就是这样好！马上改过来。"在这样一件事情上，人们认识了他，他的威信在人们心目中也荡然无存了。

上述领导的言行表现，看起来都是些小是小非，可是很影响人们对领导的看法，影响领导的威信，因此不得不注意。

第二章

真抓实干，讲究方法

》决策不能太感性

一天，某公司谢老板正在待客，忽然有个美国人临时造访，上门联系代理广告业务。那是个小伙子，操一口生硬的汉语，身上的衣服皱巴巴的。谢老板和他谈了不到一壶茶的工夫，就把他打发走了。朋友问他为什么放弃这笔生意？他说："他自称美国人，却分明长着一副标准中国人的脸，谁知是不是冒牌的？这个人今天来公司竟然是骑着一辆破自行车来的。你也看到了，他穿的和打工的农民差不多，这说明他不具备任何实力，他的身份很可疑，我把那么大一笔广告费扔给他，搞砸了怎么办？"

他的逻辑似乎无懈可击，朋友佩服他的老谋深算。然而，他们都错了。这个美国小伙子叫朱威廉，是跨国集团联美广告有限公司的 CEO，同时还是茂名的文学网站"榕树下"的创始人。朱威廉的确是在美国长大的，他父母是台湾人。两年后，谢老板对这位美国人刮目相看了。原来，朱威廉创办的公司迅速崛起于大上海，如日中天，年营业额突破了两个亿。老谢的公司自他父亲亡故后，每况愈下，走向衰败，与早年已不可同日而语。老谢在总结商场失利的原因时说了一句："我和朱威廉都同样生在有钱的人家，而我之所以失败，是因为我只会坐奔驰，不会骑单车。"

他的反思是耐人寻味的。他决策失误的原因之一恐怕与他以貌取人，断定骑单车的人没实力，随意决策有直接关系。他过于感性地作出决策，失掉了可贵的合作发展的机会。这个世界是复杂的，不可能是单一颜色。按照常规，经济实力往往与外表统一，实力强的商人一定会乘坐豪华车，可是偏偏就有喜欢骑单车的大老板。如果你太过感性，以貌取人，就会被假象迷惑，容易作出错误判断。所以，我们作决策时一定不能太随意，看到一点就作结论，不妨多想一想，把问题想得复杂些，以便作出更符合实际的决断。

与客商打交道如此，在处理内部事务上决策也应如此。有个笑话说，某大公司老总最恨工人在工作时间偷懒，有一天他去巡视仓库时，发现一个工人正坐在地上看连环画，他非常生气，走上前便问："你一个月挣多少钱?"

工人答："一千块。"

老总立即掏出一千块给他，并大叫着："拿了钱给我滚!"

工人接了钱，莫名其妙地走了。

事后，老板问职员："那工人是谁介绍来的?"

职员说："那是别的公司派来送货的。"

老板愕然。

在现实生活中，类似这个笑话中的老板并不鲜见。它从一个侧面形象地暴露出某些领导者主观武断的领导作风和随意决策的不良习惯。

要纠正随意决策的问题，起码要注意三个环节：一是要多作调查研究。有些领导过于主观、过于感性，自以为是，看到一些现象或枝叶，就武断地作出决定，说一不二，其结果往往与动机相去甚远。类似上述笑话本来十分简单，只要多问一句"你是哪个部门的"，一切都明了了，不至于闹出如此笑话。因此，不管在什么情况下，遇事都要先问个为什么，调查一番，弄清事情的原委，而后再作决定不迟。

二是作为领导要懂得各司其职，不能包办一切事情。在此笑话中，明明对于员工的问题，有关部门领导处理就可以了，可是这位老总没有那样做，而是自己越级处理，闹出了笑话。所以，在企业中，应严格职责分工，各级有各级的权限，一级管一级，不必事事由高层领导过问，这样管理企业才可能管好，管得井井有条，管出高效率。

三是作为领导者要养成良好的性情和自控能力。有些领导过分看重自己的权威和面子，他们遇事容易情绪化，还误以为这是办事果断的表现，其实正暴露了他们的自控能力不足，这十分不利于上下关系良好氛围的形成。因此，企业领导应加强思想性情修养，遇事少一些情绪化反应，多一些冷静思考，理智处事。这样才能作出正确决策，提高企业的竞争能力。

» 从贤不从众

在现实生活中，当人们对某一事物不了解，自己拿不定主意时，往往以为大多数人的意见是正确的，而倾向于采取多数人所持的意见，与他们站在一起。这就是一种普遍的心理现象——从众心理。然而，对于领导者来说，在进行决策时，遵循从众心理未必可取。因为，真理往往掌握在少数人手里。著名的华为公司就有这样一条原则：高层重大决策“从贤不从众”。其内涵是：领导在决策问题上应独立思考，取舍定夺的标准应该是真理，而不能盲目地遵从多数。这条原则值得领导者深思。

事实证明，“从贤不从众”对于领导正确决策具有十分积极的意义，它有利于克服平庸，创新发展。有时候真理可能掌握在少数人手中，特别是在改革开放的年代，很多新事物新创意的出现，往往首先出自少数人。这些人动脑子、想问题，对问题钻得深、吃得透，其见解通常在一般人之上。尤其在一些具体研究领域，少数人的看法很可能超越多数人，提出真理性见解。正因为如此，习惯了旧方式的多数人，有时会把创新思想当成异想天开，加以排斥。所以，作为领导者必须保持清醒头脑，独立思考，判断正误。如果事事简单地“从众行事”，很可能会作出错误决策，而压抑新鲜创意。正是从这个意义上说，坚持“从贤不从众”是明智之举。

深圳一家生产电暖气的公司为了促销，要求销售部门员工献计献策。有一名员工决心改变以往广告大多雷同的做法，他参照国外一些品牌企业的广告经验，别出心裁地设计了一份明信片形式的广告，找懂行的朋友帮助绘制出样品。他设想的明信片广告分两步进行：第一次在9月寄出一张明信片，上面画一个电暖气，穿着泳衣，戴着太阳镜，躺在沙滩上晒太阳，一旁写着："现在我在度假，盼下个月能与你相见。"10月，再寄第二次明信片，上面画着电暖气已经穿上羽绒服，戴着围巾，拎上公文箱，匆匆赶路的样子，旁边写着："没有谁比我更能带给你温暖，我已整装待发，打电话给我吧。"下面是热线电话。

他把自己的创意和样品交给了销售总监。几天后，销售部开会，总监拿出他设计的明信片叫大家看。没想到人们看罢立即爆发出一阵笑声。这哄笑声等于宣判了这个广告设计的死刑。但这个员工还是不想放弃自己的想法，硬着头皮把自己的想法说了出来，等待着最后的裁决。就在这时，总监拿着明信片走到他的座位前，真诚而庄严地向他致谢，说："谢谢你，作为一个新员工，你想到了许多老员工从来连想都没有想过的事情，这一点非常难能可贵。另外，你动用个人的关系为公司做事，这一点也让我感动。你的设想很好，深圳鼓励创意，在深圳有人笑被视为成功。如果没有人笑，说明你的设想做得太保守了。想一下飞机的发明，当时人们一听说造一个会飞的机器，反应肯定是哄堂大笑。"

这名员工沮丧的心一下激动起来。后来在领导的指导下，经过多次加工完善，这个创意投放市场，大获成功，领导因此给他1万元作为奖励。

这是一个典型的"从贤不从众"的事例。试想，如果那位领导也"从众"行事，和大家一起哄笑的话，也就扼杀了这一新鲜创意。好在这位总监慧眼识珠，看到了这一创意的价值，果断地站在被哄笑的有独到见解的少数一边，从而为企业创造出一次成功的销售。由此我们再一次看到了领导有胆有识，"从贤不从众"的重要性。

当然，领导者要想做到这一点，就必须自觉扫除两个思想障碍：一是怕担风险的思想。有些人所以从众，骨子里是怕担风险。他们以为大多数人的意见错不了，就是出了问题，大家也可以一起分担责任。二是怕脱离大多数的思想。有些人担心从贤决策就可能得罪大多数，多数人与自己离心离德，不好开展工作。其实，这种想法也是多余的。对于领导者来说，只要出于公心，为了事业，敢于坚持真理，选择正确意见，是他们的职责，这是从根本上代表了大多数群众的利益。更何况，当你的决策带来效益，被事实证明是完全正确的时候，大多数人也会迅速跟上来，并对你的英明决策表示赞赏，从而赢得更高威信。因此，明智的领导者必须独立思考，坚持主见，有勇气选择正确，站在真理一边，哪怕只是一个人的意见也不动摇。只有这样，才能带出一支充满活力并有创造精神的团队。

» 可贵的冷思考

在现实中有一种现象很让人困惑，那就是有的名气很大的企业，业绩不凡，红得发紫，突然在一夜之间垮掉了！这到底是为什么？

细究起来，不管他们的失利有多少原因，但其中必有一条是单位的老总头脑发热，在成功和赞誉面前飘飘然，以为自己无所不能，高估自己，作出违反实际情况的决策，最终导致企业从顶峰跌落谷底。

然而，这种“走麦城”的悲剧并不是不能避免的。在这里，对于走红的成功者有一剂良药，那就是要善于冷思考，在干得红红火火的时候，给自己泼点“冷水”，让自己清醒一些，在看人看己，看事情看发展上，多一点冷思考，往往就能趋利避害，防止危机到来，使自己走向更大的辉煌，甚至长盛不衰。

在这方面，中国著名企业华为公司的老总任正非就是善于冷思考的一位。他领导的企业只用了10年时间，就把一个不大的企业做成了中国IT业的航母，并走向了国际。在盛名之下，他却十分冷静。他对自身的成功有三条冷思考：一是他以为自己的企业还不算成功。他说：“华为没有成功只是在成长”，他冷静地与国际大跨国公司比较，看到华为公司是“一群从青纱帐里出来的土八路，与大公司还有相当的距离”。二是他认为华为的成长是在全球信息业发展最快的时期，华为像一片树叶，有幸掉到了这个潮流大船上，华为的成功是机遇的结果，“机遇大于其素质与本领”。三是华为的产品有一些偶然领先于西方公司，却并不知道世界著名公司的内涵，也不知道世界的发展走势，以及别人不愿公布的潜在的成就。华为在这方面“很年轻、幼稚，很不成熟”。

你看，一个在别人眼里非常成功的大企业的老总如此清醒地看待自己，保持危机感，实在难能可贵。而且，他的这种自我评估，绝不是作秀，而是从内心进行的真诚的理性的思考后得出的服人服己的结论。从这种冷思考中，我们看到了一个真正成功者的成熟、老练和雄心，看到了他事业的希望和光明的前途。

他的这种冷思考方式值得每一位成功者深思，从中得到某种启示，特别是正处于成功之巅的人们，应时常反省自己，想想这样几个问题：首先，对自己已经取得的成绩作一点客观评估，看看是不是真正的成功了？最好左右看一看，内外比一比，那时就会发现差距，看到山外有山、天外有天，自己还没有做大做强，还远没有达到值得骄傲的地步，自然应夹起尾巴，扎扎实实地工作。其次，任何事物都不是十全十美的，想一想自身的弱点是什么，软肋在哪里？特别是在素质、能力上存在的缺陷，那绝不是一朝一夕可以解决的事情，每每想起这些，你就不敢怠慢、不敢自满，就会加倍努力去追求完善和发展，并做好长期拼搏的准备。最后，我们处在一个激烈竞争的时代，先进与落后绝不是一成不变的。今天的先进，明天就可能是落后，你不前进了肯定会落后，甚至你前进的步伐慢了都会被人超过去。只要想一想客观的竞争形势，想一想竞争对手可能随时向你发起攻击，你就会有一种危机感，居安思危，逼着自己自强不息，不敢苟且，不能懈怠。

总之，对成功者来说随时给自己泼一点冷水是十分有益的，如一位名人所说：春天时想到冬天，也许你就会永远留住春天，保住辉煌。

积极变通求共赢

在各种内外谈判中，在领导班子研究决策过程中，难免出现分歧观点，如果各方固执己见，不肯作出让步，就可能陷入僵局，影响工作的进展。在这种情况下，善于拓宽思路，努力找到各方都可接受的第三方案，就成了必要的选择。

寻求第三方案是一种决策智慧的反映，是创造性思维的结果。为此，分歧各方应审时度势，从实际情况出发，权衡利弊，适当作出妥协，最终达成统一。从实际情况看，拓宽思路，寻求变通处理的基本方法如下。

1. 综合式。即吸取双方意见中的合理部分，形成一种新的意见。如1946年，胡宗南率大军进犯陕北根据地，大军压境，党中央主动撤离延安，敌军尾追而来，敌众我寡，情况十分危急。在这危急时刻，中央召开会议，刘少奇、任弼时等主张为主席安全，应东渡黄河，而毛主席坚决不同意，主张坚持在陕北指挥革命战争。两种意见尖锐对立，各有各的道理，一时僵持不下。这时周恩来同志综合两方面意见，提出一个方案：将中央兵分两路，一部分留在陕北，另一部分过河。这个方案集中了各方意见的优点，大家都感到满意。于是才有了朱刘过河到西柏坡建立中央工作委员会和毛周留在陕北与敌周旋的决策。在这里，周的第三方案提取了双方意见中的合理部分，很好地满足了各方意愿，很快地统一了思想。这种综合方式是最常用的决策方法之一。

2. 求同式。就是从两种对立意见中，寻找共同点，在共同点上求得认同和统一。如1972年美国总统尼克松访华，谋求中美两国实现关系正常化。在讨论联合公报的时候，双方对于台湾问题存在分歧。中方重申台湾是中国不可分割的一部分，而美国不想丢掉“老朋友”，双方的谈判搁浅。后来双方又经磋商，终于找到了共同点，公报采用了双方都能接受的表述方式：“美国认识到，在台湾海峡两边的所有中国人都认为只有一个中国，台湾是中国的一部分。美国政府对这一立场不提出异议……”这样的表述，实际上是承认了台湾的归属问题，在主权问题上，双方取得了共识。正是在这个共同点上，而后才实现了中美两国关系的正常化。这种方式有助于彼此绕开分歧点，在共同点上求一致。

3. 变通式。就是针对双方分歧点的焦点，适当修改己方意见，或附加某种必要条件，使双方意愿都得到满足，形成统一。比如，我们改革开放之初，著名爱国实业家李嘉诚率先为家乡捐款数亿元兴建汕头大学，引起强烈反响。但是他却迟迟不进行营利性投资。汕头政府领导为推动改革开放进程，引进外资，希望李嘉诚在汕头投资。但他认为自己如果赚了钱，似乎多年来捐钱的行为都不是出于单纯的目的，也违背了当初自己只付出不索取的意愿。所以，尽管汕头政府领导不断劝说，李嘉诚都不同意投资。在这种情况下，汕头政府提出一个新方案：划出黄金地段跟他合作，合资兴办名为“汕头第一城”的高级商业住宅区的项目。政府领导对李嘉诚说：“很多海外华侨都说，李先生不在这里投资，一定是你觉得潮汕不好。”在这种情况下，李嘉诚不能再固执己见，他退出谈判会场，冷静地思考了几分钟，突然一个变通之法出现在脑海里，那就是他可以同意投资，但把这项工程的本和利都算作汕头大学今后的发展基金。这样变通的结果，既满足了对方的引资要求，又实现了李嘉诚不在家乡汕头赚钱的初衷。

就这样，他与政府达成一致，合资项目立即上马，一个建筑面积达 50 万平方米的“汕头第一城”拔地而起。

4. 微调式。就是双方在大方向一致的情况下，针对存在的枝节性分歧，可通过技术性处理，化解分歧，统一思想。比如，1985 年 2 月，中国与科威特阿拉伯化肥公司进行一个 5000 万美元投资项目的谈判中，在销售问题上就出现了分歧。科威特方面提出“中国政府要保证提供”“全部销售市场”，中方代表表示异议，不同意使用“保证”两字，说：“我们三方是投资者，风险共担，有利共沾，为什么要中国政府去保证呢？”对方坚持己见，致使谈判中止。在休息的时候，中方代表提出“保证”二字可不可以在阿拉伯语和中文的字义上找到通融的用法？

对方马上表示赞同：“对，找找词意能通融的词，譬如说：中方可以提供化肥销售市场……”这样，由“保证”变成“提供”，双方都笑了，矛盾解决很快达成了协议。

总之，当面对各方意见分歧时，为了形成最佳方案，我们必须准确把握各方的分歧点和共同点，展开积极思维，打开思路，并把握好进退取舍的分寸，借以找到变通的方案，最终实现统一。从某种意义上说，寻找各方都可以接受的折中方案是在决策过程中谋求共识的领导艺术。

» 财富始于心智

对于企业领导来说，必须懂得用脑子经营赚钱。有人说，财富是“想”出来的。这话有一定道理。

每天看过的报纸，转天就成了毫无价值的废品，人们用这些旧报纸包东西、垫抽屉，或堆积起来，以几角钱一公斤的价格卖给收废品的小贩。然而深圳的郭江却想出了赚钱的门道，在他手里，一张四个版的老报纸竟然能卖到了两三百元甚至近千元的高价。

2002 年，四川人郭江有个伙伴曾经帮助华东一大型图书馆设计信息化报纸检索系统，图书馆将大量的报纸扫描转化为数字信息后，只留了一份原报，把剩下的近 5 万份旧报纸当废品处理。面对这些废品，郭江突然想起曾从电视上看到的一则报道：2001 年当中国申奥结束后，中国申奥功臣何振梁先生，收到一份令他特别感动、来自国际奥委会的礼物——1929 年他出生那一天的英国《TIMES》原版报纸。报纸上报道了当天在英国及世界各地所发生的大事，仿佛是为何振梁的出世做了另一种时空上的解释。正和朋友筹划生意项目的郭江心里冒出一个点子：卖生日报！再多收集旧报纸，当作一份份特殊的生日礼物售卖。

他发动二十多个朋友分头跑遍了大江南北，遍访各大城市的博物馆、图书馆，收购它们多余的存报。有一次，他在东北正好遇见一家广电大楼搬迁，成堆的文革时期的报纸合订本当废品按斤出卖，郭江欣喜若狂地以60元一本的价钱全部收下，共有500本好几千份。经过近两年的奔波筹备，郭江收集的报纸达到了80万份。2003年，郭江终于开了一家“生日报”专卖店。他们的第一个顾客是位华为公司的工程师，以138元买走了一份20世纪80年代的《人民日报》。之后客人源源不断。后来卖掉的报纸，最贵的一份是20世纪40年代的《解放日报》，卖了798元。曾经有一家电信公司一口气定下8000多份旧报纸，作为年底赠送给黄金客户的礼物，每份报纸都和一名黄金客户的生日相符。他的生意十分兴隆，不到两年，这些旧报纸就已经为郭江带来了30多万元的收益。

几角钱一公斤的旧报纸，凭什么在郭江手里就变成了宝贝？废物变成了黄金？其实，他点“纸”成金的奥秘就在于一个新点子，一个好创意，他想到了人们的心灵深处，利用了人们的怀旧心理。一张旧报，如果只是一张报纸的话，它已经失去的新闻价值，分文不值，可是一旦与人们有纪念意义的生日联系起来，报纸所记录的一切又都被激活，成为时代的回响和人们的回忆，它让人自豪，让人兴奋，让人炫耀，于是旧报纸也就身价不凡了。

由此可见，赚钱始于想法，财富在于心智，经营重在动脑。管理者必须把思维活动贯穿于经营活动的各个实践环节之中，诸如经营项目，资金运作，经营方式，广告策划，竞争方略，地点选择，等等，通过密集智力活动，实施最佳创意、合适的方案、有力的措施，让自己与众不同，步入佳境。从某种意义上说，思维与智慧是财富的倍增器，是财富的孵化场。

要“想”在别人前面。追求一枝独秀，引领市场是最精明的商人的目标，也是用脑子赚钱的第一追求。好主意金点子要在别人没有想到之前就应想到，才可能抢占先机，独步市场。一般说来，第一个创造出市场的人，较少遇到竞争压力，获得的利益也更为迅速且明显。如欧盟规定于2002年起，欧元开始在欧洲各国流通。而在两年前，浙江海宁一位普通皮件厂的经理就想方设法捕捉到一个重要信息：欧元主币的尺寸大于普通的货币尺寸，一般的钱夹放不进去。这位经理灵光一闪，抓紧开发了40多款230万个欧元专用钱夹，在欧元流通的第一天就投放欧洲市场，很快销售一空，而且订单滚滚而来，其盈利可想而知。这位中国商人的成功就在于他先行一步，想在别人前面，赚了第一波次的钱。没有竞争对手的钱最好赚，但需要有先见之明，超前智慧。

要"想"到别人没想到之处。要善于超越常规思维，在别人认为不可能的地方突破，在他人思考领域以外轻松赚钱。只有发现别人没有发现的需求空白和供求不平衡，才有钱赚。因为空白就是市场，不平衡就是商机。很多精明商人的成功就是在赚不对称的钱。自20世纪80年代末90年代初东欧发生剧变，当地日用品严重不足，而中国国内市场日用品供应充足，丰富多彩。杨经理出国期间发现了这种不对称，并把握住了机会，借此天时地利，把国内价格比较低廉的轻工棉线产品转售到波兰、罗马尼亚等东欧国家。转口贸易的毛利润大都在5倍以上，他的财富也以"核裂变"的速度急剧增加，仅仅用了两三年的时间，他就打捞出大约2000万美元的超级"第一桶金"。与此同时，他又把目光瞄准了鲜花市场，在欧洲鲜花业十分发达，而在国内刚刚起步。这又是一个不平衡，他把鲜花从外面引进中国市场。就这样买了卖，卖了买，这一转手的利润极其可观。他看到别人没有看到的市场空白和不对称，通过市场运作赢得了巨财。国与国之间如此，国内东西部之间也是如此。不对称现象充满了商机，就看你是不是善于发现了。

可见，在别人不信，或不想的地方，你想了做了，就可能抓住一次绝好机会，赢得大把财富；而当大家都想到了的时候，你随大流跟进，也只能赚取利益的平均值了。一句话，超越思维，填补空白是先富之道。

要"想"到社会需求的深层。市场需求是一切经营者思考问题的出发点。然而，这种思索有深浅之分，如同一个大海，涉到浅处只能捕小鱼小虾，只有驶入深海，才可能抓住大鱼。深度思维的关键在于深入人们的心理需求，同时从多样性入手，分门别类，想深想细，想到用户的心底，发现真正有价值的商机。比如，不同的年龄群体的消费心理不同，需求各异。青年人喜欢时尚，追求新潮，这是一个很大的消费群体。经营时尚是创造的艺术，只有多动脑筋，满足青年的时尚求新心理，你的经营才可能起到引领潮流、引导消费、开拓市场的作用。中年人的消费观较为务实，这个群体是事业的中坚，他们又依据收入高低，有金领、白领和蓝领之分，消费水平和需求档次差异很大，作为经营者必须思考得十分细致且到位。而老年人大多数保持传统，心理怀旧。经营者思考问题就应多一些情感回归，才能创造出更多商机。如有人打出“老冰棒”，有人想到卖“生日”报纸等，就很合乎他们的口味，找到了自己的经营发展空间。概言之，商机处处皆是，赚钱机会多多，关键是看你是不是想得深，想得透，想得对路，想到特定消费群体的心坎里。

要“想”到离奇之处。新点子金点子往往是独到的，也许看上去不合常理，甚至有些离奇古怪，但却能迎合某些群众的求新心理，另类需求，开辟出新的市场，出奇而制胜。某时装店的经理不小心将一条高档呢裙烧了一个洞，其身价一落千丈。如果用织补法补救，也只是蒙混过关，欺骗顾客。这位经理突发奇想，将错就错，干脆在小洞的周围又挖了许多小洞，并精心修饰，将其命名为“凤尾裙”，结果“凤尾裙”销路很好，如此歪打正着，使该时装商店也出了名。有时候，离奇的东西，反常规的东西，可能就是一种突破和创新。在经营中的离奇想法和念头，往往会开拓出一个新的市场空间。

当然，说财富是“想”出来的，并不是要人们关起门来，坐在家里冥思苦想就行了，好主意也绝不是凭空拍脑瓜想出来的。领导者管理者必须面向社会现实，深入到生活中，市场上去，调动你的知识和经验积累，把主观与客观联系起来思索，深想、广想、正想、倒想、巧想、奇想，才可能撞击出灵感火花，获得具有实用价值的新创意、新思路、新点子、新招术，把自己引入财富的新领地。也只有在这种情况下，心智才可能成为财富之源。

》如何赢得机遇的厚爱

大量事实表明，成功不但有赖于个人的能力和加倍的努力，同时也离不开机遇的光顾。然而，能不能赢得机遇的厚爱与人们的主观认识及其能动性发挥的程度有很大关系。从一定意义上说，很强的机遇意识是现代领导者的一种必备素质。

1. 既要看重机遇，又不迷信机遇。对于机遇的作用，贝弗里奇有一段论述："明确认识机遇的作用是极其重要的。发现的历史表明，机遇起着重要的作用，但另一方面，即使在那些因机遇而成功的发现中，机遇也仅仅起到一部分的作用。"他的论述对于我们认识机遇的作用很有启示。

必须看到，机遇在事物发展过程中具有积极的推动作用。现实生活中，一切立志早日成才、在事业上有所成就的人们总是十分关注机遇。反过来说，如果无视机遇的作用，就可能事倍功半，延缓成功时刻的到来。正因如此，我们必须重视机遇，善于利用机遇。然而，我们还应看到，机遇再好也不是获得成功的决定性因素。抓住机遇毕竟还不是成功的现实，充其量也只能算拉开了走向成功的序幕，要想达到成功的巅峰，还要靠我们奋力攀登。从这个意义上看，机遇的作用又是有限的。如果人们迷信机遇，以为抓住了机遇成功就会唾手可得，就可以高枕无忧，不思进取，那么他们就将被机遇所戏弄，到头来一事无成。

总之，任何夸大或贬低机遇作用的看法都是不符合实际的。只有全面客观地认识机遇的本质和作用，才有助于我们如实认识机遇出现的规律，并有效地抓住机遇，为己所用。

2. 既要看到机遇的偶然性，更要认识其必然性。由于机遇的出现有偶然性、不确定性，所以有的人以为在机遇问题上个人很难有什么作为，只能碰运气，因而缺乏抓机遇的自信心和主动性。实际上，与任何事物的偶然性中包含着必然性一样，机遇的出现也存在着某种必然性，而这种必然性又是与人们的主观能动作用紧密联系在一起的。巴斯德有句名言道出了机遇的真谛：“机遇只偏爱那种有准备的头脑。”这就是说，当人们主观上有所准备的时候，机遇便会光顾你。你越是准备充分，机遇光顾的必然性就越大。我们应在这个基点上建立自己抓住机遇的信心。

进而言之，尽管机遇本身是客观东西，可是捕捉机遇却是一种主观性行为。机遇本身并没有什么价值，只有当人们抓住它、利用它，在事业上、在生活中有所作为的时候，机遇才会显示出它的存在价值。可见，在认识和捕捉机遇过程中人的主观能动作用始终具有举足轻重的作用。40多岁的陈艳女士是一个拥有2000多万元资产的合资企业——大连畅华仓储有限公司的董事长兼总经理。她就是一位十分自信又能恰当把握机遇的人。青年时代她下过乡，回城后进了工厂，后来她自己砸了自己的铁饭碗，从效益很不错的国营企业辞职，成立了盛华粮油经贸公司。生意红火了一阵子，不久倒闭了。但她有强烈的自信、自强精神，不服输，爬起来再干，她坚信机遇不负奋进者。当机遇到来时她抓住不放，几经曲折，终于获得了成功。她深有体会地说：“我之所以这样累死也要不歇地干，就是为了证明，只要有土壤，有机遇，人是有很多机会展示才华的，男人能干的事儿，女人照样能干。”正是靠了这种强烈的自信和对机遇必然性的认识，使她变得机智而有毅力，抓住了一次次机遇，一步步走向了成功。

她的经历再一次证明，发挥主观能动性是赢得机遇钟爱的关键。我们应坚信“是金子一定会发光”的道理，努力提高自己的实力和才能，那时，机遇就将和你握手。

3. 既要关注大机遇，也不放过小机会。机遇有大小之分，大的机遇我们要抓，小的机会也不能放过。有些人只重视大机遇，以为大机遇才有大作为，而对小机会不屑一顾，这同样是认识上的偏颇。其实，机会不管大小都是一种有利的条件，我们都不应该拒绝利用它们。在现实生活中，大量存在的是一些不起眼的小机会，只要抓住了，同样可以有所作为。更何况，有时候小机会也许就是通向大机遇的入口，所以对小机会轻视不得。

20世纪80年代，我国实行改革开放政策，打开国门，吸引外资。美国通用汽车公司打算在华投资建厂，派人到我国考察。在与中方代表会面时，美方代表问：如果在华建厂，第一批生产规模有多大？中方代表如实报出了年产3万辆轿车的规模。美方代表十分惊异，以为是翻译丢掉了一个“0”，因为这个数字对于年产800万辆轿车的美国通用公司来说，简直微不足道。他们以为这个数字太渺小了，不值得他们这家跨国公司动心。于是，通用公司放弃这个合作项目，在华建厂一事作罢。后来，德国大众董事长汉思博士来到中国，在进行市场调查时，无意中听到了美国通用在华“无功而返”的事情，他立即意识到什么，看到了独步中国市场的光明前景，果断地与中方签订了建厂协议。不久，德国大众在华成立了第一家合资企业——上海大众。当时正值中国改革开放起步，大众汽车很快占领了非常大的市场份额，成为中国当时中高档轿车的“龙头老大”。这时，美国通用领导层才如梦初醒，再次登陆中国，看到满大街跑着德国大众的轿车，不禁失声悲叹：“我们把一只大肥羊拱手让给欧洲人了！”

这个看不起小机会的大公司，放弃了看似渺小，但却蕴含巨大“财富”的机会，只能追悔莫及，为自己的错误决策埋单。而德国大众却抓住小机会，立即行动，从小做起，一步步在中国把汽车市场做大做强。很显然，这才是对待机遇的明智之举。如威斯特所说：“善于利用小机会的人是天才。只有比别人先跨出一步，才是名副其实的创造者。”

综上所述，只要我们对机遇的作用有正确认识，以积极心态看待机遇，我们就会变得十分自信，十分主动，机遇就会向我们走来。

» 做一个信息灵通人士

有人说，心在哪里，机遇就在哪里，成功就在哪里。此言指出了人们关注点与成功的关系。经验证明，作为一个企业领导者必须特别关注新闻传媒，具有发现和捕捉有用信息的高度敏感性，才能让企业在市场竞争中站稳脚跟，发展壮大。人们的信息越是灵通，发展的机会就越多，选择的余地也就会越大。相反，一个闭目塞听对外界信息一无所知的人不可能抓住机遇，更谈不上发展。一句话，企业领导必须伸长自己的“触角”，以灵敏的嗅觉，广泛地收集信息，从中发现机遇，为己而用。

获得信息的渠道很多，但最基本最大量的手段就是关注新闻传媒，看广告、看电视、读报纸、听广播。

大凡有作为的企业领导者总是十分关心报纸广播的，他们几乎天天要看报纸、听广播，了解社会生活中无时无刻都发生着的各种事情，从这些公开的活生生的五花八门的报道中捕捉自己所需要的有价值的信息，获得创新灵感、想法和难得的机会。

原江西乳品厂厂长席德三就是一个十分关注报纸信息的人。1994 年 9 月的一天，他在读报时看到一则消息：一位农村妇女生了 4 胞胎，因为家庭生活困难，向社会呼吁提供帮助。看了这条消息他立即制订出一个促销计划。他带上助手和一箱奶粉直奔医院，向这位妇女伸出援助之手，随后他向社会宣布，凡是生育 3 胞胎的，厂家免费提供半年奶粉，生了 4 胞胎的提供一年的奶粉。此举在社会上引起强烈反响，他们厂生产的“英雄”牌奶粉知名度大大提高。第二年 5 月，他在一次火车旅行时读报看到一则消息，说当代青年知识分子由于工作劳累，往往身体状况欠佳。他从这个消息中又受到启示，决定为年轻有为的知识分子做些事情。经过一番调查研究后，他在北京召开新闻发布会，宣布 30 岁以下的教授、研究员可免费享受该厂提供的“英雄”牌奶粉，为期 3 年，每月 4 袋。此举见诸报端后，在社会上引起轰动，他们厂生产的奶粉销量大增。

20 世纪 80 年代中期，担任军车维修任务的 3615 工厂严重亏损，面临关门的危险。正在这时，《天津日报》刊登了一则消息：天津微型汽车制造厂引进的日本“大发”将实现国产化。厂领导看到这个消息，马上感到这是挽救工厂的一次千载难逢的机遇。因为实现国产化需要大量的零配件，生产零配件正是自己厂子的强项。于是厂长带着一队人马亲临微型汽车厂要求“联姻”，由于他们抢在其他厂家的前面，所以与汽车厂签订了合同。从此这个厂摆脱了困境。

仅从上述两例不难看出，新闻传媒是十分重要的信息源，值得企业领导高度重视。只要企业领导随时关注传媒，嗅觉灵敏，及时发现商机，就会使企业在激烈的竞争中站稳脚跟，取得发展。为了提高企业领导的信息敏感性，应注意以下几个问题。

1. 要树立常抓不懈的信息观念和机遇意识。从新闻传媒中捕捉信息，寻找机遇有一定或然性，如同大海捞针，不可能每读必有收获。如果我们主观上缺乏准备，头脑中完全没有捕捉信息这根弦，那么就是有用的信息送到你的面前，也会白白地溜掉。我们常见到这样的情形：有些人也天天看报纸、听广播，但是他们从未发现过任何有价值的信息。他们熟视无睹、无所发现的原因，就在于缺少捕捉信息的意识和急迫感。所以，我们必须树立常抓不懈的信息意识，使自己成为捕捉信息和机遇的有心人。如俗话所说：“说者无意，听者有心。”只要我们思想上有了捕捉信息之心，就等于竖起了全天候的“雷达天线”，就可能在大量的新闻报道中，发现闪光的金子和难得的机会。

2. 要尽可能扩大对新闻传媒的关注范围。不但要关注当地新闻、行业新闻，还要注意全省全国的新闻动态及其他行业的消息等。此外还要关注党和政府部门发布的有关政治、经济、科技、文化方面的政策、法令、指示、信息等。我们视界越宽阔，信息来源越广泛，信息量越大，那么越能获得新鲜的信息，发现独特的机遇。有些搞经营管理的人只关注本行业情况，而对社会政治、国内国际大事不闻不问，以为这些与自己无关。其实，各种信息之间有时候是相互联系着的。我们从大范围内获得的信息，一方面可以打开思路，开阔眼界，在外界信息刺激下获得启示，触类旁通，激发灵感，有所发现；另一方面从大范围内获得“独家信息”，在当地开花结果，可以大大增强自己的竞争力，容易走在他人前面而获得成功。

3. 要带着自己的问题看报纸、电视，听广播。信息的价值如何，关键要看对自己有多大作用。如果我们带着自己的问题、困难、情况去关注新闻，自己的感知系统就有了选择性、方向性，就可以在众多一般性信息中敏锐地发现对自己很有益的信息，发现别人看不到的机会。那时你将在有限时间内掌握更多有价值的信息，找到更多的发展机会。从根本上说，人们信息意识的强弱与其有无事业心和使命感有关。一个事业心强的人，往往对生活中的各种信息表现出特别的兴趣，尤其易于与自己相关的问题情况形成共鸣和感应。这就应了那句话：心在哪里，机遇就在哪里，成功就在哪里。

» 有时“快”就是成功

当机遇突然降临时，理智的企业领导者应毫不迟疑地争时间，抢速度，以最迅捷的动作把机遇抓过来。事实上，抢时间就是抢机遇，决策越迅速，动作越快，成功率就越高，甚至分秒之差就可能决定命运。为此，企业领导者必须念好“快”字诀。

1. 捕捉信息要快。当了解到某一重要而有益的信息时，应以最快速度进行捕捉，以争取必要的时间，走在他人前面，把机遇抓到手。河北制药集团总经理蔡东晨上任之初，我国医药市场已被强手分割殆尽，他意识到在我国医药行业强手如林，竞争激烈，唯有开发新产品才能找到立足之地，进而摆脱困境。可是到哪里去找好项目呢？他一面抓工厂内部的管理，提高员工素质和管理水平，一面把眼睛盯向厂外，千方百计地了解有关新产品的信息，努力捕捉机会。一次偶然的机会，他获悉农业部拟建一个兽用抗菌素生产基地。凭着他的职业敏感性，感到这是一次绝好的机会，绝不能放过。他立即作出反应，以最快的速度写好一份可行性研究报告，立即送到农业部。不等别的厂家反应过来，农业部已经研究决定把这个项目交给他们厂。就这样他把项目抢到了手，使他这个处于困境的小厂有了自己的拳头产品。从此，在市场竞争中站稳了脚跟。

1994 年，当蔡东晨听说沙河市溶剂厂连年亏损的消息，立即意识到这又是一次机遇，他主动找上门去，签订了8年租赁经营合同，这样一来不仅解决了青霉素的原料问题，又为本企业创造了新的效益增长点。就这样，他以敏捷的反应快速捕捉信息，抢夺机遇，发展生产，使这个原来只有40人的作坊式的亏损小厂，经过10年奋斗成为有固定资产2亿元的大型企业，并进入全国500家最佳经济效益工业企业行列。

捕捉信息是抓住机遇的第一个环节。没有信息的敏感性不行，发现了信息，捕捉动作太慢也不行。所以，以快取胜应从第一个环节做起。

2. 决策定夺要快。捕捉到信息之后，研究决策，决定取舍，拿出方案就成了重要一环。有时，人们发现信息很早，可是决策速度太慢，同样可能丧失机遇。决策是一件十分严肃的事情，当然不能草率行事，如果不认真分析研究和论证就作出决定，可能造成重大失误。然而，如果议而不决，拖延时间，同样会坐失良机，造成损失。尤其是对于带有风险的项目决策有一定的难度，如何既快又准的作出决策就更不容易了。为了把两者结合好，我们必须不断提高自己的快速思维和综合分析能力，提高决策的科学性和决策速度，力争在较短时间内拿出正确方案，付诸实施，把机遇抢到手。

中国“封头王”孙建华就是一个善于快速决策的企业家。封头是一种工业用大型机械设备。1992年他投资2000万元，生产直径6.5米的大型封头，成为中国之最。但他不满足于现状，还要发展，向世界第一冲刺。他想吸引外资和外国先进技术，扩大生产。1993年底，拥有世界最先进封头技术的日本国北海铁工所派人到中国考察了30多家封头厂，计划寻找理想的合作伙伴。对于孙建华来说，这无疑是一次难得的机遇。如果抓住了日方，他们就有了腾飞的助推力。孙建华的工厂与广州、上海、天津等封头厂家比较，在很多方面明显处于劣势，形势对他很不利。可是他不甘心，经过一番思考决策，他决心在时间上打个提前量，把这次机遇抓到自己手中。他以最快的速度拟订了行动方案，并立即组织了一个代表团赴日访问，到这个工厂去考察，向日本谈自己的意向，表明自己的信心和决心。这样一来，他的态度产生了积极影响，日方来华投资的天平明显地偏向了他。接着，双方进入实质性谈判，在历时5个月的谈判过程中，他闯过了语言、技术、法律等难关，他多次夜不成眠，反复思索权衡，争取主动，表现了企业家的大智大勇，终于在1994年2月正式举行了合资签字仪式。次年他与日本国北海铁工所合作总投资2500万元，筹建了宜兴北海封头有限公司，成为我国封头行业中生产能力最大、技术水平最高的生产基地，使我国封头的生产和世界先进水平缩短了几十年的差距。

应该说，决策是最关键又是最费时间和精力的事情，如果提高了决策速度就可以争取到宝贵的时间。孙建华的成功从一定意义上说，也是他快速决策的胜利，处于劣势情况下的他如果没有抢时间的精神，这次机会可能就不属于他了。

3. 落实行动要快。在形成决策之后，还必须快速动作，毫不迟延，争分夺秒去抓落实。这样做一方面可以抢在别人前面，独占鳌头，创造先入为主的优势地位；另一方面还可以展示一个人、一个企业的精神风貌，易于赢得合作者的好感，把事情促成。特别是有些外商很讲办事效率，你的办事效率很高，就容易得分。

原南京金城机械厂厂长陈立群在军品任务不足，民品规模不大，市场销售不好的困境中上任当厂长。他在作了大量调查研究之后，作出决策：上摩托车项目。首先与乡镇企业组成了有180个企业的金城摩托车集团，接着就是如何引外资，联“老外”，采用先进技术。正在这时，一次机遇突然降临了。一天，一个陌生人从上海打来电话，说要同金城合作。此人是马来西亚金狮集团的总裁。陈立群接到电话，喜出望外，他毫不迟疑，当即决定抓住这条大鱼，他立即起程，连夜赶往上海与之见面，结果双方一拍即合，外商决定投资，合资生产摩托车。

事成之后，陈立群感慨地说：“如果迟去一天，金狮集团的投资就可能属于另一家企业了。”你看，他的动作快了一步，抓住了机遇。从此，金城公司成了我国摩托车行业最大的中外合资企业，很快摆脱困境，进入了良性循环，如同滚雪球一般，越滚越大。在人员不增加的情况下，摩托车从年产3000辆猛增到40万辆，净增100

倍以上。陈厂长说，改革开放给所有的人都带来发展的机遇，关键看你善不善于抓住这个机遇，利用这个机遇向前跳跃。

再如，我国著名的实业家王光英有一个闪电战的故事。1983年4月，以王光英出任董事长的光大实业公司在香港摆开阵势。几个月后他获悉一个重要信息：在南美的智利一家铜矿倒闭，矿主决定将倒闭前订购的美国“道洛”、西德“奔驰”各种型号大吨位载重车翻斗车共计1500辆新车折价拍卖。这是一笔富有诱惑力的财产。这一信息已经是公开秘密。他深知在这关键时刻时间就是胜利，就是金钱。于是他发动了一场闪电战，决定把拍板成交的权力交给赴现场验货的人员，一定把这批货抢到手。采购小组和技术专家以最快速度飞向智利，经过对一辆辆汽车进行现场技术检验和紧张的讨价还价之后，这批载重汽车以原价的38%低价成交，就这样，一笔巨额利润的生意因抢在了前面，决策快，动作快，而抓到了手，给国家节约了2500万美元的外汇。一个美国大老板闻讯后，电传与光大公司联系，提出只要你们把这批货让给我，我给你们300万美元。王光英毫不犹豫地拒绝了美商的要求。

综上所述，在抓机遇的问题上，抢先一步还是后来一步，结果大不一样。甚至可以说，有时，快就是成功。在商品经济条件下，在激烈的竞争环境中，尤其如此。毛泽东有诗云：“多少事，从来急，天地转，光阴迫，一万年太久，只争朝夕。”牢记这经典名句对于我们捕捉机遇是大有裨益的。

» 面对机遇也要敢说“不”

在通常情况下，机遇对于每个人每个企业来说都是重要的，应该抓住它、利用它，借以更好地发展自己。但是，事情总有两面，有时候，有些机会并不一定适合自己。换句话说，任何机遇都必须与自身的情况有机结合，才可能对自身的发展起到积极促进作用。否则，如果盲目地捕捉机遇，反而可能会被机遇所累，使自己陷入困境。因此，面对机遇，明智者绝不一味跟进，他们善于保持清醒头脑，进行理智分析，看对自己是否有利，看自己能不能驾驭它。如果意识到它并不能为自己带来利益，即使诱惑力再大，也会忍痛割爱，坚决放弃。

王国军下海经商在石家庄市开了一家自助餐馆，取名为“加麦”，因为经营有方，很快异军突起，年营业额超过3000万元，规模不断扩大，成为有8家连锁店的企业。由于他的走红，很多人盯上了他，要与他联营，开连锁店。2001年冬天，北京一家营销咨询策划公司的老总提出与王国军合作，用咨询公司在北京闹市区的一层楼做投资在北京合伙经营加麦自助餐连锁店。加麦公司领导层中不少人以为，这简直是天上掉下个“林妹妹”，应该抓住这个好机会，赶快挺进北京。可是，王国军在冷静分析后，却否决了。他说，加麦还在成长，适合石家庄人的口味，不一定适合北京人的口味，到北京发展是好事，但时机不成熟，国内曾经有不少快餐到北京与洋快餐叫板，后果都不太美妙，他不想重蹈他们的覆辙。此后，又有不少中心城市来人要求连锁，王国军考察后还是放弃了这些扩展机会，他依然扎扎实实在石家庄经营，他在等待属于自己的机会，可喜的是他的企业仍然保持了强劲的发展势头。

这位老总面对诱人的机会敢于果断地说“不”的事例，似乎有违常规，但却给经营者一些可贵的启示。机遇作为一种客观的有利因素，可以为人们提供发展条件，但是并不能给一切捕捉者都带来益处。因此，面对机遇是拥抱它还是放弃它，必须作出明智的决断。

为此，起码应认真思考以下问题：一是看自身的素质能力如何，是不是可以驾驭这次机会，如果意识到自己的实力不足，素质不够，机会对自己的发展并无助益，那么就应该选择放弃。二是看自身的眼前利益与长远利益是什么，如果机会仅能满足眼前利益，而对长远利益有害，那么就应权衡利弊，防止顾此失彼，下决心抵制这种机会诱惑。三是看机遇决策的出发点是求实利，还是图虚荣？是理智认定还是情绪化作为？从实际情况看，有时机会意味着财富、荣誉和权力，对人们是一种难以抵挡的诱惑。面对诱惑要学会控制自己的欲望，不能太考虑面子和虚荣。以企业发展为例，不少企业领导都想扩大规模，扩充实力，追求第一，急于在短时间内把企业做大。于是对机会每每热切期望，难以割舍，以为抱了个金娃娃。然而，如此过于情绪化，不切实际的贪大求洋，一味追求高速，势必头脑发热，作出错误的扩张性决策，留下后患。

总之，明智的领导者必须有选择和驾驭机遇的能力，当他们面对机会时，要审时度势，趋利避害，该抓住的机会就抓住不放，该放弃的机会也不要留恋不舍，应理智地控制欲望，抵挡住机遇的诱惑，拿出勇气果断地说“不”。

» 关键在于赢得人心

事实表明，任何单位要想做好工作，必须上下拧成一条心。而要做到这一点，领导就要懂得照顾下属的切身利益，这是赢得人心的关键。

为此，领导者心里要装着群众，办事要公道正派；在利益分配上，领导不贪不占，一碗水端平，秉公行事，充分考虑员工利益，从而赢得下属的好评和信赖。某公司老板十分开明，在利益分配上公平透明，坚持按劳分配原则。比如，对业务员业绩，他坚持给予重奖，业务员每赚取 5000 元，他只提取 1/5，即 1000 元，让员工拿 4/5。有人对他的做法不解，说他太傻，“你是老板，完全可以拿 4/5，为什么只留 1/5 呀?”这位老板笑笑说：“我现在有 100 名员工，每人提取 1000 元，一个月就是 10 万元，而每个员工仅仅只是 4000 元。重要的是，如果我多拿些，员工的工作积极性必然会减弱，老板管理起来会非常累。更为危险的是，员工收入水平低，人才就留不住，优秀人才又进不来，公司最终会逐渐萎缩下去。到时候，烂摊子还得由老板自己去收拾。”其实，太贪心的老板最蠢!

这家公司领导照顾员工利益，自然员工会感激老板，与老板贴心，老板的想法大家愿意听，工作积极性高涨，个个如拼命三郎，公司的效益越来越好。

当企业陷入困境的时候，作为经营者领导者很多人为了脱困，首先想到的便是解雇员工，降低成本，借以摆脱危机。可是也有一些领导者并不把员工当成包袱，而是当成财富，珍惜他们的利益，做出一些善举，结果出现了善有善报的良好的结局。

关键时刻的善举所以作用巨大，首先在于它体现了领导者的理念，说明他心里装着员工，以人为本，不是把员工当成包袱，而是当成财富。这是最能感动人和激发人的。其次，领导的关照很及时，最直接最管用。俗话说，饱时一斗不如饿时一口。看上去一口有限，很微薄，可是它的作用是关键性的，最困难时刻的帮助往往是最有效的，也最容易让人铭记在心。也正因为领导有这样的理念和善举，所以能以心换心，赢得员工同心同德，体谅领导的难处，并与他们站在一起共度时艰。

总之，领导不贪心，就会得人心。在困难面前，当领导者赢得了人心的时候，也就赢得了战胜困难的无穷力量，员工的创造性和责任感一定会创造出奇迹。

» 多一些“对事负责”

我国著名的华为公司不断创新发展，仅仅经过 20 多年的努力，就成为国际化的大企业，创造了辉煌的业绩。这家企业的成功是与其领导的先进管理理念分不开的。华为公司的老总任正非有一种管理理念，就是要求下属要对事负责。他说：“我对那种习惯于事事都请示上级的做法深恶痛绝，已经有规定，或者已经成为惯例的东西，不必请示，应快速让它通过去。”他认为，事事请示，是对人负责，而不是对事负责。只有在本职工作中敢于对事负责的人多了，整个流程才会加快速度。

在这里，对事负责与对人负责虽然只是一字之差，但是效果却大不相同。一般说来，作为一级领导对自己拿不准的事情，或超出权限的事情，在行动之前理应请示上级领导，这既是对上级的尊重，对上级负责，也是对事负责。但是，在自己职权范围内的事情，就要敢于负责，独立思考，担起责任，把事情办好。如果事事请示，大小事情都要请示，请上级点头才去行动，不但无益反而有害。

美国钢铁巨头安德鲁·卡内基，16 岁时就成为出色的电报员，为美国西部铁路管理局局长工作。局长经常交给他一些紧急任务，他总是能又快又好的完成，由此他获得了局长的赞赏。有一天，卡内基收到一封加急电报，内容是货车在阿尔图纳附近的单轨路线上被堵塞，客车从早上开始，已堵了 4 个小时，请求局长紧急处理。可是，此刻局长外出不在家，他无论如何也无法与局长联系上。当时有一个铁的纪律，不管遇到什么情况，只有局长才有权下达对列车的调度命令，如果有人胆敢违令，不问任何理由，立即革职。可是，他知道每耽搁一分钟，都将给铁道公司造成严重经济和名誉损失。责任心和使命感使他这个下属有了足够的勇气，壮着胆子走进局长办公室。他查看了货车的配位图，发现了堵塞的原因，于是他提笔拟好了电文，并冒名签上局长的大名，然后拍发出去，使塞车的事故得到了及时解决。他知道自己的过失，等待接受局长处罚。局长回来后听说了这一情况，却什么也没有说。后来，局长向董事会推荐他担任了匹兹堡管理局局长职务。

面对大堵车，卡内基有两种选择：一是按既定规程办事，对人负责；二是敢于对事负责，采取果断措施。两种处事方式，两种不同结果。孰优孰劣，不言自明。试想，如果他明哲保身，坐等局长回来处理紧急情况的话，那损失会多么巨大！好在卡内基敢于坚持对事负责立场，斗胆做了超出他权限的事情，及时避免了重大损失，表现出他的强烈责任感和卓越领导才干，所以他的上司不但没有处罚他，反而赏识他，破格提拔了他。

然而，在现实生活中，不少人抱定对人负责的态度，缺乏必要的担当。他们遇事不是开动脑筋千方百计想办法，尽职尽责解决难题，开创新局面，而是事事请示，把困难推给上级，以提高自己保险系数。显然，持这种消极态度是很难把工作做出色的。有时，事事请示还会影响办事效率。在自己职权范围内的事情应迅速拍板定案，争取时间，不中断流程，提高工作效率。如果不负责任地向上请示，等待上级研究答复，这样办事周期就会延长，有些急办的事情就可能耽误了最佳处理时间，自然谈不上高效率。

导致对人负责，而不是对事负责的原因来自两个方面：一是从下级的角度看，有些人过分看重自身利益，特别是在那些效益好的单位更是如此。他们不敢负责，担心自作主张，出现损失后丢掉既得利益，因而变得谨小慎微，小心翼翼，生怕出娄子，担风险，为了保险起见，就事事请示，不管事大事小，都把领导拉上，以减轻自己的责任。一句话，在尊重领导的幌子下，骨子里却是在推诿责任，保全自己。二是从上级的角度看，则是有些领导过于看重个人权威，而轻视制度机制的作用，结果对下级言行产生了负面影响。有的领导把下属的事事请示当成向自己靠近的表现，看成是权力的满足，对于这些下属表示赞赏，甚至给予重用。当下级出现问题时，有些上级领导不问青红皂白，一概兴师问罪，甚至明言"为什么事先不请示"。如此把问题与是否请示联系在一起，无形中就起到了引导、暗示作用，把下级引到对人负责而不对事负责的轨道上来。

从上述分析可以看出，要想形成对事负责的局面，首先，必须提高思想认识，弄清对人负责与对事负责的区别与联系，懂得多一些对事负责，有助于发挥上下两个积极性，有助于使正常运行机制发挥最佳效能，大大提高工作效率。从一定意义上说，多一些对事负责，人们的创造性会得到更充分的发挥，把事情做好了，又是对上级领导的最大负责，两者就真正地统一起来了。

其次，上级领导要敢于放手，改进工作方法，要坚持按制度办事，维护正常的运行机制，按照职责分工，严格要求下级，对于已经决定了的事情、成为惯例的事情、自己职权内的事情，允许下级"独断专行"，不必事事请示，把办事效率和效益当成考核下级的硬标准。对那些对事负责，积极工作的下属要给予支持，即使工作上出现失误，只要他们在本职工作范围内，尽职尽责了，就不苛求他们，一起总结经验教训。对那些私心重，责任心差，事事请示，仅仅对上级负责的下属，要直言批评，坚决不予重用。如此赏罚分明，就会产生明显的导向作用，有效地遏止不良倾向，培养出下级的勇于负责的态度和开拓精神，促使他们把目光关注在做事上，使单位工作不断创新，充满活力。

》把好事做到极致

常听人们说这样一句话：要把好事办好。这是群众对领导提出的一种愿望和要求。从领导方面看，要想把好事办好，仅仅有良好的动机和宏观指导是不够的，还应该注意工作方法和重要细节，认真抓好落实，努力追求最佳效果。从某种意义上说，如何把事情做到极致也是一门领导艺术，值得领导思索。

中国铭泰科技发展公司老总何恩培就有过这种体验。在经营过程中，他十分注意细节对整体的影响。比如，给员工发奖金，他嘱咐要先发奖金，再发工资，结果下面给弄错了。先发了工资，果然有些员工互相询问，心里发毛了，以为没有奖金了。虽然后来又发了奖金，但还是有一点阴影。他说，如果先发奖金，又加上工资，这样就把一个好事发挥到了极致。他认为，这并不是苛求，也不是完美——世界上没有完美的事情——而是刚好。领导者就应该追求这种刚好效果。

在这里，发放奖金和工资的先后顺序看起来是件小事。对于这样一个细节很少有人关注它，研究它对人们心理有什么影响。然而，何恩培考虑到了，先后顺序表现出来的工作程序，有时候直接影响到人们的心理反应，关系到工作积极性。可见，关注细节并不是小题大做，而是把工作做到极致的基本要求。

有的领导在工作中只布置不检查，在执行中又很少关注细节，这样一来原本很好的设想和规划，结果大打折扣，难以达到预期效果，留下不少遗憾无法弥补。事实一再表明，工作上出现问题，往往不是在大的方面，恰恰是在一些不起眼的细节上出了纰漏，结果影响一大片。所以，有经验的领导者大都特别关注对全局有影响的工作细节。美国历史上第一位黑人国务卿鲍威尔就有一句座右铭："永远不要忘记检查细节"。可见他对工作细节的重视程度。

某IT公司的老总就是如此，他在把握大事的同时，对于重要细节也不忘点到。他对于每一件重要事情往往都要做120%的准备，在执行过程中，还要经常检查，力争把工作做到万无一失，效果极佳。比如，约客户商谈，他会把要去的酒吧、座位事先安排妥当；对于要走的线路、路况弄清楚，还要多准备几条线路，以备堵车等。他说，好心情一定不要被细小的事情影响，美好的感受要发挥到极致。所以，他在工作过程中的挫折就很少，工作做得很顺利。

要想把事情做到极致，领导者心目中必须有一个很高的标准，不能是一般的标准。在决定事情之前，要进行周密调查论证，广泛征求意见，尽量把可能发生的问题和因素考虑进去，以避免出现漏洞。在落实过程中，如果领导不能亲自办的，应派得力的有经验的人员组织实施。即使这样，领导也不能撒手不管，对于重要的细节应亲自过问，及时检查，帮助解决难题，直至达到预期效果。

有一年春节，某单位为群众做好事，从外地采购一些大米，每人分50斤。机关管理部门的意见是按往年惯例把米分到各处室，由处室自己再分到人头。领导听了，说处室怎么分？到哪里找那么多秤？天寒地冻的，每个人为分几十斤米去忙活大半天，不但影响工作，还会有意见，骂机关。最后，领导要管理部门的同志辛苦一下，把好事做到家，将大米一份份分好，放在大门口，下班的时候，叫大家拎上就回家。这样做的效果果然不错，大家满意地说领导想得周到，机关为群众着想，作风变了。你看，仅仅这样一点小小的改进，就把事情办到了极致，赢得了群众的好评。

如此看来，把工作做到极致并不难，关键是领导是否意识到了，有没有以追求极致和到位为目标。

布置一次检查十次

前不久，在某系统工作经验交流会上，一个先进单位的领导介绍了他们由后进变先进的体会，其中有一条引起人们的兴趣，这就是“工作要落实，就要做到一次布置，十次检查”。初闻之，以为不过老生常谈，仔细想来，却觉得蕴藉的含义很深。这里的学问就在“十”和“一”的关系上。

十和一比较，首先反映了领导抓工作的理念和决心。一般说来，领导者对某项工作的关注度如何，对工作的效果有直接关系。如果领导只在会上布置，说工作如何重要，会后并不检查，或少检查执行情况，如此雷声大雨点小，虎头蛇尾，下面的同志就可能产生松劲情绪。反之，领导一言既出，狠抓不懈，一次、二次、三次、五次地下去检查、帮助和指导。这样，领导对此项工作的“重视”就具体体现出来，其狠抓工作的理念和不达目的绝不罢手的决心就会传递给下属，成为最有号召力的思想动员，使下级员工受到教育和鼓舞，同时也会感到压力，看到责任，必然以积极进取的姿态，紧跟领导的工作节奏，投入工作之中，开动脑筋，千方百计把工作抓上去。从一定意义上说，领导的反复检查指导是布置工作的继续和深入，是强有力的思想政治工作，是影响和调动下属工作积极性，全力做好工作的有效手段。

十和一比较，还反映了领导抓工作的重心和着力点，即把功夫下在执行的全过程中，下在一步步的落实上。在实际工作中，开大会布置工作、一般号召都是必要的。然而，绝不能就此满足，还应该花十倍力气去抓落实。可是，有些单位领导不是这样，他们喜欢把事情搞得轰轰烈烈，注重家喻户晓之类的大会动员，而会议过后，下文如何？动员起来了没有？动得怎么样？就不管不问了。似乎播了种，就万事大吉了。其实，播种之后还有诸如除草、施肥、浇水等大量工作要做，忽视了这些，同样不能如愿以偿，不会有好收成。

所以，一次布置之后，必须紧跟着一次又一次的督促检查。这样把工作的着力点放在落实上，上级的指示精神才可能真正变成下面的实际行动。

十和一比较，还是一种良好的工作作风和领导艺术。领导布置工作之后，紧跟着多次深入实际，检查了解工作进度，不仅有助于联系群众，督促下级，展开工作，而且可以及时发现工作过程中存在的难题问题，帮助解决，保证工作进度。同时还可以发现好的工作方法，抓住先进典型，借以在面上推广，大大提高工作效率。总之，领导不断深入第一线，“靠前指挥”，是一种良好的工作作风，会对下级起到示范作用，进而带出高效的有战斗力的团队，把工作做得有声有色，卓有成效。

» 成功需要超凡努力

大量事实表明，不费力或费小力而获成功的事例虽然也有，但是更多的人却必须绞尽脑汁，竭尽全力去追求、去拼搏、去奋斗，才有望拥抱成功。

南京某企业集团董事长杨林就是如此。他大学毕业后当教师，后来在偶然的机会下开始经商，为外商代理销售软透水管，这种产品质量高，价格也高。开始时，他劲头十足地搞销售，跑遍了长江三角洲十几个城市却连一米也没有卖出去。他不死心，当听说青海省大坂山上正在修建一条号称亚洲海拔最高的公路隧道，那样大型的重要工程可能需要高品质的软透水管时，他毫不犹豫地去了青海，要上 4700 米海拔高度的工地。当时，有人劝他不要去冒险，但为了企业找到销路，他说“刀山火海也要闯一闯”。他果断地乘车上山。那里高山缺氧，到 4500 米时他就面色蜡黄，有气无力，鼻子出血。上到工地一问，果然需要这种管。他高兴极了，可惜负责人不在，第一次没有谈成。他只得先下山，次日再来。不料下山时，汽车刹车失灵，向山下冲去。他没想到死亡会这样快降临，闭眼等死。就这样在死亡恐惧中，他们与死神一起行驶3个小时，奇迹般的逃离了死亡线，捡回一条命。可是，他没有被死亡吓倒，他不肯放弃这笔生意，毅然决定第二天还要上山，出发前他写好了遗书……就这样，他先后八次上雪山，最终售出第一单产品，他得到了从商以来的第一桶金，从此事业发展了起来。

你看，他所以能在事业上获得成功，并能做大做强，与他这种“玩命”精神，敢于付出常人望而却步的超凡努力是分不开的。试想，如果没有这种超凡的付出，恐怕也就没有他的第一桶金，也就没有后来的巨大成功了。有一种说法叫做“一分努力，一分收获”，这是就一般意义而言的。其实，努力与收获往往不是对应关系。有时候，人们付出一分努力，未必就有一分收获；甚至付出八分、九分努力也不一定就能如愿以偿，人们必须付出十分，甚至十二分的努力，才可能使自己出类拔萃，超凡脱俗，并有望获得回报。如果只是满足于自己做过了，努力了，而没有进行极限努力，往往会功亏一篑，在接近成功目标的时候，与成功擦肩而过，留下永久的遗憾。

进而言之，极限努力还是战胜竞争对手的需要。在充满激烈竞争的市场环境中，为了生存，为了发展，大家都在努力，都在拼搏。那么只有付出的努力比别人大，想得比别人深，做得比别人好，韧性比别人强的人，才有可能脱颖而出，打败对手，独占鳌头。

黄辉是汉派服饰业的领军人物，后来与香港人成立了红人服饰有限公司。他意识到必须把自己的服装推销到经营国内外名牌的武汉商场才是出路，于是他第一次带着名不见经传的红人服饰找到武汉商场经理，结果对方看都没有看他的产品，就说：“我在武汉商界搞了几十年，还从来没有听说有个什么红人服饰！”就这样把他拒之门外。黄辉第二次再去，人家根本就不愿意见他。接着他第三、第四次再去，还是见不上。几次碰壁反而激起他不服输的勇气，他一连跑了30次。这次，经理觉得再不见面实在有失礼貌，于是勉强看了他的产品一眼，却眼睛一亮，问：“这些产品真是你们企业生产的?”他说：“不信，去我们厂看看。”经理果然去了，一看那现代化的设备和管理，当场决定将红人服饰请进武汉商场。从此红人服饰一路看好，服装年销售量突破亿元，接着走出国门，远销 20 多个国家，走向了世界。

俗话说，有再一再二，没有再三再四。可是，你看这位职业经理人，为了开拓市场而不怕碰壁，以不达目的绝不收兵的韧性，竟然能上门 30 次推销自己的产品，真可谓百折不挠。在此，我们看到的绝不仅仅是上门次数，这数字背后包含的是超出常人的敬业精神、不屈不挠的意志和对自己产品质量的强烈自信，即使再顽固的人也不能不为之而动容。

这再一次应了那句老话："功夫不负有心人。"成功不是唾手可得的，必须付出巨大的努力，而超凡的努力定会赢得非凡的成功。

» 在视察中考考下级

朱镕基总理到芜湖考察粮食工作，在含山县清溪中心粮站考察时，他一一察看粮站的几座库房，翻阅粮库的记录，之后与县粮食局长进行了一番交谈，了解粮食收购等方面的情况，接着对这位局长提问考试。现摘录如下：

朱总理说："我考你几个问题。今年 4 月召开的全国粮食流通体制改革会议你知道吗？"

局长答："了解一点，是国务院 15 号文件，共 36 条。"

"你说最主要的是什么？"

"政企分开、储备与经营分开、新老挂账分开……"

"当前最重要的是什么？"朱总理进一步问。

"抑制国有粮食企业亏损。"

"怎么抑制？"

"减员增效，顺价销售。"

"讲了很多，这才涉及问题的关键。"朱总理说，"当前最重要的是敞开收购、顺价销售、封闭运行三条政策……"接着他进一步解释了这些政策的关系和要点。

在这次视察活动中朱总理对下属进行了一次考试，我们不仅从考试内容上，而且从这种形式本身受到一些启示，这就是领导到下面视察时，进行考试不失为提高视察效果的好方法。这样做，起码有以下几点好处。

1. 有助于加强视察活动的指导性。上级领导到下面视察的主要目的是调查研究，了解下情，检查督促，解决问题，指导全局。如果领导在听下级汇报，察看现场过程中，以即席方式对下级进行考试，无疑可以加大视察工作的力度，增加视察的效果和指导性。因为领导考试的内容，通常是围绕着涉及全局的重大政策、中心工作和要害问题而提问，很能体现领导关注的焦点和上级意图，所以有很强的指导性、针对性，有助于下级深刻领会上级意图，更好地贯彻上级精神，并在重点和要害问题上狠抓落实。

同时，领导通过考试还能发现下级在领会和贯彻方针政策中存在的问题，进而有的放矢地作出具体指示，促进被视察单位的工作落实，并对面上的工作更有效地指导，在全局范围内推动思想和步调的统一。

2. 有助于促进干部作风的转变。时下，有些单位领导工作作风不扎实，当上级下来视察时，他们兴师动众，突击准备，只让领导看好的，不让看差的，甚至弄虚作假。有些上级领导在视察中完全按照下级的安排进行活动，结果很难看到和听到真实情况。如果上级领导在视察过程中采取即席提问方式进行考试，就能发挥领导在视察中的主动权和灵活性，不但能摸到下面的真实情况，而且对于下属的思想方法和工作作风具有一定的导向作用。

这时由于在视察中即席提问考试，事先并不通报考试范围，下级难以临时突击，无形中就增加了思想压力，使他们对上级指示精神和方针政策不敢草率行事、打马虎眼，在平时就会下功夫学习领会，不断提高自己的素质，认真地做好工作。如此真学实干，久而久之，花架子、形式主义的东西就会减少，基层领导干部的思想作风就会发生大的变化。显然，在视察中考试是对付下面官僚主义和形式主义的一招。

3. 有助于考察干部和发现人才。领导在视察中结合实际情况对下级进行面对面提问考试，可以对下级的学习情况、理论联系实际的状态，思想政策水平等有所了解，有助于从一个侧面考察和识别干部，起码可以看他们在重大政策问题上是不是真学，贯彻落实是不是得力。通过这样当面的即席考试，对于那些有真才实学的人才的脱颖而出有一定的积极意义。

当然，在视察中随机进行提问考试，毕竟不同于正规考试，并不必刻意去做，通常应在和谐气氛中通过对话方式进行。在内容上，则应选择方针政策中应知应会的关键性问题，不必面面俱到，或考生僻内容。考试之后，领导还应视对方应答情况，当场进行点评，重申要点，解释政策，进行必要的指导，这样的视察考试必将产生深远的影响。

» 如何听汇报收获大

召开汇报会是领导了解下情，掌握信息的重要工作手段。在汇报会上，领导采取什么样的态度和方法效果大不相同。有些领导听汇报时，说多听少，有的似听非听，还有的听而不思。这样听汇报不但不会有大的收获，而且还可能影响领导在下级心目中的形象。

听汇报的关键在于一个“听”字，要听出经验，听出问题，听出信息。为此，领导在听汇报时应处理好与听有关的几个关系。

1. 听与说的关系。汇报会不是报告会，其任务主要是收集来自下级的信息、意见、经验、问题等。因此，领导听汇报应把精力主要放在听上，当然有时也可以插话，参加讨论，但是，一定要处理好听与说的关系，坚持多听少说的原则。换句话说，以听为主，适当插话，不长篇大论。如果以说为主，那就不是汇报会了。比如，有一次某学院机关下通知说主要领导要听各单位的教学改革设想和意见。各单位十分重视，作了大量调查研究，认真准备，把设想、方案和需要解决的问题都准备好。在汇报会上，这位领导的开场白说得很好："今天主要听大家的意见，大家敞开来说，有什么想法、意见都可以提。"可是，当下级汇报发言时，刚开了个头，这位领导就开始插话，一次插话就说了半个小时。第二个汇报时，他插话一个小时。原安排的五个单位汇报，结果只有两个单位断断续续汇报，一个上午时间就到了。这位领导讲了不下两个多钟头。汇报会成了报告会、指示会。没有轮上发言的单位准备时间很长但没有把意见反映上去，很有一些想法。自然，这位领导并没有全面听到下面的反映，其改革的决策只是机关的意见。如此说多听少，不但收集不到下面的情况，而且领导还给下属留下一个夸夸其谈、自视高明的不良印象。

所以出现"说多于听"的现象，有两个原因：一是有些领导好为人师，过于自信，不重视下面的信息，开汇报会也不过是摆摆样子，喜欢端出自己的想法叫下级认可。二是有些领导唱"主角"惯了，只要是开会他们就控制不住，就要自己说，人家听，如果叫人家说，他们听，似乎自己是从属地位，很不习惯。所以，不管在什么会上，只要是面对下级，总要居高临下的说起来。可见，对于领导者来说，应把会议的性质区分开来，汇报会就要让下级唱主角，领导要虚心一些，把时间让给下级，自己多用耳朵听少用嘴巴，养成洗耳恭听的好习惯。

2. 听与看的关系。领导听汇报应精神专注，其表现是要把眼睛盯向汇报者，有必要的目光交流，专注听，用心听。这样做一方面注意力集中，可以听得准、听得清，听出信息，听出问题；另一方面眼耳并用，专注地倾听又是对汇报者的尊重和鼓励。以这种姿态告诉对方：我在专注听你说话，你的意见我很感兴趣。对方会因此受到鼓舞，进而说得更加精彩更放得开。有时，领导者还可以通过自己的眼神目光变化，对对方的讲话内容起到一定引导作用。下级会从你的眼神和姿态传递的信息中，了解到领导的兴趣所在，知道哪些是领导关注的，从而使汇报内容有一定选择性，可以提高汇报的质量，提供更多有用的信息。

领导听汇报时，眼睛运用很重要，他们的目光关注于何处，下级看得很清楚。所以，目光不要放在别处，比如低头沉思，或自顾看文件，处理公务，这样容易影响汇报者的情绪，并干扰自己听觉的质量。

3. 听与问的关系。在倾听过程中，领导者有时需要提出问题。得体的问是专注听的表现，也是对汇报者的引导。在倾听中发现问题，或线索，或疑问，通过提问进行追索、质疑和核实，可以获取更多有用的信息内容，提高汇报的质量。领导提问不能太随意，应是思索的结果。这里的思索是辅助性的，不能苦思冥索，更不能陷入沉思，否则会出现走神现象，影响专注倾听。此外，提问一定要围绕主旨提问，不能离题而问，也不应频繁提问，或重复提问一个问题。如果提问过多，就会打断下属的汇报思路，影响汇报，而重复提问一个问题，会影响下属的情绪。一句话，要处理好听与问的关系，做到专注听，适当问。

4. 听与记的关系。领导听汇报目的是收集信息，了解情况，为决策提供材料依据。所以，在听的基础上也要适当做记录。有的领导记忆力好，他们听过之后，就能把重要情况和问题记在脑子里，没有必要记录。就多数人来说，难以做到这一点，那么就要注意适当做记录。特别是对于一些有用的数据、人名、观点等，应边听边动手记录下来。这样做不但不影响听，而且对于说者也是一种鼓励。在说者看来，领导做记录说明自己所谈问题重要，引起了领导的重视，自然会感到高兴。当然，领导做记录要适当，不能只管埋头记录，与汇报者没有目光交流。

如果处理好以上几个关系，领导听汇报就会有较大的收获。不但能提高听汇报的效率，更好地了解下情，而且有助于塑造领导者的良好形象，密切上下关系，加强彼此的思想信息沟通，可谓一举多得。

» 如何与下属合作撰写讲稿

在实际工作中，领导在大会上的发言、演讲，较为多见的是合作写稿，也就是在领导指导下，由秘书或下属执笔，共同完成讲稿的写作任务。这种撰写讲稿形式的出现，也是一种客观需要。首先，领导在一些重要会议上的发言，或进行会议总结等，多是一级党委或组织集体讨论的结果，由一位领导作为代表发言。这样的演讲，实际上是一种集体或组织意志的体现，需要进行集体创作，甚至需要一个写作班子来完成。一般说来，这样重要的讲稿，也只有多人参加，才能更准确更系统地反映基本精神。所以，由领导指导下属分工撰写，就成了一种常见的撰写讲稿的形式。其次，还由于领导者工作一般较忙，很难坐下来专心致志地写讲稿，也有的领导者并不擅长写作。这样，领导发表演讲时，由秘书或下属参与完成讲稿的写作，便成了一种必要的补充。那么，在合作写稿过程中，领导应做些什么呢?

1. 在起草讲稿之前，领导要出思路、定角度。从讲稿的形成过程来看，必须首先确立主题，这是写稿的关键，这项任务应由领导者来完成。这种思想、调子都必须是领导者自己的，是他们在演讲中要体现的基本思想。其中包括演讲的中心思想，反映问题的基调，在展开这一思想时，应有几个什么层次，分成几个问题来说，每个层次的要点又是什么等。所有这些，领导者都应该交代清楚。这样执笔者在撰写讲稿过程中，才能有所遵循，真正的体现领导者的思想观点。

为了让执笔者理解自己的思想观点，领导者还应做到以下几点。

一是在交代任务时，应把自己的思想观点详细准确地向执笔者说清楚，尽量使他们理解，最好形成共同的认识，这样写出来的讲稿才能接近和体现领导者的思想和水平。领导者必须认真准确地向执笔者阐述清楚自己的想法，使对方有一个全面的了解，这是合作写稿的前提。常见到这样的情况，有的领导自己事先完全不说话，不出思想，不定调子，放手由执笔者自己去写，写出来后，他们一看不满意，又要人家重来，这样就会使执笔者感到很为难，无所适从，不知从何入手。这样合作撰写讲稿，费时费力，又影响写作者的情绪，很难把稿子写好。

二是尽量提供一些有助于使执笔者理解自己思想的材料和资料。

一般说来，领导接触的范围较广，掌握的信息量大，特别是了解的内部资料较多。为了让下属在写讲稿时更能反映领导的思想，就应有意识地提供一些有关的材料，特别是自己认为最能体现主题思想的理论材料。这样做就在客观上使执笔者通过对这些材料的学习领会，在思想认识上向领导者靠拢，写出来的讲稿才会更好地体现领导者的思想观点。

三是还可以采取领导和执笔者共同商讨研究的方式，共同形成主题。当领导者对于自己演讲的主题尚且拿不准，头脑中只有一个大概的方向时，便可拿出来和大家共同商量和研究。在共同的探讨中，互相启发，不断深入，领导对于执笔人的有价值的意见和观点，要虚心听取和采纳，最后取得一致的意见。这样形成的演讲主题，因是大家共同研究的，有一个不断理解和消化的过程，必然会使演讲稿的主题逐渐清晰起来，使执笔人与领导者的思想认识更加接近，写起来才会更顺手、更和谐。

当演讲的纲目形成后，领导者要对纲目进行认真的分析和研究，使之真正体现自己的思想脉络，这样执笔人按照纲目写出来的讲稿才不至于因出大格而返工，走弯路。同时，执笔人员在撰写过程中，要站得高些，要站在领导的角度和高度看问题、想问题，用领导的口气说话，这样理出来的思路才能与领导的思路更吻合、更接近，写出来的讲稿也才能更“像”领导的演讲。

2. 在初稿形成后领导者应提出具体修改意见。演讲的初稿为下一步的讨论提供了依据，但它往往是不完善的，有时甚至与领导者的期望相差很远，需要进行加工修改。这时，领导者有以下两项工作要做。

一是多提建设性的意见。也就是说，对于需要修改的稿本，要实事求是地提出一些有助于进一步加工的意见。领导者应注意的是，不能只当评论员，只提否定性意见，而没有建设性的建议。有些领导对于撰稿人花功夫写出来的本子，只提否定性的意见。这样不但打击写作者的积极性，影响他们的情绪，而且也无助于讲稿的深化和提高。还有的领导思想认识多变，原来提出的思想观点，自己又否定了，等执笔者按他原先定好的思路写出本子时，他却又变了主意，否定了他人的努力，这样变来变去也不易把讲稿写好。

二是多提具体性的意见。如果说在研究纲目和思想观点时，领导者的抽象性意见有助于启发人们的思想，较少束缚力，能打开大家的思路的话，那么到了研究初稿时，就应该针对稿本的内容，提出十分具体的意见了。如主题如何深化、层次如何调整，甚至哪些句子需要修改等。这样，才能使写作者在进一步修改时心中有数。有些领导在讨论讲稿时，不提建设性意见，更不说具体的意见，只是说一些让人无法捉摸的意向。比如说："这个材料我看过了，大家很辛苦。可是，我看还有相当的距离，还可以搞得更好一些。至于如何修改，是否再高一点，再深一点，再新一点，总之要把它写出水平来!"在这"三点"面前，大家都挠了头，不知到底如何高，如何深，如何新。很显然，这种抽象的意见是没有多少实际意义的。

3. 在演讲稿形成后，领导者要亲自修改润色。由秘书或下属起草的讲稿完成后，领导者还不能以为大功告成，拿去就讲，他们还应该做一些案头的工作。主要是以下两方面的工作。

一是进行文字的再加工。一般说来，他人提供的稿本，虽然在路子上、思想上，较好地体现了自己的意图，但是，在局部文字表达上，并不一定完全符合自己的意思，特别在语言风格，表达习惯上，未必都符合自己的特色。因此，应该对已经完成的稿本做进一步的文字加工，把自己的思想细节补充进去。这样做有助于使稿本进一步得到升华，更接近于自己的口语习惯，讲起来会更精彩。

二是对于已经定稿的文本，要用功加以熟悉。定稿后的文本，领导者要反复阅读，仔细琢磨，有时还要进行试讲，然后再上台演讲。这个功夫是少不得的。有些领导者不是这样，他们对于他人写的稿子不认真熟悉，甚至连一遍都不看，就上台去讲，难免出现失误。有的稿本中甚至写错了数字、事实，由于领导事先没有仔细看，在演讲中照念而闹出了笑话，产生了不良影响。这些都是领导不认真熟悉讲稿造成的，当引以为戒。

最后，合作写讲稿毕竟是一种领导间接完成讲稿写作的方式，自然不及领导亲自写讲稿更能表现自己。因此，只要有时间，且具有写作能力的领导还是自己动笔写讲稿为好。

» 把记名字“当成工作来做”

朱镕基总理2010年在美国接受美国《领袖》杂志记者采访时，有两段答问，现摘录如下：

记者问：有人说您具有一台像电脑那样的头脑，因为您能够记得会议上50个人的名字和背景。您是怎么做到的？您是否具有摄像记忆，或者是曾训练自己的记忆？

朱总理答：你或许是指在新西兰发生的事情吧。那个会议并没有50个人那么多，不过大约有20名部长。我在一个午餐会上阅读了与会部长们的名单之后，便设法去记住他们每一个人的名字，并且照名单背出他们的名字。这使他们感到很意外。确实是有这样的事情，但并不是50个人。50个人的说法是夸大了点。当时，新西兰总理是博尔杰，不过，现任总理希普利也在场。

记者问：您也在德国举行的国际行动理事会的会议上这么做，您是怎么去记忆的呢？

朱总理答：我必须把它当成工作来做。如果你连他们的名字都无法记得，那是对别人的不尊重。

从上述事实，我们可以受到某种启示，这就是对于领导者来说，善于记住他人的名字是件十分重要的事情。不仅要记住一起共事的人的名字，就是在短暂交际中，甚至一面之交者的名字也不应忽略。这样做起码有以下几点益处。

一是记住交际对象的名字不仅体现了交际的礼节礼貌，而且是一种必要的尊重。在交际活动中，对他人的尊重总是通过一定言行方式实现的。由于交际者几乎人人都非常看重自己的名字，并把它与个人尊严联系起来。那么，设法记住对方的名字，势必使对方得到一种心理上的满足感和尊重感，进而他也会给准确记得并呼出自己名字的人报以同样的尊重和敬意。

二是记住交际对象的名字能赢得好感，有效地促进交际，加深友谊。人们的姓名虽然只是一个语言符号，但是却包含着特殊意义和丰富内涵。它往往是一个人的身份、地位、荣誉、心理、情感及其知名度的代名词。特别是对一个陌生人士，当你能记住并呼出他的姓名和职务时，他必定从中感受到自己在你心目中的位置，从而大大增强亲切感、认同感，进而加深彼此间的感情吸引和合作倾向。这就为本次交际的成功奠定了感情基础。从某种意义上说，记姓名是一种廉价而有效的感情投资，直接的收获便是促进交际进程的顺利发展。

三是记住交际对象的名字还有助于展示自己的修养水平，塑造良好交际形象。本文开头的事例就生动地说明了这一点。朱总理在很短时间内记住并准确地呼出与会者的姓名，使那些初次见面的与会者深感意外，仅此一点就受到广泛的赞誉，被传为美谈，新闻传媒赞扬他有过目不忘的记忆力，从而给人留下美好的印象，也在一定程度上提高了他的威信和知名度。

由此可见，记住交际对象的名字看起来事小，但是影响却很大。因此，值得领导者高度重视。当然，能否记住他人名字与记忆力强弱有关。像朱总理那样博闻强记，过目不忘，见一次面就可以记住，经久不忘，这自然再好不过。对于不善记忆的人来说，那就更有必要下功夫来做这件事情了。

能否记住交际对象的名字首先是一个认识问题。有些人所以记不住与自己交往过的人的名字，并不是他们记忆力不好，而是他们并没有重视此事，甚至根本就没有想到过要记。所以，每每把对方的名字忘得一干二净，或出现“张冠李戴”的尴尬情形。因此，为了记住他人的名字，就要从思想上真正认识到记名字对交际成功的重要性，并从珍视友谊和推动工作的高度看待这个问题，把它当成赢得交际的重要环节。这样一来，我们就会在重视本次交际活动，重视交际对象的同时，把目光投向一些交际细节，对交际对象名字表现出浓厚的兴趣和特别的注意力，自然就能记住他人的名字。事实证明，在具有同等记忆力的情况下，人们的重视程度越高，注意力越集中，就会记得越牢，甚至历久不忘。换言之，提高认识，集中注意对于记忆力具有某种强化作用。

进而言之，还要像朱镕基所言，要把记名字当成工作来做。一般说来，本职工作往往会赋予人们一种强烈的责任感和事业心，因而人们对待自己的工作总是十分投入，一丝不苟，并能千方百计地完成任务。那么，我们一旦把记名字当成工作，那就不是可记可不记的问题，而是必须去记，并设法记牢，记不住就不罢手了。那时，人们的记忆潜能就会最大限度地发挥出来，记住哪怕最难记的外国人的名字。即使记忆力差的人也会把交际对象的名字记牢，甚至出现记忆奇迹。

» 如何伸出你的手

握手作为一种交际形式，在公务或私交场合几乎是不可缺少的礼节。作为领导者如何伸出你的手有着更为重要的意义。

由于交际背景不同，彼此关系不同，同样是握手往往会表达出特定的思想感情，其内涵会清楚地传递给对方。比如，握手时紧紧抓住对方的手，眼睛看着他的脸，这时，对方会从中感到你从心底是尊重他、欢迎他的。如果你轻轻地握着对方的手，眼睛又看着其他人，这样的握手便让人感到你在应付差事，表现出轻视的意味，对方心里一定会很难受。所以，从一定意义上说，握手也是一种生动的交际语言，是一种传递思想感情信息的方式。

从握手的方式和内涵来说，大体有以下几种。

1. 礼仪性握手。就是单纯作为交际礼节礼貌形式出现的握手。它通常是交际寒暄的组成部分，体现交际者的思想修养，反映交际者对于彼此关系的态度和看法。得体的礼仪性握手作为交际的起点，有助于创造良好的交际气氛。

在重大的社交场合，握手是表示欢迎的基本礼仪形式。见到对方时，脸上显出友好的笑容，伸出手来与对方相握，以此表示对对方的欢迎，抒发自己的愉快心情，体现对本次交际活动的重视。比如，隔绝了20多年的中美两国，经过双方努力终于使关系趋于正常化，美国总统尼克松来华访问，一走下飞机，早早地就把手伸向了中国总理周恩来，以此表示他对于中美友谊的诚意。两只手紧紧握在了一起，象征着一个新的历史时期的开始。对此外电多有评论，称之为历史性的握手。在外交场合，握手通常被看成是重要的礼仪形式，给予高度的重视。

有时候，握手本身就是一种重要的礼遇，体现对人的尊重和思想作风。如领导到下面视察，主动与群众握手就有这样的意义。群众十分重视这种礼遇。我们常常看到，上级领导到生产第一线视察，向工人伸过了手，工人往往十分激动，他们正在干活，手上有汗、有油，怕弄脏了领导的手，要么表示推辞，要么把自己手在衣服上擦一擦，才和领导握手。这时，领导不应怕把自己手弄脏而免了这种礼遇。相反，应毫不犹豫地和对方握手，给予这种礼遇，其作用是巨大而深远的。美国总统林肯有一次乘船外出视察时，他看望轮船的船工，向他们问候，和他们一一握手，一位加煤工腼腆地缩着手说："总统，我的手太脏了，不便与你握手。"林肯爽朗地大笑道："把手伸过来吧！你的手是为联邦加煤弄黑的。"他与船工紧紧地握手，表达了真挚的情感，使工人很受感动。

一般说来，握手的礼仪性还反映在对等原则上。也就是说，彼此应该同时伸手相握。即使有先后之分，其时间差也不应十分明显。如果一方伸出手来，另一方未做反应，拒绝握手，或反应迟钝，半天才伸手，就会使对方十分尴尬，有失礼貌。在一般情况下，这样做是不应该的。即使对人有意见，在交际中也不应失礼，起码的礼节礼貌是不应少的。

2. 情感性握手。握手能表达很强的感情色彩。它主要体现在握手的力度和方式上。握手时用力的大小能反映出内在的情绪，对方会很准确地感觉到，而且这种感情的交流是非常敏感的。通常如果握手十分用力，而且时间较长，表明对对方感情很深，或有某种需要，这种内心的思想感情会直接地传递给对方。而且这样传递的信息往往胜过有声语言的力量，对人有很强的感染力。比如，领导探视死者的家属时，或与宾客离别时等，彼此相对无言，但两只手（有时甚至是两双手）紧紧地长久地握在一起，彼此心照不宣，但心底的感情激流已经深深地感受到了，可谓“满腹真情话，尽在握手中”。

有时，领导与人握手的动作十分夸张，动作幅度很大，用力也猛，以此表达自己的激动之情。这种方式多发生在好友久别重逢时，用以表示相见的喜悦，似乎舍此难以宣泄自己内心的情感。

3. 智慧性握手。在日常工作中，人与人之间也会出现这样那样的矛盾隔膜，有的领导者为化解矛盾，在交际场合瞅准机会，主动向对方伸出手来，发出和解信号，对方会积极响应，也伸出手来相握。于是，在握手之间彼此摒弃前嫌，重归于好。可见，相“握”一笑泯恩仇，也是领导的一种交际智慧。

在特定的交际活动中，握手也可能成为斗心眼的武器。有时候，交际双方的立场、利益处于对立之中，彼此相见，为了礼节不得不握手，于是在握手这样的细节上也要做一些文章。比如，有些人为了表示对交际对象的蔑视，对方伸手要与他们握手时，他们戴着手套并不脱下来就和人家握手，以此慢待对方。还有的人则借握手戏弄人。他们做出了要和对方握手的样子，可是当对方已经伸过手的时候，他却又改变了手的方向，去做别的事情，去挠头、摘帽子等，把对方陷入难堪的境地，以此来羞辱对方。这种在握手上做小动作，常常使人恼火，一般说来是不宜提倡的。

当然，在涉及国家尊严的场合就另当别论了。某国外交部长访问S国，友好地同S国总统握手。握毕，总统掏出手帕把右手正反两面擦了几遍，然后把手帕装进口袋中。这显然是对对方的羞辱。部长马上意识到了，也掏出手帕如法炮制，擦完后，将手帕狠狠地扔在了地上。这个动作又压对方一头，挽回了尊严。这样在无言之中进行了一场智斗。

为了追求交际的成功，领导者应了解不同的握手方式所包含的特定意义，借以更得体地运用握手，表达自己的思想感情；同时，又通过握手判断交际对象的意向，掌握其思想感情信息，以便使交际达到最理想的效果。

小不虑则乱大谋

某企业代表与一位外商谈判项目，在休息期间，这位代表无意中随地吐了一口痰，吃完冰激凌又把盒子随手扔在地毯上。这些下意识的小动作被外商看在眼里，本来就有些犹豫的外商，最终放弃了这个合作的意向。他说，一个企业的领导人如此不拘小节，岂能管理好一个企业！就这样，一个不起眼的小动作影响了一笔大生意，因小而失大，实在可惜！

相反，有的人懂得“小不虑则乱大谋”的道理，十分注意言行细节，因而收到意想不到的效果。报纸上有这样一条消息：镇长弯腰拾烟蒂，促成投资10万美元。说的是英籍华人杨扬到安徽凤台县毛集镇考察，受到镇领导的热情接待。在考察过程中，他看见副镇长发现楼梯上有一个烟蒂，便躬身捡起丢入痰盂中。这样一件小事，却使杨先生颇有感触。在项目洽谈会上，他说：“我这次返回故里，到了很多地方，像今日刘镇长拾烟蒂的事却不多见。从这件小事上，我看到了你们的工作态度细致认真。我愿意同你们合作。”当即决定投资10万美元，合资兴办综合养殖场。在这里，镇长拾烟蒂也许并不是故意给投资者看的，可是却促成了一个合作项目。

首先，应该看到，有些事情很小，但能从一定角度反映出事物的本质，如同一滴水可以映出太阳一样，有时候，一个小小的言行举止可以展示出一个人的内心世界和外在风貌，进而折射出一个单位的整体形象。哪怕是一个不起眼的小动作也能给人留下深刻的印象，甚至可能胜过一千句直言的表白，而产生积极的效果。

其次，小细节之所以不能忽视，还因为我们的公关对象是千差万别的，他们看问题的角度也是多侧面的。从外商情况来看，有些是大财东，他们可能看大不看小，讲究摆阔，喜欢气派；可是更有不少是中小商人，他们对小问题则较为留意，特别是有些华侨商人，他们多是靠勤俭起家的，所以很看不上铺张浪费的现象，加之他们对于中国传统美德的推崇，所以，在经商活动中，他们对于合作伙伴的精神风貌，举止做派，必然格外地关注。有时候，也许你在大的公关场面表现十分出色，可是不慎在一个小小的细节出了漏洞，就可能前功尽弃，造成难以挽回的损失。如此看来，当企业在招商引资，或进行商务交往等公关活动时，细节言行也就不是微不足道的事情了。

不久前，一位美国客人到河北香河谈生意。中午吃饭的时候，只有五菜一汤，最讲究的只是一道香河肉饼。散席了，肉饼没有吃完，主人打了个招呼后，把剩下的肉饼用塑料袋带走了。吃过饭，美国客人当即表示，香河人很实在，给我留下了很好的印象。有人问她："刚才主人把肉饼用塑料袋带走，你不觉得太寒酸吗?"她说："不，不，这不是寒酸，是讲实效。我到中国来谈生意，生意还未谈成，花那么多钱大吃大喝，太浪费了。即使我们同意合作，这么浪费，企业也是搞不好的。"

从实际情况看，有些企业领导十分注意大公关，而忽略细节言行。他们以为只有大手笔，才有助于企业发展，其实这种认识是片面的。上述事例都证明不注意细节是要吃亏的。为此，我们应该学学那位镇长，在重视大公关的同时，切莫忽略小细节。必须看到，有些细节言行动作并不是刻意做出来的，它常常带有习惯性，是下意识的动作，是自然流露。所以，我们必须双管齐下，在提高思想认识的同时，还要自觉加强作风修养，养成良好的习惯。不论在谈判桌上，还是其他场合，自觉地使一言一行、一举一动展示出优雅文明的风貌，给客商留下美好的印象，为企业整体形象增光添彩。

» 也要"小题大做"

领导在实施管理中，通常会把目光放在大事上，注意把握大局和方向，严格按规章制度办事，把工作做好；而在一般性问题上，不会过多分心思用气力。然而，任何事情都有例外，有的领导对一些看起来"小小不言"的问题，也看得很重，甚至"小题大做"，不留情面，不惜“挥泪斩马谡”，以图起到强烈的警示和教育作用。

大学毕业生小周到某电子元件厂打工，从基层干起，很快显露出才华，半年后被提拔为业务主管。后来，领导重点培养他，派他到北京等地学习，准备提拔重用。有一天，一名仓库管理员请假，领导叫他临时去顶替一下。在仓库里，有名员工领取了三瓶清洁机械用的酒精放在桌上，小周在填写单子时不小心把一瓶碰掉了，摔碎在地板上。经验不足的他没有用纸巾吸，而是顺手掏出身上的打火机将酒精就地点燃，而后扫掉玻璃碴，把地板擦干净。他以为此事已经做得很圆满了。

没想到，第二天刚上班，领导就当着同事的面对他说：“到财务部结算一下工资，你被厂里解雇了。”

他感到意外，不解地问：“为什么？”

“因为你违反了工厂的核心价值——安全。”领导严肃地说。

这时，他才想起点燃酒精的事。领导在为他送行时，语重心长地说，这是他开除的第一名优秀管理职员，为此感到惋惜。但是如果顾及情面，对员工的管理一旦有任何迟缓和松动，必定会引发厂纪的动摇。

领导如此奖罚严明，“挥泪斩马谡”，使他无话可说，只有深深的教训。就是这样一件不起眼的小事，使一位优秀员工丢掉了饭碗，也许会让人感到领导有些不近人情，小题大做。但是，从整体而言，这种严厉却维护了企业管理制度的严肃性，起到了防患未然、惩一儆百、警示全厂员工的震撼和教育作用。此后，这家公司的员工把安全看得更重要了，再未发生过类似的安全隐患。

显然，领导在安全问题上小题大做，打牢了全厂员工的安全意识，换取了长久的安全生产和效益，不能不说是“四两拨千斤”的领导艺术。

进而言之，领导如此严格执纪还有另外一层深意，那就是着眼于人才的长远发展。俗话说，严师出高徒。这个严字，就包括小题大做式的严厉惩罚。有时候，对造成失误的员工如果仅仅进行一般批评教育，不痛不痒，并不足以使他们警醒，而采取严厉惩罚方式，甚至打掉其饭碗，必定让人感到切肤之痛，铭心刻骨，受到深刻教育，从此严格要求自己，严谨从事，跨越式提高自身素质，成为更为全面而优秀的人才。

有名财会专业本科生，对自己的功底十分自信。在参加一家知名大型企业招聘考试中，一路过关斩将，以高分被录用，进入试用期。上班后，财务经理交给他的第一份工作，就是据凭证录入原材料明细账。整个过程极为简单，就是一个数字转抄的事，他以为这不过是小菜一碟，1000 多张凭证他两天就抄完了。

可是在与总账核对时，竟然对不上账。他又进行了十几二十次的加总，还是与总账对不上。这时，他才慌了手脚，上千笔金额要查出错误可不是一件易事。他开始怀疑总账有误。他找到财务经理，用极其肯定的语气告诉他“我不会错，应该是总账错了”。

经理将他所登录的明细账拿去复核，不到 10 分钟就查出了一笔错误，原来他把 222985 误写成了 22985，二者相差 10 倍。这时，他羞愧满面，无言以对。经理毫不客气，当即让他去人事部结账走人。

就这样，工作还没有展开，他就被辞退了。临走时，财务经理与他谈心，说：“小伙子，你很聪明，但是人不能聪明过了头。这几天我交给你一个简单的会计工作，旨在考察你，结果你完成得怎么样？照抄你都能抄错，你的能力何在？因为你这一错，公司有可能损失 20 多万元。我的年龄足可以做你的父亲，正因为如此，我想如果今天不给你一个沉重的打击，你就不能吸取这个教训，请体会我的良苦用心，要怪只能怪你自己没有迈好第一步。”

这样被一猛掌“打翻在地”，使他一辈子也忘不了。到新单位后，他真正接受教训，再也没有出现过类似的失误，工作作风严谨细致，后来被提升为财务主管，担当起重要工作。他还专程回到原公司向领导表示由衷的谢意。

你看，领导对下属的苛求和严厉多么重要，它能让人痛定思痛，认识自己，找到前进方向。也许当时他们并不理解，甚至怨恨，但是当他们革新洗面，重新上路，取得成绩之后，他们会深悟领导的苦心，感谢领导当初的“小题大做”呢！

» 试试“角色易位”

俗话说：“要想公道，打个颠倒。”这里所说的“打个颠倒”，对于处理好上下级关系有一定的指导意义。所谓打个颠倒，即指“角色易位”，就是在思考问题时来个假设性的位置转换，站在对方的角度对同一个问题进行再认识、再思考，并得出结论。卡耐基在谈到交际方法时指出“真诚地试着从别人的角度来看事情”，这是对角色易位的最好注脚。角色易位方式对于领导者做好工作十分有益。

1. 改变视角，扩大视野。角色易位可以改变领导者的视角，从一个全新的角度，看到事情的另一面，有助于更全面地看问题，得出正确的结论。

某市市长为解决群众坐车难的问题，走出机关，多次利用星期天、节假日，以普通市民的身份到最拥挤的大街去等车、挤车。他尝到了坐车难的滋味，听到了乘客的牢骚、司乘人员的建议，掌握了大量第一手材料和可靠数据，看到了问题的症结：营业线路不合理。于是一个改造计划形成了。在他的组织下，兴建了调度站，调整了车辆流向，坐车难的问题得到了缓解。

从此例可以看出，角色易位方式可以使领导者获得更大的活动空间，接触更多群众，有利于多角度、多侧面地观察问题，了解情况，进而作出正确决策。

2. 遏制歪风，整治邪气。领导采取角色易位方式下基层时，不事先通知，轻装简从，以普通一员身份到辖区亲自察访，就能轻而易举地看到真相，使不正之风曝光，有助于遏制不良现象。某部队大浴池里100多人挤在一起洗澡，不知啥时候又多了一个胖老头儿，他看到水浑，问战士怎么回事？战士以为他是临时来队的家属，就说：“机关干部洗头遍，当兵的只能洗浑汤了。”胖老头儿还看到五个淋浴喷头坏了三个，而且还忽冷忽热。这个胖老头儿洗了个窝憋澡，闷闷不乐地走了。原来他是新调来的师政委。听说师政委进了大澡堂，营房科、军需科、军务科的领导不等师政委找他们，都到了大浴池，大家按分工干起来，安喷头、换开关、修门窗、调整洗澡顺序，几天后面貌一新。

你看，领导角色易位引起了如此大的连锁反应。可见它能有效地突破官僚主义形式主义者们筑成的防线，了解实情，使下级受到触动和教育，使久拖不决的问题，得到根治。

3. 体察民意，陶冶感情。有的领导放下架子，深入群众，与他们平等交往，形成了休戚与共的感情。某市存在乘车难、入托难、买菜难的问题，且长期得不到解决，群众反应强烈。书记过去只是在会议上强调一下，后来他搞一点“微服私访”，也提着篮子上市场买菜，排队买油条，挤公共汽车。他亲眼看到一些女工一手抱着孩子，一手拿着油条啃，一溜小跑奔车站。车来了人多挤不上去，孩子哇哇叫，女工急得掉泪，说：“这下可迟到了!”“当官的也抱上孩子挤挤车，尝尝这滋味!”这些他看得清楚，不禁眼睛也发湿。群众挤不上车，骂娘，是怕误了班，想的是工作。一种强烈的同情心、责任感油然而生，从感情上与群众形成了共鸣。于是，才有了在干部大会上慷慨激昂的呼吁，才有了迅速果断建托儿所、调整职工住房、增加服务网点等为民解忧的举措。

4. 客观公正，公道处事。领导者通常喜欢从上向下，从大局宏观的角度看问题，有时可能忽略了一些细节，难以看到事情的本来面目、作出客观评价。如果他们能从被领导者的角度也想一想，考虑自己想法的可行性、合理性。这样自己的意见就可能更符合实际，能减少失误，并受到群众拥护。

某部队战士小华请假半天到市里看望路过此地的哥哥。连长只批准两小时。因路途远，小华找到哥哥后只说了几句话就往回赶，结果还是误了假。连长要给他处分，小华想不通，背上了思想包袱。指导员知道此事后，以为不能给处分。他说，他误假肯定是不对的，可是如果这事轮到我们头上，给两个小时跑这么远的路，够不够?这样倒过来一想，连长想通了，打消了处分的念头。这样处理，小华心里的疙瘩也解开了。

颠倒思考的结果一定会有新的认识，新的结论。在掌握本方和对方立场的基础上，再作决策，就可能兼顾到各方的情况，做得更全面更公道，易于被各方所接受，有助于塑造领导者的亲民形象，与群众建立良好的关系。

运用“角色易位”方式思考处理问题，实行起来并不难且有效，领导者不妨一试。

» 纠正下属也要讲方法

下属出现这样那样的问题在所难免，作为领导者有责任对他们进行及时纠正和教育。然而，采取什么样的教育方式却是有讲究的。明智的领导者从凝聚人心出发，善于探求人心秘密，以最适当的表达方式让人心服口服，实现最佳效果。世界著名企业摩托罗拉公司的老总保罗就是如此。

一天，摩托罗拉的老总保罗到车间检查电线是否安全，正碰上车间主管对一名工人大声吼叫：“我们公司怎能有你这样的人呢？照你这样干下去，你就等着走人吧！”保罗很是反感，本想当面制止他，后来一想，要给一个活生生的教训才行，于是一言不发走开了。

过了几天，他把这个主管叫到自己办公室，问道：“这几天你手下的工人看起来有些心不在焉，发生了什么事吗？”

主管一听愣住了，说：“没有什么事呀。”

保罗拿出这个星期的生产统计表，主管一看傻了眼，他的车间产量质量都排在最后。这位主管说不出所以然来。

保罗问他是否记得本周曾当着众人的面指责一位工人的事，主管想不出这和生产效率有什么关系。

保罗说：“你没发现当时在场的人表情都很尴尬，而且惴惴不安吗？一旦有人想，下一个挨骂的会不会就是我，一种恐慌的气氛就形成了，每个人都觉得自身难保，如此一来，生产效率也就大打折扣。你没觉得等着走人的将是你吗？”

看着主管低下头，保罗语重心长地说：“要知道，摩托罗拉一无所有，它所拥有的就是人的力量。”这位主管牢牢地记住了这句话，管理方式发生了根本变化。

在此例中，我们看到了两种截然不同的对待下属的教育方法：主管对下属当众训斥，不留情面；保罗对下属教育则讲究策略，力求让人心悦诚服。很显然，后者更胜一筹。它给我们如下启示。

首先，一般情况下，不要让下属当众难堪。保罗发现问题后，尽管十分不满，但他并没有当面给下属难堪，直接训斥和纠正他。因为他意识到如果自己那样做，就与下级主管犯了同样的错误，带了坏头，达不到预期的教育目的。他把教育下属放在事后，单独进行，这样既保全了下属的面子，维护了他的威信，也收到了良好效果。其良苦用心自然也会赢得下属的敬重。

其次，坚持心平气和的说服教育。对下属进行教育时，不用训斥，而是用事实说话，摆事实讲道理，叫对方明白事实与后果之间的必然联系，这样纠正教育要比单纯批评责备的作用更大。当对方看到自己的行为造成不良后果的时候，自然难以辩驳，只能心服口服。

最后，就事论理点题升华。保罗对下属的教育还不仅仅是就事论事，而是在更高视点上，点出问题的本质，使对方真正觉悟，获得理性认识，从心目中确立正确的行为准则。最后那句“要知道，摩托罗拉一无所有，它所拥有的就是人的力量”说得十分深刻，让人振聋发聩。如此画龙点睛说明道理，让对方从思想认识上升华到更高层次，也就从根本上解决了问题，变成了下属的自觉行动。

说到底，这种教育方式体现了以人为本、凝聚人心、调动人的积极性的根本态度，不但有助于提高领导者的形象和权威，而且还是一种传帮带，有助于把好的管理理念和教育方法传给下属，真可谓一举多得，值得借鉴。这种教育下属的心计和方式，不管是对国企领导，还是对私企领导者都有借鉴和指导意义。

》把玩乐当成另一种工作

一位出色的领导者，既要能干，也应会玩。当然，这里所说的“会玩”，有其特定含义，是指领导者在完成本职工作之余，在业余时间和下属一起开展有益有趣的文体活动，如打球、下棋、玩扑克、跳舞等。这既是领导者自身娱乐的需要，也是适应形势变化、开拓联系群众的渠道和方式，做好工作的需要。从某种意义上说，玩乐也是另一种形式的工作。

1. 借“玩”联络感情。从工作角度看，领导与下属是一种上下级、管与被管的关系。职务地位的差别，不可避免地会导致彼此心理、情感上的距离。而这种距离感具有两重性：它既有助于领导者形成必要的管理权威，建立正常的工作秩序；同时也易于造成群众的消极、被动和心理距离。作为领导者要想趋利避害，化消极为积极，进而达成干群的同心同德、协调一致，显然，仅仅在工作范围内打主意是不够的。他们应把目光投向更大的范围，从工间投向工余，从工作投向生活。如果领导者有意识地在工余时间放下架子与下属一起玩一玩，参加一些群众性文体活动，就能增加消除隔阂的机会。当领导与下属同玩时，就打破了彼此的职位界限，彼此的社会角色也暂时发生了变化，领导者还原成了“群众”“球友”“牌友”“朋友”。心理距离在同玩同乐中自然就消失了，心灵就贴近了。

其实，这种干群同玩同乐本是我党我军的光荣传统。早在战争年代，朱德总司令就与战士们一起打篮球，陈毅将军和群众一起下棋，官兵打成一片。在和平时期有些领导同志也十分注意到群众中去，同玩同乐。江泽民同志在上海工作时就常到群众中去，他的一首“苏联民歌”、一曲“京剧清唱”，赢得了群众阵阵热烈掌声，增进了相互的了解。

不过，也有些领导对此不以为然。他们要么因工作太忙，抽不出时间和群众同玩同乐，要么不屑与群众同玩，担心降低身份。其结果是与群众心头那堵无形的墙就难以推倒，他们在群众面前的形象就只能是“单色”的，不会是“全色”的。因为仅有工作中的接触，群众往往只能看到他们威严、原则、认真的一面。如果领导者能挤时间与群众同玩同乐，群众就会看到他们的平易、和蔼和个性的另一面。彼此关系中就多了一点理解、亲切和信任。有了这种情感基础，哪怕领导在工作中严厉一点，群众也不会隔心，甚至能予以原谅、认同。从这个意义上说，领导会玩是对能干的补充，是领导者联系群众、赢得人心的手段之一。

2. 借“玩”捕捉信息。一般说来，在不同场合，面对不同对象，人们的思想敞开的方向和程度不一样。比如，在正式场合、公务场合，人们很少敢开玩笑、发牢骚，或说背时的话；而在私下，群众的嘴就放开了。如果领导者能在私下场合同玩同乐，群众就会把他们当成自己人，向他们敞开心扉，倒出心里话，甚至发牢骚、提意见。这些话当然在工作场合是听不到的，在这里却可以轻而易举地把握住群众的脉搏，了解群众的不满、愿望和意见，看到领导自身存在的失误和不足。

退一步说，在玩乐时也正是人们忘我忘情的时刻，即使是对领导存有芥蒂、怀有戒心的人，当他们玩到开心时，也会失去“警惕”，把心里话“冒”出来。这时，领导听到的往往是真话、实话，哪怕三言两语、刺耳难听，却可能是很有价值的信息。因此，会玩的领导就等于多了一条辅助性的信息渠道，接触群众越多，领导的信息也就越灵通、越广泛。

3. 借“玩”寻机工作。有时，“玩”本身也可以成为领导工作的方式和机会。常常有这种情况，在工作岗位上发生的问题，若领导当场批评教育，因当时人们头脑发热而难以奏效，甚至出现顶牛现象。如果换一个环境场合，在另一种心态下，同样的话语却变得易被接受。一般说来，人们在心平气和，或心情愉快时，易于接受批评意见，抗拒心理最小。通常娱乐时是人们心理状态的最佳期。因此，领导不妨把有些思想工作放在与群众同玩时进行，这样可能会事半功倍，立见成效。

当然，领导要想通过玩乐有所收获，产生正能量，也有一些问题需注意：首先，他们必须真正放下架子，以普通一员的身份和大家“玩”。有些领导和下属“玩”只是为自己找乐、消遣，满足个人的“胜利欲”，比如下棋，他们只能赢不能输，输了就急眼、发脾气，这样的“玩”是不会与群众密切关系的。若领导有如此心态，某些下属也会投其所好，故意输给他们满足其虚荣心，这样显然“玩”就失去了本来的积极意义。其次，领导“玩”也要掌握适度，要看时间、地点，不应在工作时间“玩”，不能在办公室里“玩”，否则就会破坏正常工作秩序，产生不良影响。一句话，“玩”要有节制，要恰到好处。

» 忙里偷闲享放松

有人说，对领导而言，不会休息就不会工作。这话有一定道理。

领导者担负重任，工作压力大，整天事务缠身，忙得不可开交，如果再加上上司挑剔、下级不满，他们必然身心疲惫，很难快乐起来，甚至影响工作效率，出现工作失误，那就糟透了。在这种情况下，领导应如何缓解压力，让心灵喘口气，歇歇脚，恢复身心的最佳状态呢？回答是：学会忙里偷闲，自我调节。如果说长时间离开工作不现实，那么就抽空给自己放短假，找一个悠闲的地方，享受清静，让自己的心灵减负休息，换来充沛精力。

人生有许多快乐放松的方式，偷闲是其中一乐。清人张潮说：“人莫乐于闲，非无所事事之谓也。闲则能读书，闲则能饮酒，闲则能著书。天下之乐，孰大于是?”人只有在闲暇时，才能发展业余爱好，从事各种自己喜欢的活动。其实，快乐幸福并非总在遥远的地方，只要放下那不可放下的，忘却那不可忘却的，让心灵打个盹，放松和快乐就在自己眼前。心理学家研究证明，短短几分钟的散步，冥想，听音乐，足以让人心情舒畅，甚至达到超越自我的精神境界。

当下最好的办法莫过于关掉手机尽享清闲。这是忙里偷闲的关键性环节。手机其实是为他人准备的。手机一响大概没有不立即接听的。

为了找到一点清闲和放松，不妨下决心关起手机，清闲上一把。有一天，几位一向忙碌的老总、老同学相约一起喝茶，到场后，召集人提议，大家都关了手机，安安静静喝杯茶。有一位当经理的不肯关，他说家人会找，公司机关可能会有事请示。召集人说，离了谁地球照样转，其实，都是一些无聊的事，不信你关关看。于是，大家都关掉手机。真是难得的两个小时的清静，没有手机彩铃打扰。大家坐在一起足足聊了两个小时，谈天说地，解忧析乐，童年趣事，古今中外，话题不拘。一个个似乎回到了孩童时代，轻松快乐得直叫好，都说终于享受了一把久违的轻松快乐。喝完茶大家开车走人，有的一进家门，家人说打过他的手机没通。他问有什么事？家人说没事！或去单位的，说，打电话你没有接。什么事？说是一个老总打的，没什么大事。

原来，关一会儿手机，也没有什么了不起，天塌不下来。可是，几位老总却找到了一个体验轻松快乐的时光，当他们再坐在办公桌前时，感到精力状态大不相同了。从此，这些老总们学精了，时不时地找一个地方，关上手机，轻松一把。

领导忙里偷闲还有更绝的。有位私企老板，每天一大早出门，到公司埋头处理公务，忙得头昏脑涨，还要加班加点。人家都说他是工作狂，他也感到自己离不开工作。久而久之，他有时累得头昏眼花，脾气变坏。不少人劝他注意休息，他说没空，工作离不开。有一天，他突然决定给自己放几天假，不带秘书，不带手机，自己一个人开着车回了几百里外的老家。那是一个山区，自打他进城后，很少回到这里。那里藏着他童年的美好记忆。回到老家后，他和当年的小伙伴们一起吃喝，一起游泳，一起爬山，不谈工作，只谈友谊，全是童年时的营生。那几天，没有公务要处理，就是有他也不知道。他过得特别轻松，十分开心。几天时间下来，精神状态好了很多。回城后，他的精神面貌大不相同了。对人微笑多了，也不发火了，情绪特别好。

那一次他尝到了甜头，此后，只要忙得晕头转向的时候，他就找一个地方去躲清静，找乐趣，享轻松，效果还真的不错。

忙里偷闲实在是一种恢复精力的好方法。在这里关键是自己要放下心来，要相信工作永远干不完，离开自己天塌不下来。有了这样的念头，人才能心静如水，找到暂时的轻闲之乐。

有一年，哈佛大学校长向学校请了三个月的假，然后告诉自己的家人："不要问我去什么地方，我每个星期都会给家里打电话，报个平安。"校长只身一人，去了美国南部的农村，尝试过另一种全新的生活。他到农场去打工，去饭店刷盘子。在田地做工时，背着老板抽烟，或和自己的工友偷说几句话，都让他有一种前所未有的愉悦。最有趣的是最后他在一家餐厅找到一份刷盘子的工作，干了4个小时后，老板叫他来结账。老板说："可怜的老头儿，你刷盘子太慢，你被解雇了。"这位"可怜的老头儿"重新回到哈佛，回到自己熟悉的工作环境后，觉得以往再熟悉不过的东西都变得新鲜有趣起来，工作成了一种全新的享受。

他这三个月的经历，像个淘气的孩子搞了一次恶作剧。更重要的是，他回到原始状态以后，生活就如同儿童眼中的世界，一切变得如此有趣，原来积攒在心中的"垃圾"也慢慢被清理掉了。很显然，改变一下生活状态，人们的生命方式就不同了。高高在上的人，到底层走一走，体验一把普通人的全新的生活，必定会有全新的想法和感受。那时，他们心中也有了一种让自己永远保持工作愉快的参照系。

总之，人生要懂得保持一定的节奏，才能走得久远。要从思想上给时间和权力、财富分配一个合适的比例。如果看开人生，了然顿悟，其实我们大可不必过于忙碌，在快速奔跑过程中，停一下脚步，喘一口气，加点油，并不影响行程。当我们忙里偷闲，在春风吹拂的傍晚漫步，在蝉鸣的夏日静坐树下聊天，在菊花飘香的秋季驱车观赏红叶，在雪花纷飞的冬日围炉读书，那时，一种超凡的快乐和幸福就会飘然而至心头，在你再投入工作时，将有用不完的力气，办事效率可能倍增。

第三章

选育良才，用人有道

» 选择可信之才

选才用才关系到企业经营的兴衰。选择可信之才往往是企业领导选才用才的着眼点，而可信之才的核心在于德行人品，在于高素质。因此，精明的企业领导者通常会不拘一格，把高尚人品作为识别、考察和选择可信人才的重中之重。

某公司张某接到一份请柬，下周公司总经理要过五十大寿，公司的所有员工都被邀请了。眼下有风声说，他将被提拔为部门经理，这可是一次表现的好机会。可是，他感到为难了：在老家的父亲要过七十大寿，恰好是同一天，自己是长子，不能不去。两边都重要，选择哪一头呢？爱人说："这关系到你的前途，自己父亲好说，只要把情况说清楚，就是不回去，老人也不会责怪；可是，升迁的机会是可遇不可求的，错过了，可能后悔一辈子！"他感到爱人说得有道理。不过，他心里还是打鼓，父亲年纪大了，身体又不好，平时自己总是工作忙，回不了家，这七十大寿再不回去，说不过去。经过两天的思想斗争，他作出了选择：不顾爱人的反对、同事们的惊讶，在做好了承受失去升迁机会的思想准备后，向公司请了假，回乡参加了为父亲举办的祝寿宴会，全家人甭提多高兴了。

与此同时，那天总经理的生日宴会办得很热闹，除了张某以外，所有员工都到会了。人们不免为他的缺席感到惋惜，大家猜测不长眼的他是没戏了。过了几天，任命公布了，与人们的猜测正相反，张某升为部门经理。这一任命，不仅大家感到意外，就连他也感到愕然。他忍不住向总经理提出了心里的疑问，总经理笑道："我佩服你！现在还有几个人肯为了亲爹得罪总经理呀？你是个傻瓜，现在这样的傻瓜可真是不多见了。但公司需要你这样的傻瓜。"

这位总经理之所以起用张某，就是看重了他的人格、他的品德。总经理以为，在物欲横流的今天，一个重孝道、重亲情、不势利、不阿谀的人，一定是一个正派的可靠的人，值得信赖的人才，如此稀有人才，自然值得重用。

罗活活原来是一个体育记者，从未有过经商经历，但是曾宪梓先生在一次偶然机会认识了罗活活，发现她是个可信之才，立即起用了她。那是1986年，8支甲级足球队云集梅县打"宪梓杯"。此间，作为曾宪梓的同乡和记者团成员的罗活活负责大会记者的夜宵和纪念品领带的发放工作。发放结束时，罗活活将剩余的600元和6条领带交回给大会，在场的曾先生惊讶了："有多余吗？"罗活活说："是的，有些记者先走了。"曾先生心里闪过一丝惊喜："此人品质不错，是个可信之才。"

后来，曾宪梓先生把罗活活叫到他的办公室，夹着客家话问她："小老乡，请你出山，这副担子不轻呀，你有啥要求，也可以给我说说。"又说："你是记者，拿笔杆子的，现在要你做生意了，这两种职业是截然不同的。"说完，曾先生望着罗活活，注意着她的表情，等待着她的回答。

罗活活说："我没有做过商业，爬格子出身，文人经商失败的教训很多，你不怕我让你失望吗？"

曾先生站起身笑了。"我这个人你今后接触多了就了解了，用人不疑这是我向来做人的原则。"又说，"我相信你有能力克服困难，去做你的事业。"

就这样，曾先生安排这个没有丝毫贪念的外行人做金利来（中国）服饰皮具有限公司经理。她果然不负期望，很快进入状态，经过几年奋斗，克服重重困难，使金利来（中国）服饰皮具有限公司从她接手时亏本，几年间创下了几十个亿的惊人业绩。金利来在全国设有700多个连锁店、专卖柜台，还建起了具有国内外最现代化的工厂，10多条生产线，从一个公司派生出十几个公司，从单一经营到多种经营，每年的利润都在几番几倍地递增，一年上一个台阶。

在这里，我们看到起用一个有品德有能力的可信人才就振兴了一个大企业。然而，这个人才的发现却是始于一件发放纪念品的不起眼的小事。曾先生所看中的是人才最本质的优点：没有贪念和办事精细。足见曾先生在选人用人上独具慧眼和远见卓识。

» 小中见大发现人才

通过招聘面试选拔人才是目前通行的方法之一。在招聘面试中，如何才能在很短的时间内，从众多应聘者中识别和选拔出自己需要的人才呢？经验表明，见微知著，小中见大是一种有效的识别方式，值得借鉴。

1. 认真分析求职书、简历表。求职书、简历表大多是考生亲手填写的，在一定程度上反映考生的经历和自我评价水平。考官认真分析这些简表，可以从中发现很多字面背后的东西。比如，分析考生经历，可以判断一个人的性格、思想意识和追求理念。从表格填写的字迹，设计打印页面格式等，可以看出一个人的追求、作风及对工作的态度。有的人把简历表搞得十分精美，有的人却没当一回事，甚至字写得很乱，字句不通，还有错别字等，由此可以看出考生之间的差别。还有一些求职信别具一格，与众不同，很能表现个性。著名企业家吴士宏就是一例，她在向IBM公司求职时，写的求职信是用了一张小小的处方笺，上面附的一个照片是她从工作证上取下来的，在信中她还写了一行字：如果不用，请退回。这封毫无修饰的与众不同的求职信，引起了招聘者的好奇，考官非要见见这个考生不可，于是她赢得了面试机会。在面试中她表现不俗，最后被录用。后来的事实表明，她的确是一个讲究效率的有管理才能的人才。

2. 不要忽略不起眼的小动作。人们下意识的言行动作，常常是其内心世界和性格的外露，是一种真实的、有价值的信息。所以，在面试过程中，考官不仅要看他说了什么，还要看他做得如何，尤其要捕捉那些下意识的小动作，从中作出判断，发现可用之才。如在一次招聘中，由于应聘者众多，排成长队，竖在一侧的告示牌被挤倒在地，却没人理会。这时，排在后面的一个青年看到了，走过去把牌子扶了起来。就是这样一个小小的动作被在场的老总看到了，立即上前与他交谈，认定他是一个责任心很强的人，优先录用了他。再如，有的考官故意在面试考场的地面上放一个纸团，很多考生熟视无睹，只有一个考生顺手捡了起来，放进纸篓里，考官据此判断这位考生有眼力，作风细致，决定录用他。还有一位考官衣服上一个扣子扣错位了。这是考官有意而为，很多考生要么没有看到，要么看到了不敢指出。可是，有一名考生一进场就看到了，并直言纠正考官。考官认定他有敬业精神和敢于负责的态度。上述事例中，考官格外关注不起眼的小动作，从中洞悉一个人的品质、性格和作风，并由此把考生区分出档次和优劣，从中选出优者而用之。

3. 善于倾听，摸清真意。在面试中，考官除了要做例行提问以外，还应设计一些内涵丰富的问题请考生回答，这对于考察了解考生的真实思想和水平十分必要。内涵丰富的问题不一定十分复杂，有时候甚至很简单，但却可以收到很好的考察效果。如有一名考官向一名应聘的高才生发问道："你考托福了吗？"对于这个简单问题，如果直观地理解，是问对方英语水平如何？但是其中还隐藏着一个问题：看对方是否能安心在本单位工作？这名考生很机敏，答道："没有，我主要想在国内发展，当然，我的英语成绩很好，这是我的强项。"再如，有位考官对印象不错的面试者提的最后一个问题是："请你马上来报到如何？"有的考生不假思索立即答道："可以，我明天就可以上班。"但被淘汰了。另一名考生答道："对不起，我还不能马上来，我必须把原单位的工作交接完才能报到。"这名考生的回答使考官满意，因为他的敬业精神可嘉。看来，通过内涵复杂的提问可以引出多种应答，透过应答可以准确地将考生的思想境界和实际水平有效地区别开来。

4. 结合实际，考察创新能力。面试时间很短，不可能把一个人的全部才干全面考察一遍，更何况有些能力是现场难以考得出来的。但是，考生的创新思维能力应在必考之列。为此，可以设计一些实际应用题请考生回答，以考察应试者解决问题的思路，想象力和创新能力。如某化妆品公司招聘总经理助理。数百人中只有 3 人通过初试。最后一关是总经理主持的面试。他拿着一小块铁板，问："我手中这块铁板价值 2 美元，你们有什么办法增大它的价值，充分发掘它的内在价值?"第一位说，我可以把它制成马蹄铁，价值可达 10 美元。第二位说，我可以把它制成工业方面用的磁针，价值可达 100 美元。第三位说：我可以把它制成手表发条，价值可达 300 美元。很显然，三位的回答表现出不同的想象力和创造力。结果第三位被录用。再如，有位考官设计了这样一个现实问题：有客户给老板打电话，但他正开会不能接电话，你作为助手该怎么办？一名考生答道，我告诉客户请他过 10 分钟再打来。另一名考生则回答，我会把对方的电话记下来，交给老板请他随时联络。显然后者处理得当，更主动，不会误事。

总之，紧密联系实际，设计一些具体问题请考生处理，可以清晰地考察其思维方式、想象力和创新能力，从而把创新人才挑选出来。

» 不惜血本吸纳人才

有人说，企业竞争说到底是人才的竞争。这话点到了要害处。有些企业领导深知人才的重要性，站得高，看得远，目光盯着人才，舍得花大钱引入人才，留住人才，发挥人才的独特的创造性，从而大大提高了企业的竞争力，使企业飞速发展，处于优势地位。

中国飞跃集团董事长邱继宝十分重视人才，舍得引进高级人才，多年来，陆陆续续从全国各地网罗了200多名高级工程师和专业人才，形成了强大的新产品开发队伍、生产管理队伍。后来，还有200多位外籍专业人才加盟，为飞跃出力。近几年来，飞跃新产品的开发速度每年在20~25个，并做到当年开发当年成功当年受益。尤其是智能型家用缝纫机，由于采用了新工艺、新材料、新技术，重量是传统家用机的1/10，仅5千克，却具有锁眼、绣花、自动穿线等几十个功能，即使你对缝纫机一窍不通，也能操作自如。这种缝纫机已被外交部指定为外交礼品。中国飞跃集团不断发展，拥有10亿多元资产，年产各类缝纫机60多万台。

在重用高级人才方面，香港振华工程公司总经理胡建华更有魄力。他求贤若渴，到处寻找一流高级人才。后来，有位叫陈文的人进入他的视野。此人是一家日本公司的高级雇员，曾在英国、美国留学，擅长质量管理和成本控制。经几次攀谈了解，胡建华一见钟情。陈文为胡总的求贤若渴所感动，决意加盟。他为自己开了一个价码：月薪10万港元。公司管理层对高薪聘用陈文有争议。有人认为，香港月薪三四万港元的项目经理有的是，内派干部费用更低，花这个钱不合算。还有人说，现在公司资金严重短缺，等以后有了实力再说。胡建华力排众议："他敢开价10万港元，因为他有这个本事。我们总说，竞争实质是人才竞争，怎么一动真格的就缩回去了？我们总说要和国际接轨，没有一流人才接什么轨？说到实力，人才就是最大的实力。资金短缺，就是砸锅卖铁也要把人才引进来。"引进此人才后，果然不负众望，发挥了很大作用，振华公司的业绩呈节节上升之势。仅三年时间，公司合同额就达25亿港元，营业额15亿港元。

此例生动说明，一流人才必然能创造出一流业绩。高价引进人才，企业不吃亏。正因为此，有些企业家有时为了得到一个身怀绝技的人才，甚至费尽周折，不惜血本，表现出超凡的决心和魄力。

某大学一位工科毕业生陈立新，到深圳打拼求职，进入香港某网络设备公司设在深圳的办事处打工。这家公司专门做网络平台。当时网络刚起步，公司业务发展很快。他从销售员做起，一干七年，他积极工作，研究市场走向，整天奔波于各大公司之间，业绩出色。后来，办事处升级为深圳公司，他成为公司总经理的助理。然而，这个总经理是一个自私、眼光狭小的人。1995 年，中国电信开通了公众信息网，推动了互联网在国内的普及，也给网络设备提供了一次难得的历史机遇。陈立新发现了商机，向总经理建议抓住机遇，把业务向北京拓展。总经理却摇头不同意，大声吼叫“愚蠢愚蠢”！原来，总经理担心此项建议被采纳，总部就会在北京设分公司，这样就会多一个竞争对手！他的建议被搁置，这使怀才不遇的他十分苦闷。

1997 年，他终于等到了机会，总公司的老总来考察北方市场，让他陪同到北京。老总向他谈了公司的发展计划，说要在北京设立一家新公司，询问他的看法。他见时机成熟，就提出了自己两年前就有的建议。老总听了很感兴趣。不过，在业务方向上陈立新的见解与老总有所不同。他向老总表示最好不要涉足网站业务，专搞设备。老总不明白，感到意外，请他说说理由。

他说，您对当年美国西部大淘金的故事一定不陌生。在那场疯狂的淘金热中，真正发财的微乎其微，给淘金者提供‘工具’的人大都发财了。如今网站热只是淘金者，他们是在‘烧钱’！而我们网络设备供应商则是给淘金者提供‘工具’的人，肯定可以稳稳地赚钱！

老板听罢双手一合，说：“妙，比喻得好！”老总由此发现了一个难得的人才。一个月后，陈立新被任命为北京公司总经理。他走马上任了，从此独当一面，他的聪明才智得到了空前的释放。仅仅一年后，他就创造了 1 个多亿的产值，事业也走上快车道。

俗话说，千军易得，一将难求。对于人才不惜重金，委以重任，著名大公司的用人之道和重视人才的理念，值得我们重视和深思。一句话，企业的发展有赖于重用人才，而发现和吸纳人才，需要领导的慧眼、决心和巨大投入。

» 帮下属找到自己

从领导的角度看，对下属的最大关心和帮助，莫过于让下属认识自己、找到自己了。成功人士王树彤就有过这样的经历。1993年，她拿着一纸招聘广告走进了微软（中国）公司。她的第一个老板来自台湾。这位老板对下属极严，甚至不通情理，从不顾及面子，动辄对员工就是一顿暴训。如果想让你去组织一个活动，老板也会板着面孔："没办法，蜀中无大将，廖化做先锋——这种事情就由你去搞吧！"这样的话，显然会让人感到憋气，受不了。更糟糕的是，当时，大陆职员在外企公司里极少有升迁的机会，即使你干得很出色。所以，不少人私底下都心怀怨言，看不到希望。王树彤也不例外，她感到压抑，自信不足。可是后来台湾老板的一席话，使她悟出了其中的道理，转变了自己的心态。那是一次会议上，老板说了这样一段话：当初在台湾，日本人是高人一等的，几乎每一家大公司里，都是清一色的日本总裁、日本主管，台湾本土的人，只能当俯首听命的职员。那时，我们没有抱怨，我们的信念是：卧薪尝胆、脚踏实地去学习，自信自强起来。你们看，今天在台湾，哪里还有日本人的天下？台湾有许多企业，都可以跟国际上著名的大公司同台竞技。现在这些台湾公司里，如果还有日本人的话，最多也就是个高级白领，为台湾人打工……

听了这席话，王树彤有一种醍醐灌顶的感觉。从那以后，她获得了一种力量，不再抱怨，却总能以一种积极、乐观的心态，投入到工作中去。开始了自己的卧薪尝胆、自强不息的奋斗。一周七天，每天她都要工作到夜里12点以后；每一个工作，她都要努力做到尽善尽美，了无遗憾；公司里为职员提供的培训和进修的机会，更是从不放弃……她如此自信自强，一路狂奔的结果是，在两年后她成了一起进入微软的职员中第一个被提拔的人——出任微软（中国）市场部和事业发展部的经理。

你看，她的成功就得益于那位老总的一席话，让她认识到事业的成功和做人的尊严，不能指望别人恩赐，要懂得向自己要，靠自己争取，一句话，要发现自己找到自己，让自己主宰自己的命运。

从领导的角度看，任何领导者都应意识到，对下属的帮助，绝不是仅仅传授给他们一些经验本领，或方法技巧就够了，最根本的是让下属解放思想，认识自己，找到发动自己的钥匙。下属一旦找到了自己，就等于装了一部马达，从而获得无穷无尽的动力。进而言之，在激发下属自信心的时候，领导者还应像那位老板那样想想办法，巧妙地让下属悟出其中的道理，从根本上认识自己的力量，彻底摆脱自卑，真正自信起来。

1994 年 5 月，世界著名指挥家小泽征尔到辽宁交响乐团指挥演出。经初步接触，他对乐团的表现并不满意。于是，他从抓基础开始，进行个人演奏过关训练，他在现场逐一指挥练习。沈慧执第一把小提琴，小泽征尔对她要求很严，一次次要她试拉，给予纠正，她还是过不了关，压力很大。最后她失声地哭了，说："大师，对不起，您另选人吧，我不行。"

大家都以为大师会发火，可是他却十分平静，和悦地说："你行，只差一点点。请再来一次。"

当她拉完一遍，大师捋起头发："谢谢，请再来一次好吗?"

在他的启发诱导下，她的自信心和潜力被开发出来，很快过关了。大师也累得大口喘息，对大家笑着说："你们都行，谁也没有理由泄气!"他挥动着指挥棒，教大家一起大声喊道："我们行!"

就这样，全团闯过了难关，成为一个高水平交响乐团，演出获得极大成功。

在这里，我们看到了指挥大师的良苦用心。他不是在细枝末节上教大家如何提高，而是从根本上激发大家的自信心，让大家认识自己，建立强烈的自信。显然，他抓住了问题的关键，因而产生了事半功倍的效果。

总之，善于激发下属的自信心，让他们认识自己，找到自己，这既是一种领导职责，也是一条培养人才的要则。

» 给下属注入自信

对于青年来说，拥有自信是他们走向成功的起点，没有自信就会失去前进的动力。然而，青年人在起步之初往往会遇到各种各样的困难、挫折，使他们变得很不自信，失去锐气，畏首畏尾。在这种情况下，周围的人们，特别是领导者应该伸出援手，帮助他们建立起自信。从某种意义上说，这是对他们最大的帮助。

有一名女大学毕业生怀着雄心壮志找工作，到一家保健品公司应聘促销员，很快顺利通过面试。经过培训，她上岗了。她的促销点就设在商场的大门口。那里客流量很大，她想作出点成绩来。

可是，她第一次站在公共场合，面对这么多人，感觉浑身不自在，怎么也张不开口，就是叫出来几句也是底气不足，引不起人们注意。整整一上午，她连一盒产品也没有卖出去。她不免有一点灰心。下午又是如此，她开始怀疑自己的能力，以为自己不是干推销的料，她不那么自信了，她想这份工作还要不要干下去。

就在要下班的时候，来了一位中年人，说想买一些保健品送老人，不知买哪种好。她一听，马上来了精神。她多了一个心眼，并不急于向他推销本公司的产品，而是先问他老人的一些情况，然后有针对性地介绍产品优点。最后，对方问她卖出去了没有，她不好意思地摇摇头，说还没有。对方说："那好，我买一盒，总不能让你今天吃'鸭蛋'吧!"

她很高兴，心想今天终于卖出了一盒。她从心里感谢他，因为他让自己觉得自己还行，总算没有吃"鸭蛋"。

对方鼓励她说："胆子大点，你会很出色的。"

有了这个良好起点，在接下去的日子里，她的确越干越出色，销售业绩比别人高出许多。

后来，在一次公司的表彰会上，她发现那个第一次买她产品的中年人竟然坐在台上，原来他是公司的总经理。她突然明白了领导的良苦用心。她从心底感谢这位总经理给了自己自信，自己才走上了成功之路。不久经过一番努力，她走上了部门经理的岗位。

在这里，别看总经理只是买了一盒产品，可是其作用是巨大的。很显然，他并不一定需要那种物品，但是他却通过这种举动，帮助下属创造出第一次成功，从而给新员工注入了可贵的自信心。试想，如果总经理当时没有这样做，对方第一天的成绩肯定是一个“鸭蛋”，她很可能因此而失去自信，从此一蹶不振，不再喜欢那份工作，自然也就没有后来的业绩了。

我们还看到，这位总经理又是很有心计的，他在帮助下属树立自信的时候，并不暴露自己的身份，而是以普通顾客的身份去做这件事，从而产生了积极的效果。这样做，使对方以为是自己的宣传起了作用，是自己努力的结果，觉得“自己还行”，自信心便油然而生。

如此看来，善于给下属注入自信心，不仅体现着领导的责任感，而且需要讲究方式方法才能奏效。

» 敢给下属“压担子”

笔者有位同事移民新加坡，不到一年时间就作出了骄人的业绩。说实在的，在原单位时，其文字基础和写作水平并不是最佳的。但是，在新加坡这个全新环境中却发生了变化。那是他应聘到一家公司打工，老板见他是中文系毕业生，又从事过写作教学，就分配他一个人去创办一份企业杂志。从未办过刊物的他，在极大压力下走马上任，集采、编、校、发行于一身，他只有玩命工作，在工作中学习，从门外汉到精通，一年之中竟然出了4期，备受老板赞赏。当我们看到他主办的刊物时，不禁眼睛一亮，那刊物封面设计新颖，内容图文并茂，很有行业特色。我们顿有“士别三日，当刮目相看”之感。

同样一个人，仅仅换了一个环境怎么就变成了能人、强人？问及体会，他说："这也是逼上梁山。得感谢那位老板。在国内，无论如何不会有人叫我一人办一份杂志。在那里，担子压在肩上，为了生存为了发展，不能干也得能干！本事是逼出来的。"

的确如此。如果上司没把这个任务交给他，如果他没有那样的压力，也许今天的他还是昨天的他。看来，一个人的潜能是巨大的，而要把这种潜能释放出来，变成现实的能力又是需要一定客观条件的。来自外界的尤其是上司的压力，则是必不可少的重要条件，或诱因。领导给下属压担子，起码有以下两个作用。

其一，能调动下属的工作积极性。给下属压担子最能体现领导对下属的高度信任。对于下属来说，再没有比领导的信任更能激发他们的积极性和工作热情的了。俗话说，士为知己者死。下属每每会因被领导器重而从内心产生知遇之恩，从而越发信任领导，更加爱岗敬业，加倍努力，不怕苦不怕累，把工作做得出类拔萃。

其二，能激发下属的聪明才智。一般说来，领导压担子交重任，常常出乎下属预期，自感能力与使命不相称。下属面对重大使命必然自感压力巨大，一方面压力会变成动力，必欲使自己进入非常状态；另一方面又会开动脑子，想方设法，发挥聪明才智，不断学习钻研，创造性地完成工作任务，使潜在能量释放出来，迸发出灿烂的智慧火花，干出前所未有的奇迹，让人刮目相看。

然而在现实中，有些领导对于压担子的意义缺乏足够的认识，缺乏勇气和胆量。常听一些单位领导这样说：某某水平一般，不敢把工作交给他去做，锻炼几年再说吧！如此看来，敢不敢给下属压担子，首先要解决思想认识问题。领导者要充分相信下级，相信下级的能力，不要以为下属没有做过的就一定难以做好，就不敢叫他去做。这是形而上学。其实，事情总要有第一次。领导应有这个气魄，有这个胆量，要敢于把重要工作交给没有做过这类事情的下属去做。尽管这里有一定风险，但为了事业的发展，为了培养人才，就要下这个决心。要相信实践出真知、实践出人才的道理，要敢于给他们一个表现自己才能的舞台。

当然，给下级压担子绝不是心血来潮，盲目行事。如果对下属能力缺乏基本了解就委以重任，那当然不足取。但是，在对下属基本情况和经历有所把握的前提下，就要有勇气把高于其直观才能的事情压给他去做，让他去挑大梁，独当一面。领导一旦下决心要下属去做某项工作，不管他愿意不愿意，喜欢不喜欢，都要叫他做到底，绝不能因为下属叫苦、推辞，而有所动摇。从某种意义上说，这也是“用人不疑，疑人不用”。这样做，有利于形成对下属的某种压力，进而变成前进的动力。在可能的情况下，还要加大压力，不但交代任务，而且还要提出较高的标准要求，把下级“逼上梁山”，让他们感到自己必须做好，完不成任务就交不了差。只有这样才可能在下属心理上保持足够的压力，使他们动脑筋，想办法，努力钻研，早出成果。

总之，从一定意义上说，人才是逼出来的。领导敢于压担子，“赶鸭子上架”，在实践中精心培养人才，很可能会让“鸭子”变成展翅高飞的天鹅呢！

» 懂得释放下属的潜能

作为领导者不可能万事通，但只要懂得释放别人的潜力，发挥他人的积极性、创造性，就能作出成绩来，就是一个好领导。

世界著名的惠普公司首席执行官卡莉在清华演讲时说：“我认为，一个领导能够带来最大的品质就是有愿望、有能力释放别人的潜力。”又说，作为领导“你必须知道你知道什么东西，你也必须知道你不知道什么东西……我不理解怎么制造技术，但是我知道怎么使用技术。我知道惠普公司有很多人知道怎么制造技术，我没有必要作出这个特别的贡献制造技术。我的贡献是要释放惠普的潜力，而且释放人的潜力”。

她的经验之谈值得我们思考。首先，作为领导者，既要有自知之明，也要有知他之明。为此，就要做到“两个知道”：一是知道自己能干什么，不能干什么；二是知道别人的优点是什么，自己的不足是什么。知道了这些，人们就会变得清醒明智，懂得工作重心在哪里，劲儿应该往哪儿用，尤其懂得最大限度地释放他人的潜力。有些领导不是这样，他们看人看己是若明若暗，甚至“看自己一朵花，看别人豆腐渣”，这就戴上了有色眼镜，结果是既不知道，也没能力去释放他人的潜力。对于他们来说，还是多一些自省，多看看自己不知道什么，多看看人家的优点，这样上下级之间就会形成一种互补关系；知道自己在哪些方面不如他人，就会自觉把释放别人的潜力当成一种需要、一种意愿。那时势必会以欣赏目光看别人，并千方百计地创造条件释放别人的潜力，把工作做出色。

其次，要敢于给下属委以重任，给他们更大的空间。这是释放别人潜力的关键。作为领导者要敢于给有能力的人一个表现的舞台，要给他肩上压担子，既给他职责，也给他权力。这是激发下属积极性的有效方法。下属会因为领导的知遇之恩和充分信任而倾尽全力去做工作，创造不凡的业绩。有个青年干部性格腼腆，不愿抛头露面，一说话就脸红，更不要说在大庭广众面前演讲了。可是，有一次上级组织演讲活动，领导要他代表单位参加，还要他拿名次。他一听就急了，说我没有演讲的细胞，讲不了。领导坚持说：“演讲细胞是可以培养的，我看你行，你能讲好。”而且给他时间，给他材料，叫他好好准备。他推不掉，只得硬着头皮上阵。从那天起，他下功夫查资料，写讲稿，看演讲电视片，研究演讲技巧，又请人指导，做得极其认真。正式演讲时，他发挥得十分出色，获得了二等奖。连他自己也不相信能取得这样的好成绩。他说，没想到我还有这方面的潜能，要不是领导硬是“赶鸭子上架”，恐怕我这辈子也不会登上讲台的。此后，他不但喜欢上了演讲，而且心理素质得到锻炼，性格也变得开朗起来，成了单位的骨干。很显然，他演讲的成功与领导的信任和放手是分不开的。

最后，关心部属，创造和谐氛围。事实表明，领导者有意加强与下属的情感维系，创造令人愉快的工作环境，必然有助于激发人们的工作热情和创造性，大大提高工作效率。唐骏身兼微软全球技术中心总裁、微软（中国）总裁、上海微软总裁三个要职，他还获得过中国管理学会颁发的“中华十大管理英才”称号。当年他到上海组建新公司时，微软总部要求很高，只允许他带4个外籍经理去，一年之后他必须把他们放回美国，留下唐骏一人撑起上海的工作。他在主持这家公司时，听取了夫人的意见，对下属像对女儿那样，把公司照好家庭的样子去管理。他用了很多心思做情感联络方面的工作。他能叫得出所有员工的名字，能说出他们包括大学、老家、业余爱好等情况。当员工试用期结束时，他再忙也要抽出时间发E-mail表示祝贺。员工个人的许多事情，也由公司代劳，如水电费缴纳，公司花钱请水电部门上门来收。员工有亲戚来，公司花150元请服务公司去接站。他们经常集体到歌厅、舞厅、酒吧去娱乐，每一次公司开晚会，他总有一首最喜爱的保留曲目《爱如潮水》。一年后，他的公司就扩大了10倍，形成400人的团队。由于他的情感式管理，大大提高了企业的凝聚力，调动了员工的积极性和创造性，为公司创造出巨大的经济效益。

上述事例生动地说明，领导懂得并善于释放别人的潜力，工作就会事半功倍。这大概就是有自知之明又有领导艺术的领导者与孤芳自赏又辛辛苦苦的领导者之间的最大不同。

» 基层领导更应爱惜人才

说到发现、爱护、培养人才，人们往往首先想到上级领导和主管部门，而对基层领导在这方面的作用和责任似乎认识不足。

纵观人才的出现，一鸣惊人的并不多，大都有一个起步、发展、成才的过程。他们在成功、成名之前，通常供职于一个基层单位，此时他们的才华也许并不出众，只是萌芽端倪，如“小荷才露尖尖角”一般，需要有人独具慧眼，发现肯定，并给以支持和帮助，推荐提携，才可能脱颖而出，长成大树。再从另一个角度来看，人才在幼芽时期又是十分脆弱的，如果有人帮一把，他就成长起来，成功了；如果压抑一下，他就可能夭折，成不了气候。一句话，人才之初对于客观环境条件的依赖性较强，而在诸多客观条件中，人才所直接面对的基层领导的思想水平、态度做法则带有决定意义，甚至从某种意义上说，人才能不能及早脱颖而出，命运就掌握在基层领导的手里。

某部指导员郑海就是一位爱才的基层领导。每当新兵到来时，他都会了解他们有什么特长，有针对性地给予帮助，帮助他们把才华释放出来。这一年他了解到新兵解方入伍前曾在家乡小报上发表过“豆腐块”文章时，便兴奋地说：“好，小秀才，好好干，部队需要你这样的人才。”第二天就送来了一叠书刊和稿纸。小解要付钱时，他不收，说：“你攒着再买些好书，多看书，多写作，不断提高。”小解很是感动，从此就在训练之余写稿子，报道本连的好人好事。指导员还关照新兵排长可以给他免一些公差勤务，多给他时间，让他专心致志地写稿。两个月下来，他写了十几篇稿发出去，可是都石沉大海，一篇也没发表。他蔫了，思想压力很大，无精打采的，不想再写了。指导员知道后，并没有责怪他，而是找来一块黑板，并命令他：“把你的作品登上去，不变铅字咱先变成粉笔字，别让它浪费了！”小解心里一阵热乎乎，又有了一股动力，下决心百折不挠，坚持写下去。有时指导员还给他提供素材，和他一起讨论稿子的写法，他的写作水平不断提高，终于有一篇文章见了报。这对他的鼓舞很大，此后不断有稿件在各种报刊上发表。两年后，他写的小说引起领导重视，调他到上级机关专门从事创作，再后来他成了作家。他成名之后，总是想着自己起步时的指导员。他说：“没有指导员的支持帮助，就没有我的今天！”

的确，这位战士是幸运的，他起步之初就遇到了一位爱惜人才的领导。试想，如果没有连队指导员的爱才之心和鼎力支持、帮助，这棵写作幼苗怕是很难成长起来。在现实生活中，有些基层领导缺乏爱才育才的责任感。他们不但对崭露头角的人才不予支持，而且还以种种理由人为设置障碍，有意无意地压抑人才的成长。这方面的教训实在不少。我国著名的年轻发明家周林在成名之前就遇到过这样的待遇。当他还是20多岁的毛头小伙子的时候，就发明了冻疮机、呼吸疾病治疗机、WS综合治疗仪等。可是基层单位领导并不是人人都对他理解和支持，有的领导甚至以制度来卡他，曾停发他22个月的工资，并对他发出开除党籍和公职的威胁，使他一度陷入困境。好在他有执着的追求，知难而进，没有退缩。后来在上级领导的干预下他的境遇才得到改善，成为享誉海内外的著名发明家。

从上述事例不难看出，基层干部对于发现人才、培养人才的确具有十分特殊而重要的作用和意义。笔者以为，作为基层干部在发现人才、培养人才方面应做更多的工作，努力为人才成长创造一个理想环境。

1. 要提高思想认识，树立强烈的人才意识和责任感。首先，基层领导应从思想上真正认识到，发现、培养人才是自己义不容辞的责任，当成分内之事，还要有大公无私的精神和宽阔的胸怀。大凡人才通常在某一方面会有高于一般人的才能和表现，甚至在基层领导者之上，其发展的势头可能超过领导，前途远大。在这种情况下，如果基层领导没有宽广的胸怀和无私的思想是很难容忍人才在自己面前出现并超过自己的。在现实生活中，就有一些基层领导看到下属才干高于自己，其发展对自己构成威胁时，便产生嫉妒心理，不惜利用手中权力压抑人才成长，不叫他们露头。所以，我们说基层领导树立大公无私精神，让人才超越自己，是为人才创造理想成长环境的关键。

其次，人才意识还表现在善于识别人才，发现人才的敏锐眼光上。有些基层领导也爱才，可是他们却看不到自己身边有人才。他们有一个错觉，以为人才必须是出类拔萃的。他们用这个高不可攀的标准来衡量人，结果很难看到本单位有什么人才。其实，人才是一个相对的有伸缩性的概念，而且人才又有一个变化发展的过程。人才之初未必就是出类拔萃、十分耀眼的，往往只是在某一方面比别人强一点。因此，基层领导应该调整自己的眼光，不要用一把固定尺子来衡量，要懂得从差异之处去发展人才的潜力，认定他们的素质，用敏锐的目光去关注下属的优点、特长，从细微处识别人才，为初露端倪的人才创造必要的条件。这种先见之明才是最可贵的。

此外，对人才过分苛求也易于压抑人才。要知道人才不是完人，而且人才往往有这样或那样的毛病，有时甚至和领导很不合调，还有点傲气，对领导不太尊重。在这种情况下，基层领导应以宽容态度对待，不要过分计较，更不能嫌弃他们。这才是对待人才的正确态度和做法。

2. 在自己力所能及的范围内，给人才创造必要的成长环境。首先，基层单位的条件一般较为艰苦，在物质上难以满足人才发展的需求。那么，基层领导就应在自己力所能及的情况下，尽量为他们创造必要条件和机会，使其才能得以发挥、发展。这种支持帮助可以是多方面的：思想上的鼓励、时间上的照顾、物质上的帮助、实践机会的提供、学术上的指点等。不管哪方面的帮助都将对人才成长带来助益，甚至可能产生意想不到的激励和推动作用。比如，有的基层领导在自己的管辖范围内把擅长于文艺、书法、绘画、体育、电脑、外语等方面的人才组织起来，结合本单位工作，围绕中心任务开展活动，让他们发挥特长，能唱能跳的在晚会上唱跳，能画能写的办黑板报，有球类专长的人在体育比赛中大显身手，不但活跃了本单位的业余文化生活，而且使有特长的人各显神通，表现和提高自己的才能。这本身就体现了领导者对人才的支持和帮助的态度。

其次，当客观条件、制度与人才成长发生矛盾的时候，领导能承担责任，想方设法，采取变通措施，为人才创造条件，这就更是难能可贵的了。如某车间主任，发现一个青工爱好钻研，是个人才，就把他安排到技改小组，给他房间设备，交给他革新项目，叫他攻关，他的积极性更高了，不久就搞出了成果，有的成果还申请了专利。后来因成果突出，这个青工被破格晋升为工程师。

当然，有时基层领导者对于人才研究的具体内容可能不甚了了，但是他们的热情帮助和思想指导，却是十分有价值的，足以给人才以巨大的精神动力。比如，有的基层领导就是这样，当人才作出成绩时，及时给予表扬、鼓励；当遇到困难要退缩时，又及时给予批评，进行思想引导，激励他们百折不挠，振奋起来，勇往直前。总之，只要是来自领导方面的正面的支持帮助，对人才的成长都将产生不可估量的推动作用。

3. 用自己的双手托起人才，让他们展翅高飞。在对待人才的问题上，基层领导还应克服本位主义思想。有些基层领导也注意培养人才，但是他们的目的仅仅是为了本单位工作，为了自己用着方便，或能为本单位增光，并不想叫他们远走高飞。一旦人才要外流时，这些领导又会一反常态由帮助支持变为设置障碍。显然，这种做法是不利于人才成长的。

明智的基层领导不仅仅在本单位小圈子里叫人才施展才华，而且还想方设法把真正的人才推出去，让小苗长成大树，使他们成为社会的财富、耀眼的新星。比如，有个单位有一位青工有唱歌方面的天赋，基层领导不仅叫他在本单位表演，而且出资叫他到外面参加培训。当电视台组织业余歌手大赛的时候，领导主动为他联系，派车送他参加，给他假期，使他安心练习参赛。结果他在大赛中夺了名次，在全省出了名。后来被文艺团体录用了，领导又欢送他。这个基层单位的领导能持这种态度对待人才是很难得的。

当然，人才飞走了，对本单位来说是一个损失，可是，从全局和本人来说却是一个贡献。更何况人才是不断出现的，一茬人才飞走了，还可以再发现和培养新人。进而言之，很多有成就的人才，在他们成名之后，往往十分感激当初发现自己，并给予关照的基层干部、启蒙老师，对他们终身不忘。仅就这一点而言，爱惜人才，推荐人才的基层领导也应感到高兴和欣慰。

» 信任是最大的激励

对于下属而言，再没有比得到领导的信任更感到欣慰和鼓舞的了。反过来说，领导对下属的信任所产生的激励作用是其他任何方式都不能替代的。从一定意义上看，这是赢得下属爱戴，发动下属积极性，使之全力做好工作，有所创新的重要杠杆和推动力。

一般说来，在正常情况下领导者给予下属信任并不难做到，问题是在一些特殊情况下，有些领导就可能犹豫，不那么坚定了。然而，恰恰在此时领导对下属的充分信任，更有意义，更难能可贵。这些特殊情况如下。

1. 对刚上任的新成员敢于充分信任。一般说来，领导对自己比较熟悉的下属给予信任是情理中的事情，但是对于新加盟的成员了解不深，很难给予100%信任，更不敢把重要工作交给他们去做。常听有些领导这样说：某某刚来，不摸底，不敢叫他挑重担，锻炼几年再说吧。这种从不信任到信任的过程是常规做法，可以理解，但从激励和调动下属积极性的角度看，这种方法并不可取。如果领导有胆识，从一开始就给新成员出乎意料的信任，就可能产生神奇的激发力量，把对方的积极性充分调动起来。俗话说："士为知己者死。"当领导给新成员高度信任，把重要任务交给他们做时，新成员会因得到意外的器重而产生知遇之恩，必然越发靠近领导，更加爱岗敬业，加倍努力工作，发挥自己的聪明才智和创造性，把工作做得出类拔萃。

也许这样做会有一定风险，但是为了事业发展，为了培养人才，领导者应下决心敢于给新成员一个"惊喜"，把他们尽早推到能施展才能的舞台上去。某广告公司新招来一名大学毕业生，上班第一天，他准备先熟悉情况，而后再担负重要工作。可是他没有想到，总经理见到他的第一面并没有客套话，而是下达任务，让他去见一位客户单独去谈一笔生意，独当一面完成广告制作。他感到十分突然，十分激动，有些诚惶诚恐，但是从内心感到这位领导与众不同，虽说压力不轻，可是在信任力量驱动下，他立即全身心投入工作中，出色完成了任务，很快表现出自己的才能，成为公司的业务骨干。事后，他问老总为什么一见面就这样安排，老总说："为什么不呢？既然录用你，我就信任你。用人不疑，疑人不用嘛！"实践证明，这种不经考验就赋予信任的做法有极大的激励作用。

2. 对出现失误的下属仍然不失信任。对于作出成绩的下属给予信任是顺理成章的事情，可是对发生失误的下属再给予信任就不那么容易了。然而，在这种情况下领导不失信任却有着特殊的意义和作用。事实上，谁都不愿意出现失误，如果一有失误，领导就责怪下属，收回对他们的信任，那对下属的打击就会很大，而且显得领导过于武断，少气度，很可能因此失去人心，失去人才。明智的领导面对下属失误时，通常表现得十分理智，他们不是首先追究下属的责任，而是分析造成失败的主客观原因。如果是客观原因导致失误，那么就必须不打折扣地继续给予信任；如果是主观原因导致失误，也要加以分析和区别，看是属于工作作风不深入，决策判断失误，还是思想品德问题所致。如此分清主次，弄清原因，再作出恰当处理。只要不是品质问题，失职渎职，能力不足，就不应对下属失去信任，要允许下属犯错误，并给他们改正错误的机会。这样一来，下属必将理解领导的用心，并进行深刻反思，更快地成熟成长起来。在领导宽容和信任的目光里，下属绝不会在同一块石头上摔倒两次。

3. 当下属与自己意见相左时照样给予信任。一般说来，当下属与领导意见完全一致时，领导会表现出高度信任。然而，在一些问题上，下属可能有自己的看法，与领导意见不一致，甚至距离很大，这时领导对下属的信任就面临着考验。有些领导者心胸狭窄，唯我独尊，不允许下属与自己意见不一致，否则就以为他们有二心，就不再信任。显然，这种态度是错误的。其实，下属与上司意见不一致，并不一定是坏事。有时可能领导意见不正确，下属敢于提出来，这是一种积极态度，说明下属是正直的，有独立见解，领导应该欣赏他们，重用他们。有时，下属对职权范围内的情况比领导更熟悉，提出一些意见主张与领导不一样，领导不要轻易否定，最好请下属申诉理由，并听取多方面的意见，对于有创新意义的意见，应给予支持，并高兴地放弃自己的意见。总之，只要下属是出于公心，即使意见与自己不一致，也要信任他们。这样处理不同意见，说明领导有胸怀，有气量，更能赢得下属的敬重。

4. 当下属遭遇风言风语时依然给予信任。有时，对下属的工作或作风问题可能有风言风语传来，对此领导应引起重视。但是，不能听风就是雨，怀疑下属的为人和能力。一般说来，风言风语也有两种情况：一是下属真有问题，这要认真调查，设法查实，但在没有真凭实据之前，依然要给予信任；二是下属工作方法不当，得罪人，或工作出色而被人嫉妒。对此，领导则应提醒下属注意工作方法，支持他们工作。越是在这种情况下，领导的信任越有价值，下属会在领导的支持、信任和鼓励下，把工作做得更好。

综上所述，如果领导在特殊时刻能把信任的杠杆用到位，其激励作用将是很大的。正是从这个意义上看，善于信任也是一种领导艺术。

» 为下属留足发展空间

近闻一位年轻有为的好友从一家工作环境颇佳、收入亦丰的公司“跳槽”了。问其缘由，他感慨地说：“在那儿工作缺少自我发展的空间。说实话，工作很轻松，领导把每一件事都安排好了，你用不着动什么脑子，只要照着去做，就是一个好下属。可是，我受不了，在这样保姆式的领导手下工作，难长出息！”听了他的理由，始而感到不成理由，继而想来也觉得不无道理。联想到有些单位领导自己辛辛苦苦，兢兢业业，把手下的工作安排得细而又细，下属没有一点自主余地的情形，不免感到给下属留出一定的发展空间，的确是一个值得重视的问题。对于那些自我发展意识很强的年轻下属来说，尤其如此。

为下属留足发展空间，起码有这样几条好处：一是有利于调动下属的积极性和创造性，群策群力，把工作做得有声有色，更富有活力；二是有利于赢得下属对领导由衷的尊敬之情，上下关系和谐，同心协力，合作共事；三是有利于培养人才，使下属在实践中增长才干，迅速成长起来；四是有利于领导者克服忙乱现象，从具体事务中解脱出来，把主要精力放在宏观指导和抓落实上。总之，这样做，于人于己于工作都是大有益处的。

那么，作为领导者如何才能为下属留下一定的发展空间呢？

1. 在思想认识上，要充分相信下属的积极性和创造力。有些领导之所以对下属管得太死，从表现上看是领导方法问题，实际上却反映了他们思想认识上的片面性。他们过分相信自己，而对下属缺乏足够的信任，特别是对一些年轻的下属，总觉得他们“嘴上没毛，办事不牢”，因此，事事由自己来包办，不敢把工作完全交给下属去做。

开明的领导者应真正相信下属的创造力，并充分信任他们。要知道，没有比给予充分的信任更能调动下属的积极性了。也可以说，信任是最有效的激励方式。领导者越是信任下属，下属的责任感、积极性就越强，潜能就会发挥得越充分。有了这种信赖，就从思想感情上把领导和下属的心联系在一起。在这种状态和氛围中，领导只要把工作方针、原则交代清楚了，下属就会创造性地工作，有时可能比领导想得更周到、更细致，做得更出色。

进而言之，领导还负有培养教育下属的职责，为了促使下属成才也应该放心放手叫他们挑大梁，独立地完成任务，在工作实践中锻炼提高。更何况，通常下属都是自己选拔起来的，比较了解，他们的长处、短处都很清楚，只要给他们发展空间，并引导其扬长避短，下属就会十分珍惜这种机会，充分发挥自己的积极性和创造性，出现“海阔凭鱼跃，天高任鸟飞”的局面。

2. 在工作方法上，要留有余地不必包办一切。领导在安排工作时，则应放得开些，不必事事管得太死，要给下属一片天地，由他们自主考虑策划安排。比如说，领导只从宏观上提出工作思路、方向目标、原则要求和标准，至于具体的工作细节、方法、途径等，则放手由下属自己来考虑。这样，下属就可以在领导提供的空间内，充分发挥主动性，想方设法地挖掘自己潜力，独创性地把工作做好，达到并超过领导提出的目标要求。在具体操作上，要注意以下两个问题。

一是研究问题时，领导者一般不要首先定调子，只要时间允许，就要发动下属开拓思路，各抒己见，畅所欲言，多动脑子，把各种想法都摆出来，哪怕是不全面的看法。然后再进行分析比较，下属的意见只要符合基本意图，领导就应加以肯定，给予支持。有时下属提出的意见、方案，可能不合领导的意，切记不要轻易地加以否定。只要其中有可取之处，就要采纳。当然，领导者也要把自己的观点提出来请下属思考，但不强加于人。这样一来，不但可以集思广益，而且下属会感到自己有较大的思维空间，思想会更加活跃，心里有话敢说，工作起来就会心情舒畅。

二是领导者对下属少用命令方式，多用商讨的口吻说话。常常有这种情况，如果领导不听取下属的意见，用命令方式硬往下压工作，下属虽然也执行，但是却少了几分热情。相反，当领导尊重下属的意见，或让下属参与工作任务的设计时，他们就会变得更自觉更主动，甚至可能加班加点也毫无怨言。实践证明，领导给下属的空间越大，下属的责任感就越强，自我动力也就越持久。著名节目主持人杨澜就有这样的体会。她说，部门的领导和编导给主持人特别大的发展空间，“比如《正大综艺》中的词全是自己写的，想说什么就说什么，这种充分发挥的空间我觉得是非常难得的。常听有的主持人埋怨被迫照本宣科，而我的苦恼正好与他们相反，我的空间太大，自己懂的都快掏完了，没有东西再来填补这个空间，就特别苦恼”。你看，领导给了下面发展空间，下面的人反而更有了压力，自然形成了自我发展的动力。

总之，在工作方法上，领导管好大的方向，而把一些具体细节问题交给下属自己处理，这样就把上下两个积极性都调动起来了，工作必然会做得更好。

3. 在实施过程中，给下属必要的引导和检查。领导给下属发展空间，并不是完全放手不管，他们对下属还负有及时引导和检查之责。当下属作出成绩的时候，及时给予表扬、奖励，使下属感到温暖，得到支持，受到鼓舞，进一步焕发更大的积极性。当下属在工作中出现问题、失误时，领导不要过多指责，只要问题的性质并不严重，就不要轻易撤换人。有时还要替下属担责任，保护其积极性，帮助总结经验教训。如此继续给以信任，下属就会加倍努力，吃一堑，长一智，干得更出色。

尊敬的周恩来总理就是这样，他对身边工作人员要求很严格，在具体工作中则给予足够的空间，放手叫他们做。即使下属有时不慎出了问题，他自己总是首先承担责任，同时帮助找出原因，加以纠正，使下属的独立工作能力不断得到提高。比如，20世纪50年代时，周恩来总理率领中国代表团出席日内瓦会议，熊向晖同志以新闻联络官的名义负责新闻办公室工作。代表团出发前周总理就叫下属进行周密的考虑和认真的准备，要大家设想各种可能出现的情况问题，一一提出对策，经过讨论批准做成预案。有了这个准备，下属工作起来就比较主动。可是，首次举行新闻发布会时，出现了一个意外情况：台湾“中央社”驻巴黎记者王家松要求参加，熊向晖警惕台湾制造“两个中国”的阴谋，拒绝了这个要求。显然，他的处理是一次失误。周总理知道后，立即指出错误，并设法补救，事后自己主动承担责任，并叫他们继续放手工作，不要缩手缩脚。这件事对熊向晖教育很深，几十年后还著文谈及此事。周总理这种既给下属足够空间、又积极加以引导的领导艺术是值得各级领导认真学习的。

» 领导要管好秘书

由于工作需要，一些领导配备了专职或兼职秘书。秘书接近领导核心，了解决策内情，地位十分重要，再加上他们与领导朝夕相处，交往密切，易于形成私人之间的特殊关系。这样一来，秘书的权力虽然不大，但是他们的影响力却不小。正因为如此，作为领导者正确使用秘书，恰当处理与秘书的关系，加强对他们的管理和教育就显得特别重要了。

大量事实证明，领导者的精神状态、工作水平、思想作风往往对身边的工作人员，特别是秘书有直接的很大的影响。有人说，秘书是领导的影子，有什么样的领导就有什么样的秘书，这话有一定的道理。一个坚持原则的领导常常带出作风正派的秘书，一个善于思考、作风严谨的领导常常培养出称职的秘书。相反，有些秘书出现问题，与领导者思想作风不正有密切关系，起码他们应负失察，指导不力，或缺乏严格要求之责。因此，领导者一方面应严格要求自己，为人师表，以自己的模范行为对身边人员施加积极、正面影响；另一方面，还应加强对秘书人员的思想指导、作风养成和严格管理。在纠正不正之风的今天，显得尤其必要。

1. 对于秘书的工作职责要严格管理，不使之越权。秘书有秘书的职责，他们是协助领导处理具体事务性工作的，没有参与决策，或替代领导行使职权的资格。因此，作为领导者应严格要求身边的工作人员按职责规定，各行其是，不得越权处理公务。对于秘书的工作职责，要经常给予过问检查，要求他们按照规定，一丝不苟，认真落实。要经常提出要求，对于安排秘书做的工作要有布置有检查，要求他们该请示的必须请示，该汇报的必须汇报，不能从中截流，也不能擅自做主；重要事务必须及时报告，不能拖延不报。这样严格要求，才能培养出坚持原则、工作认真、作风严谨的秘书人员，也才有利于工作的正常开展，避免造成失误。

此外，领导者还应自觉约束自己，防止感情用事，叫秘书去办职责以外的事情，尤其不应叫秘书代替自己处理重要公务。之所以如此，是因为从经验、水平和职责来看，秘书既没有这样的能力，也没有这样的资格去处理，如果随意叫他们去办，不但容易造成职责不清，出现纰漏，而且还会助长他们的特殊化思想和不正之风。假如领导确实脱不开身，不能亲自去处理某项工作时，当然也可以派秘书前往了解情况，但是出发前应把自己的态度、意见交代清楚，回来后叫他们如实汇报，再作定夺。需要指出的是，有些秘书背着领导处理事务这是十分危险的行为。领导者对此应格外警觉，对于秘书以领导的名义发号施令，或打着领导旗号到下属单位办私事的行为要坚决制止。这样才能为下级树立榜样，并在群众中塑造出领导和机关的良好形象。

2. 对秘书的意见要冷静分析，不能言听计从。在决策之前，领导应广泛听取各方面的意见，也包括秘书的意见，但是应更多地关注下情，掌握第一手材料和来自第一线的反映。有些秘书不下去调查研究，仅凭看一些材料，或听了一点汇报，就向领导提出建议，有的意见甚至带着浓厚的个人色彩，难免有一定片面性。如果领导以他们吹的耳边风为依据就匆忙决策，八成要出问题。因此，对秘书的建议领导可以参考，但一定要慎重，绝不能言听计从。

在这个问题上，领导应把私人感情与工作关系严格区分开来，不能混为一谈。秘书常年和自己在一起工作，对自己有很大帮助，彼此之间产生深厚感情是不难理解的。但是如果把感情代替原则，那就不好了。有些领导者耳根太软，过于重感情，对秘书的建议听了就信，立即就办，即使觉得其中有不妥之处，也不好意思驳他们的面子，结果失去了原则。这方面的教训是深刻的，当引以为戒。

3. 对于秘书的思想变化要关心，不能不闻不问。有些领导关注秘书的工作状况多，对他们的思想情况却很少过问，一旦出现问题又大吃一惊。显然，这种倾向需要纠正。一般说来，秘书人员调到领导身边之前大多是比较优秀的人才，思想品质、办事能力都较为出色，到了领导身边之后，由于地位变化及社会风气的影响，如果他们不加强思想修养，就可能发生变化。如果领导对此不闻不问，放任不管，他人又不好介入，在这样“三不管”状态下，秘书人员存在的问题就很难得到纠正，必将越滑越远，甚至陷入泥潭不能自拔。所以，领导应更多地关心部下的思想，对秘书的思想状态多观察了解，经常与他们交心谈心，留心他们的一言一行，及时给予指点，防患于未然，这才是对部下的真正关心和爱护。

比如，有位局领导一度发现秘书上班后无精打采，总打瞌睡，就问他是不是加班了。秘书支支吾吾地说：“没有，只是玩得晚了一点。”这位局领导又从别人那里了解到秘书常与一些不三不四的人吃吃喝喝，炒股票。于是郑重其事地和秘书谈话，严肃指出：“本来与什么人交往是你的事情，可是作为秘书身份与一般人不同，必须检点自己的言行，注意影响。比如，不要到高档的娱乐场所去，夜生活也不能太长，以免影响工作精力。我希望你好自为之。”领导这样严肃地提出问题，使秘书震动很大，认识到问题的严重性，立即改正。后来他的几个哥们儿出了事，进了“局子”，他更感到领导的提醒太及时了，很感激领导。

4. 对于秘书出现的问题要从严处理，不姑息迁就。从关心部下的角度着想，领导者还要注意发现和纠正秘书人员的缺点错误。尤其要抓不良苗头，及时帮助纠正，做到防微杜渐。比如，某局长发现自己的车上装了移动电话，他立即追问是谁叫装的？秘书说：“为了您工作联络方便，我叫下面一家公司装的，这样的小事你就不要管了，别人有意见我顶着。”局长一听，立即把脸拉了下来，说：“这是小事吗？这是搞特权，以权谋私，帮倒忙！马上卸下来，退回去，以后再发现类似的事情，我就处理你！”秘书接受批评，马上照办，后来再未发生这样的问题，办事也更加谨慎了。

如果发现秘书人员有违反原则的现象，更应认真对待，严肃处理，不能以为是自己身边的人员就大事化小、小事化了。比如，有的领导对于秘书替领导收礼，不但令其退回，而且提出严肃批评。再如，有位部长到老朋友处小坐，朋友委婉地说：“你可要看好你身边的人呢！”这句话虽然是轻描淡写说出来的，可是引起了他的高度重视。回去之后立即了解情况，发现秘书假冒自己的名义为一个民营企业担保，让银行贷款数十万元。为此，他大发雷霆，叫秘书立即追回贷款，并令其在机关会议上公开检讨。这样严肃处理的结果不但教育了本人，防止他犯更大的错误，而且对机关和部下也起到震撼作用，维护了领导的形象，赢得了群众信任，领导的威信更高了，机关的风气也更正了。

给唯唯诺诺者亮黄牌

如果仔细观察不难发现，在领导周围总有一些唯唯诺诺的人，他们善于看领导的脸色行事，对领导的意见不管对错总是言必称“是”，很少提不同意见。这些人也许并不坏，但是对工作对事业并无助益，明智的领导者应对这些唯唯诺诺的下属说“不”。

IBM公司的决策人汤姆斯·沃森，在他宏大的帝国里，有至高无上的权力，但他十分注意调动下属的积极性，不喜欢在他面前唯唯诺诺的人。他曾给下属讲了这样一个寓言故事：野鸭子每年冬天都要从北方飞到南方，可是一些北方人因为喜欢鸭子，经常为它们提供食物，于是一些野鸭子贪恋这些食物便留在了北方，于是渐渐地被驯化了，连飞也飞不动了，最后成了家鸭。当人们停止供应食物时，它们就只有死路一条，而那些每年不辞辛苦坚持飞往南方的野鸭子，活得挺好，并且越来越健壮。

他说，人也同样如此，如果一个人只会跟着他人的指挥棒走，他就会失去想象力，失去创造力，失去进取心，同时也就会失去自我生存能力。他说，我需要的是会飞的野鸭子，我需要的是活生生的人，我不希望我周围的人只会对我说“是”，我真的希望推开我的门，大声对我说：“你错了，你应该如何如何。”唯有如此，我才能坐在这把交椅上无后顾之忧。

由于他对下属持这种态度，所以他周围很少有唯唯诺诺的人，相反敢于直言形成风气，有意见直接向他反映，下属的积极性充分调动起来，使企业充满了生机和活力。

从实际情况看，下属对上司唯唯诺诺，除了他们自身人格品质的原因以外，恐怕与上司的处世态度工作方法不无关系。有道是“上有好者，下必甚焉”。有的领导喜欢听顺耳之言，不喜欢听逆耳之言；有的领导霸道专横，不喜欢有人驳自己面子，甚至顺之则昌，逆之则亡。这样一来，下属为了自身的利益就会见风使舵，顺水推舟，逢迎讨好，甚至本来正直的下属也会采取“多一事不如少一事”的态度，那时唯唯诺诺之风就会将上司包围起来。可见，下属的唯唯诺诺，是上司的不良态度造就的，领导喜欢什么人，他身边就多了什么人。因此，要想让下属畅所欲言，敢于直言，上司必须从自己做起。

1. 不要以为自己总是对的。领导者一定要有自知之明，想想“智者千虑，必有一失”的道理，多一些谦虚态度，多一些自以为“非”，就会充分尊重下属的意见，鼓励大家发表不同意见，就会表现出“言者无罪”“闻者足戒”的雅量。那时，关心企业、关心领导、敢于直言者就会多起来。

2. 多想想直言者的动机。有的领导对直言表现出反感态度，问题就出在他们过多看重对方的态度和说法，而没有思考对方的良好动机。其实，下属敢在领导面前发表不同意见，其动机往往是积极的，是一种负责任的表现，是出于对上司对企业的关心和爱护。如果想到这一层，领导对下属的责任感和事业心就会表现出由衷的感激和欢迎态度，而不会对下属的态度耿耿于怀，即使意见不完备，甚至有误差，也不会求全责备。这样一来，就会使直言者受到莫大鼓舞和激励。

3. 要善于控制自己的情绪。听到恭维话喜形于色，对不同意见不高兴，似乎是人之常情。但是作为领导必须防止处理问题情绪化。因为领导的脸色情绪本身就是一种态度、一种语言、一面“导向牌”。他们必须学会情绪控制，不妨“反其道而行之”，对于逢迎者拉长脸，甚至给予批评，亮明原则态度，使他们感到压力；对于敢于直言者多一点笑容，给一点鼓励。这样下属就会放开胆子，说出自己的想法。长此以往，领导身边唯唯诺诺、毫无建树、不思进取、顺杆爬的人就少了，畅所欲言者就会多起来。

4. 不要把自己的面子看得太重。领导应更多地从自己的使命职责、集体利益等更高境界出发考虑问题，让个人面子和不良情绪服从这个大目标。如此权衡利弊得失，自己的胸怀和气度才会大起来，并能正确对待不同声音，更加看重下属意见的价值，作出正确的选择。

总之，为了事业的兴旺发达，领导者必须向唯唯诺诺者亮“黄牌”，给有责任心的敢于直言的下属开“绿灯”。

» 对下属批评的忌讳

作为领导者对于下属的失职、失误给予批评，甚至严厉批评是十分必要的。这不仅是搞好工作的需要，也是一种关心爱护。下属会领会领导的用心，自觉改正自己的问题，努力做好工作。但是，当领导的批评有失公允，过分失当，超出下属可以承受的范围时，也会引起下属反感，形成隔阂，甚至出现矛盾对抗，那就适得其反了。

因此，领导者必须注意批评的内容和方法，努力避免一切不当的批评。具体说来，以下几种批评是有害的，应当杜绝。

1. 严重不实的批评。领导在实施批评之前，一定要仔细调查研究，搞清事实，不能捕风捉影，听风就是雨。有的领导对问题调查不细，没有掌握事实的全部真相就急于提出批评，结果造成无中生有，或张冠李戴，引起下属反感。比如，一天某单位几个小青年上街酗酒滋事，影响很不好。领导对此事十分恼火，在大会上公开点名提出批评。可是，他点名批评的人中有一个人并未参与，只是碰巧路过，和酗酒的人一起回来了，也被点名曝了光。这个青年非常不满，当场站起来说："那天我并未喝酒，只是偶然路过和他们一起回来的，您可以调查。我以为，领导批评人最好先搞搞清楚！"他的发言引起一阵议论，领导十分难堪。这次批评不但没有收到预期效果，而且影响了干群关系，还有损于领导者自身的威信。

2. 以偏概全的批评。领导在批评下属时，需要使用定性语言就事论理，进行警示。但是，评价要恰如其分，全面公正。如果分寸把握不当，或过分上纲上线，下属同样难以接受。比如，下属出现失误本来是由多方面原因造成的，而领导批评时却把全部责任推到下属身上，他们就会感到委屈、不满，加以申辩，甚至出现顶牛现象，这样就抵消了批评效果。

表现在批评的措辞上，有的领导喜欢夸大其词，响鼓重锤，以为这样才能触动被批评者的痛处，促其改正。其用意也许并不坏，可是后果却往往不好。比如，有一个机关干事想调动工作，主任不同意。此后，这个干事在起草一个工作计划时把一个数据漏掉了，主任很不满意，在总结会上批评说："你这个同志工作一贯不安心，总想跳槽攀高枝，这样心猿意马能不出差错吗？往轻里说，这是作风不细；往重里说，是不是消极对抗领导呀?！你要注意呢！"显然，这位领导把问题夸大了，性质升级了。这个干事哪里受得了，从此背上思想包袱，终日郁郁寡欢，工作打不起精神来，一连递上了五份请调报告，坚决要求调离。你看，领导者以偏概全的批评是很难让人服气的，只能事与愿违。

3. 喋喋不休的批评。对于领导的批评，下属通常十分在意，不会当成耳旁风。特别是脸皮薄、自尊心强的下属更是如此，只要领导点一下，他们心里就会十分紧张，立即反省自己，并下决心改正。所以，有心计的领导对下属的批评往往是点到为止，恰到好处。可是，也有些领导喜欢“响鼓重锤”，而且是连续敲击，不管对什么问题，批评起来没完没了，这次会议批了，下次会议又批，生怕下属不认识问题，不接受教训。如此反复实施强刺激，势必使下属感到过分紧张，压力过大，甚至引起逆反心理，认为领导“小题大做”，别有用心，进而“豁出去”“破罐子破摔”。因此，除非重大问题需要着重强调以外，对于一般问题一定要把握好批评的强度和频率，最好点到为止，见好就收，以追求最佳批评效果。

4. 有辱人格的批评。人格尊严对每个人来说都如同生命一样不可侵犯。不管在什么时候，领导都应照顾下属的面子。然而，有些领导常常忽视这个问题，在实施批评时，他们有意无意地把锋芒指向下属的人格，甚至以粗暴谩骂方式羞辱下属。这样的批评即使事实确凿无误，下属也会因为人格受辱而不甘忍受，奋起对抗。比如，有一位领导在批评下属工作不细问题时，说：“你真蠢啊，我说过你多少次了，为什么不改，你长着个猪脑子？再出问题，我撤你的职！”对方被批得面红耳赤，一下子站起来，说：“撤就撤，我正不想干呢！”这样一来把矛盾激化了。

5. 偏心有私的批评。有的领导者偏心，或对下属有成见，在批评时往往不顾事实，有失公允。这种带有主观偏向的批评尤其容易伤害下属的感情，八成没有好的结果。如同样两个下属发生问题，领导对自己偏爱的一个加以庇护，保持沉默，而对另一个人大兴问罪之师，当众批评。虽然领导批得的内容也是事实，但当事人生气不公，认为领导有亲有疏，于是散布不满情绪，与领导对着来。这个事例说明，任何出于私心、不公允的批评，下属都是十分反感的。

总之，批评作为一种刺激性很强的表达方式，在运用时领导者一定要考虑下属的心理承受能力，讲究批评语言的分寸，坚持善意的正确的有度的批评。只有这样，批评才可能真正成为领导者手中强有力的武器。

» 没有包容难得人才

事实表明，人才成长需要一定的客观条件，而领导者的包容态度和助长支持，则是人才成长不可缺少的条件之一。从一定意义上说，没有包容就没有人才。

小秦是个电脑迷，精通软件设计，钻研难题时可以几天几夜不睡觉，所以解决了不少问题，是这个单位公认的人才。可是他有缺点，就是作风稀拉，没有时间观念，经常迟到，脾气也不好。对于这一点，有位领导很不满意，批评说："你本事再大，也不能破坏了团队的规矩。"有一次他又迟到了，领导当场扣发了他的奖金，还通报批评了他。小秦为此事十分生气，说，领导只看到我迟到了，就一棍子打死人，我不干了。他写了辞职报告。后来，他被另一家单位接收。这个单位对他的管理采取个体化管理，不坐班，只交任务，结果他的积极性调动起来，完成了很多艰难任务，在单位挑起了大梁。这个单位也因有了这样一个人才而发达起来。

两个单位领导的不同处理方式，对人才成长产生了不同的影响。显然，后者可能更胜一筹。值得称道的是单位领导对存在缺点的人才的包容态度。

俗话说："金无足赤，人无完人。"人才也是一样，不可能十全十美，存在缺点不足是正常的。问题是周围的环境以及领导者，能不能容得下他们的毛病。特别是年轻人，正处于成长过程中，通常心急好胜，很多问题考虑不周全，会出现这样或那样的问题。如果周围环境以及领导者过于苛求，容不得他们，或不用他们，那人才就可能被压抑，就难以发展成有用之才。

所以，对于有特长的人才领导者应采取积极的爱惜态度，同时对其存在的不足，给予包容处理。只有这样，才能体现出领导者在培养人才问题上的宽广的胸怀和务实精神，也才能助长人才、留住人才、发挥人才的独特作用。

1. 容得下身上“带刺”的人才。在自己单位里，总有一些人能力较强，同时又存在一些缺点，特别是喜欢挑刺，爱提意见，甚至和领导唱对台戏，让领导很恼火。对于这些人才，领导能不能容得下他们，敢不敢给他们机会表现？这是对领导胸怀的考验。如果容不下他们，像武大郎一样，比自己高的不用，不给他们表现的机会，甚至还想方设法压制他，那么这样的人才就会被埋没，很难成长起来。

领导者一定要有宽广的胸怀，能容得下能力强但有缺点的人。下属越是高明，越是干得出色，领导越应该高兴，越要给他们舞台，让他们表现，把工作做得好上加好。此外，只要有机会，就要把人才推荐上去，让他们超过自己，到更重要的岗位上，挑更重的担子。有一个单位就是如此，领导有眼光、有魅力，让人才竞相成长，因而不断有人升上去，有的职位比自己还要高。人们都说这位领导是伯乐，单位是人才的摇篮。这位领导真诚地说：“助人成才是领导的职责。我不怕新人超过我，谁超过我，我感到高兴。”如此胸怀宽，看得开，包容人，赢得了人们的尊重。

2. 容得下个性鲜明的人才。一般说来，能力强的人通常个性也十分突出，甚至有些各色，如有的人傲气十足，性格孤僻，不合群，群众关系不太好等。作为领导者要正确对待这些个性乖戾的人才，对他们存在的不足不能歧视，更不能因此而否定他们的成绩和能力。在工作上，要坚持一视同仁的原则，给他们信任和机会。如某学院有位年轻讲师，在学术研究上有独到见解，看不起不学无术的人，有时对领导也爱挑刺，不少人对他很反感。但系领导却对他一视同仁，并不轻视他。在一次确定专题研究课题时，依然让他写提纲，当小组召集人，负责此项工作。这对他的教育很大，他为此而感动，经过他的努力，出色地完成了任务。很显然，领导的这种包容态度，有助于最大限度地发挥人性鲜明的人才的积极性和创造性，推动工作开展。

3. 容得下出现失误的人才。在实际工作中，人才也会犯错误。作为领导者对这些问题要认真分析，不能一概否定，更不能一棍子把人打死。要从实际出发，找出原因，帮助他们认识自己的问题，总结经验教训，找到前进方向。同时，还要引导他们，给他们减压，帮助他们站起来。尤其不能因为他们出了问题，就让他们靠边站，不给他们在工作实践中改正错误的机会。

总之，领导的包容态度对于人才成长是不可或缺的客观条件，在这样宽松的环境中人才才会茁壮地成长起来。

第四章

放低身段，谋求和谐

» 领导需要亲和力

作为领导者，不仅需要权威力，而且还要有亲和力。所谓亲和力，是指由衷地关心人体贴人而产生的人际吸引，这是一种可贵的情感力量。从一定意义上说，领导的亲和力是形成团队凝聚力战斗力的黏合剂。

1990 年 7 月，美籍华人田长霖（中国科学院首批外籍院士），被任命为美国柏克莱加州大学校长。他成为美国有史以来第一位担任一流研究大学校长的华裔。当时，柏克莱加州大学是全美自由风气最盛、最难治理的学校，他一出任就遇到了一系列的灾难性事故，失火、打架、暗杀等。工作之多，任务之重，可以想见。但他认为在千头万绪中，稳定军心是第一位的。他做的第一件事就是与师生进行情感交流。不管公务如何繁忙，他每天都要花 1 小时左右的时间从学生宿舍到饭厅、到职员办公室，与教授、学生进行谈话。正是这每天个把小时的情感交流，使他找到了打开 3.1 万名学生以及教职员校友的心灵之锁的金钥匙，把大家团结起来，使学校的面貌大变。他在任 7 年，学校的科研创下了美国大学分科评比第一名的佳绩，后来他受到美国总统的表彰。

田长霖取得的治校成绩与他走下去主动与师生进行感情交流是分不开的。他通过自己的实际行动展示出的亲和力，赢得了全校师生的心，进而形成了治校的合力。由此我们不难看出领导亲和力的巨大作用。它告诉我们，领导者应懂得施以情感投入，接近群众，以深厚感情感染他们，把人心吸引到自己身边来，实现上下同心，那时事业成功就是水到渠成的事情了。

上海汽车干洗服务社社长袁小萍，是一位很有人情味和亲和力的领导。她创造了“倾情服务”法，不但要求员工对顾客倾情，热情服务，而且她以身作则，对员工也倾情，关心员工的冷暖。作为私企，她按时足额为每位员工缴纳养老金、失业金；坚持多劳多得原则，发放工资奖金；逢年过节她都掏钱给员工买礼物，人手一份。平时她十分关心员工，有空就与他们谈心，员工遇到困难，她会在力所能及的范围内给予帮助。员工病了，她在第一时间前去探望，表示慰问。领导的关心使员工十分感动，大家努力工作，使服务社的业务不断扩大，先后在各区建立了连锁店。她这样心系员工，考虑员工的利益，换来了团队强大的凝聚力，员工把公司看成自己的，卖力工作，像她一样倾情为顾客服务，使公司业绩更加出色。几年来，员工热爱团队，没有人中途辞职不干。有一次她因病住院，没有告诉员工，结果在手术室门外挤满了从各区连锁店来探望她的员工，令她十分感动。如此上下同心，更加使她的团队充满了活力和竞争力。

在现实中，不少企业领导并不懂得亲和力的重要性，他们只看重领导的权威，以为我说你听是天经地义，权威才是企业运作的动力。因而，他们只相信权力，把管理当成“管你”，对下属颐指气使，满足于招之即来，挥之即去。对于下属的困难并不过问，以为是个人问题，与己无关；从不考虑下属的心理需求，甚至在利益问题上，千方百计克扣员工工资；等等。在这种上下对立、离心离德的环境中，下属必然怨愤不满，工作积极性和聪明才智是很难调动起来的。

说到底，领导亲和力的作用在于感化人心。人是有感情的，作为领导，如果把下属当成无情感的工具，那么他就会成为对你没有信任的工具，而不会全心全意为你付出一切；如果你尊重他，亲近他，把他当成亲人，当成朋友，那么他就成了有情感的兄弟，他就会为你“两肋插刀”，最大限度地发挥主观能动性、创造力，进而转化为团队的强大战斗力。

如此看来，领导者绝不能满足于给下属下达指令，压任务，也要从下属的角度思考问题，了解他们的心理需求，真心关心他们，接近他们，尊重他们，在正常待遇的基础上，投入自己的情感，在一些生活小事上多一分关心。那时，人心就会向领导靠近，领导权威的含金量就会大增，下属与领导同舟共济、通力合作，必然能创造出奇迹。

一句话，领导要赢得人心不能靠权威、靠压力、靠命令，而要靠尊重、靠关心、靠人格吸引、靠领导的亲和力！

» 平易近人是一种境界

在现实生活中，有些领导者管理者喜欢摆架子，遇到不顺心的事情还要训人骂人，以此表现自己的权威。然而，这样做往往事与愿违，只会让人敬而远之。与此相反，有些领导平易近人，和下属打成一片，每每创造出和谐友好的关系，赢得他人由衷的尊敬，形成上下一心、工作有声有色的局面。很显然，平易近人值得倡导。

平易近人是一种理念，一种做人态度。俗话说，做官先做人。在平易近人者心目中总是把他人，尤其是下属当成平等对象看待，绝不居高临下，傲视他人。之所以如此，就是因为他们内心有一种理念：自己也是普通人。所以，虽然自己身居高位，却能以普通人的身份，普通人的做派，普通人的情感，与人相处共事，自然也就多了一些共同语言、共同情感，并能形成心灵的共鸣。

平易近人是一种修养，一种高尚的人格境界。平易近人的内核是对人的尊重。平易近人的人不但懂得自尊，而且更懂得尊重他人。他们并不追求高人一头，超凡脱俗，而是善解人意，尽量照顾和满足他人的需求。与这种心态相适应，他们的工作姿态、生活习惯和处世方式必然表现出平实风格，并把与人友好和谐相处当成一种高尚境界，在日常生活中自觉加强修养，把这种方式融入一举一动、一言一行之中。正因为如此，他们的平易近人就绝不是一种姿态，不是刻意为之的“作秀”，而是一种自然而然的流露，一种自觉的行为模式。

平易近人还是一种工作方法，一种领导艺术。领导推动工作有不同方式、不同风格，但平易近人的领导必有独特的人格魅力和动人之处。他们管理人，推动工作绝不靠强力，而是靠收服人心，同心同德，形成合力。在平时，他们会与群众打成一片，及时沟通；遇事时，又会与群众商量，讨论对策，在平等对话中调动大家的积极性，以自己的人格魅力，让领导的意志变成群众的自觉行动，在同舟共济中共同挑起重担，完成任务。可见，平易近人是领导者管理者赢得人心的杠杆。有了它就会拥有群众，就会战胜任何困难。正是从这个意义上说，平易近人也是一种领导艺术。

其实，领导者管理者要追求这种平易近人的境界并不难做到。只要真正懂得了平易近人的本质和威力，加强修养，就会自觉的见诸言行。

有文章称，在中国，导演在拍摄现场骂人大概已成了一种风尚。许多人认为，不如此便不足以表明自己在剧组中至高无上的权威，且腕儿越大，骂得越凶。然而，也有例外。张艺谋在拍摄现场从来都很和气，很少着急上火、恶语伤人。即使演员偶有失误，他也会主动出来为他们解脱，消除疑虑和内心的压力。为什么他会这样呢？张艺谋说：“如果每个人都很努力，本意都想把事情做好，但由于种种客观原因而出现了困难，当时急需做的事就是怎样把困难解决，而不是骂人。有人认为不骂就不是导演，我不这么看，其实，在现场大家都是平等的。而且一部片子拍成功了名利受益最大的是导演，那摄制组几十号甚至上百号人，他们得到的很少。我们看到银幕上打出一大堆他们的名字，但实际上又有谁去注意那些名字呢？所以说他们是奉献了，我觉得导演更应该感谢大家的努力。”

他的这番坦诚的话，说出了他的心态，也点到了问题的要害。

领导者管理者、名人强人不妨也像这位世界级的导演那样，想一想你所从事的工作的集体性，所取得成绩原因的综合性，就会理解这个简单的道理，真正懂得保持平易近人的风格，并不是屈尊纡贵，也不是对他人的恩赐，那不过是你应该发自内心的一种感谢方式。那时，你就会自觉自愿地平易近人起来。

» 多一点长者风度

作为单位的领导者在与下属相处的过程中，既要展现自己的领导气质，又应具有长者风度。因为长者风度具有迷人的魅力，这对于他们密切人际关系，团结下属做好工作，十分有益。

所谓长者风度，是指年龄层次不同的人交往时，年长者在待人处世上所表现出来的得体的美好的言谈举止和气质姿态。它不仅体现在外在仪容仪表、举止做派上给人一种自信的优雅的印象，更重要的是能通过待人接物的得体态度和行为，展示出内在的高尚的思想品格和道德修养，赢得人们的喜欢、尊敬和爱戴。

从实际情况看，领导者面对的下属大多是比自己年龄小的青年人。在彼此之间存在领导与被领导关系的同时，再加上一层兄长关系色彩，无疑可以使彼此之间的关系变得更为亲密，更为融洽。经验证明，长者风度能赢得好感，博得友谊，帮助你成为受欢迎、受尊敬的人。我们知道宋庆龄同志就是一位很有长者风度的领导人。她作为国家副主席、年长者，对在她身边工作的年轻人总是表现出慈母一般的情感和长者风度，对他们关照体贴，与他们和睦相处。就是对偶尔相交的陌生晚辈在一起时也是如此，因而赢得了晚辈很多的友谊。苏联克里姆林宫卫队队长在回忆宋庆龄当年访苏时的聚餐情景，这样说："她叫秘书、那位漂亮的女摄影师，还有我都坐下，我们四个人一起吃饭。她自己先不坐，用一双筷子将煎甜饼子夹入面前的碟子里，递给我。再接过我递过去的空碟子，夹一个煎甜饼子放上，再递给女摄影师，就这样为大家服务完，自己才坐下。

她总是在笑，就是不笑的时候，你看上去她也像是在笑，是从瞳仁里漾出来的笑。我不知道该如何形容那种感觉，她那么高贵又那么可亲……”从这段真实的记述里，我们不难看出长者风度是怎样的感染人，征服人。

具体说来，领导者在下属面前展示长者风度应注意这样几个方面。

1. 待人亲切而慈祥。在与年轻人相处时，应谦和近人，慈祥和蔼，尤其要避免动怒失态。在言行上处处表现出一种父兄般的责任感、使命感，给人以细致周到的关怀和无微不至的体贴之感。同时，凭借自己丰富的人生经验去准确地洞悉和把握青年的心灵，设身处地地给他们以帮助，对于具体困难及时加以排解。就算出现利益矛盾时，也不与青年人争抢，应自愿成全别人，做得那样愉快坦然，没有半点牵强，让人心里热乎乎的。对此青年人会倍感温暖、亲切，深受感动。

2. 处世热情而豁达。领导对青年人敢想敢干敢闯的精神，不但应充分理解，而且表现出极大的热情，给予关注和支持，和他们站在一起，做他们的坚强后盾。对于青年人的意见想法，注意倾听，充分尊重。一旦出现意见分歧时，更不以领导者身份去压服、教训，强加于人。对于不正确的看法，不轻易与之展开唇枪舌剑的争辩，应耐心地陈述自己的观点，晓以利害，摆事实，讲道理，启发他们思索、领悟。工作上取得了成绩，有长者风度的领导会把功劳记在青年人的身上；而出现了失误，又会主动承担责任，尽量减轻青年人的心理压力。假如青年人犯了错误，领导者可能痛心疾首，提出严肃的批评，但是绝不是尖酸刻薄，一棍子打死，总是以爱护的态度，体量他们年轻阅历浅，而从宽发落，并真诚地帮助他们吸取教训，纠正错误，引导他们振奋起来，轻装前进，重新扬起前进的风帆。这种热情豁达、宽容大度的长者风度，足以引起青年人心灵的震颤，使他们体会到领导的善意，团结在领导者的身边，同心协力地做好工作。

3. 遇事清醒而沉稳。有长者风度的人，在不同场合十分注意自身的形象，对于自己的言行举止，或柔或刚，或直或婉；该说什么，不该说什么；该做什么，不该做什么，能把握适当界限，表现出得体的分寸感，做到左右逢源，恰到好处。当然，他们也绝不是永远春风拂面，没有怒容。当遇到原则问题时，他们会大义凛然，坚决斗争，表现出坚定的立场，对于歪风邪气，表现得疾恶如仇，义愤填膺，措辞强硬，绝不见风使舵，随波逐流，以实际行动表现自己完美的人格，显现出崇高的品格力量，为青年人所折服。

当遇到紧急情况时，具有长者风度的人往往处变不惊，沉着冷静，胸有城府，像顶梁柱一样，特别能影响在场的年轻人的情绪，使他们感到有主心骨，产生充分的信心和力量。比如，一年夏天下大雨，洪水袭来，对某公司驻地构成威胁。员工们没有见过这阵势，慌了手脚。这时只见经理挺身而出，大喊一声："大家不要慌，听我指挥!"此刻，他一改平时的沉稳，展现出指挥员的风采，有条不紊地指挥大家抢险，减少了损失。员工们在这关键时刻更具体地感受到长者风度和价值，由衷地产生对领导的崇敬之情。

长者风度既不是人们故作姿态、逢场作戏就可以做出来的；也不完全是年龄、阅历自然而然赋予年长者的。实际上，它是一个人思想品格、交际意识及其修养水平的外在表现。明智的领导总是从自己年长的现实中，看到一种责任、一种义务，并努力追求和采取与自己年龄、辈分相适应的言行、做派和方法，因而才拥有了迷人的长者风度。然而，有些领导并不明白这个道理。他们为了展示自己的长者风度，常常在年轻人面前不苟言笑，故作威严，摆老资格，或居高临下，指手画脚，教训人家，结果往往适得其反，青年人不但不买他们的账，不敬重他们，反而加大了彼此之间的距离感。

所以，对于领导者来说，不要把领导身份与长者身份对立起来，而应把两者统一起来，恰当地融合在自己实施领导、指导工作的言行之中。在具体交往过程中，则应依据交际场合、对象特点，把握自己言行举止的宽严尺度，恰到好处地表现慈祥、宽厚、开明、豁达的长者风度，这样就可以使自己成为受下属欢迎和爱戴的领导，成为他们的朋友。

多些“零距离”接触

杨祖佑是美国加州大学圣塔芭芭拉分校的校长。在他的任内，该校从1998年到2004年的短短7年间，先后有5位教授获得了诺贝尔奖，学校声名鹊起。也因为这个原因，杨祖佑被人称为伯乐。当有媒体采访他的办学经验时，他列举了大量办学措施，比如，怎样吸引人才，怎么筹募资金，如何建设校园，等等。不过其中有一个办法最有趣，那就是他的午餐。他说：当时我是战战兢兢到校的。我虚心向资深的学长请教，还积极和每一位教授接触。这一年，我尽量留在校园；每天中午，我都安排和8～10位教授吃饭。这样的午餐会，那年我吃了100顿。和教授午餐会的谈话记录，收集了一大摞。教授都有要把大学变成世界级、领导级、研究型大学的心志，大家也非常关注本科生。就这样，我们有了很简单而明确的目标，因为都是大家的意见，实行起来，特别通畅、顺利。

在这里，校长与下属一起就餐，看上去是件小事，不足挂齿，可是却产生了难以估量的作用。换句话说，重要的不是午餐本身，而是距离，是教授和校长之间的距离。正是校长的别出心裁的午餐，使他实现了与下属的“零距离”接触，并由此大受裨益。

必须指出，由于职责、个性等方面原因，领导与下属之间往往存在一定的距离感，而这种距离感又会导致彼此之间缺乏交流和沟通，甚至影响到工作的开展。因此，明智的领导者应想方设法深入实际，实现与下属的“零距离”接触，消除心理距离，更多了解下情，才能创造出上下一心的工作局面。

首先，“零距离”接触体现了对下属的尊重，有助于思想感情交流。领导主动和下属进餐谈心，平起平坐，彼此像朋友一样，这本身就体现了对下属的尊重，让下属感受到领导的平易近人，领导的谦虚好学，彼此感情融合在一起，形成同心同德、风雨同舟的氛围，有助于实现心志的认同。

其次，“零距离”接触可了解下属心声，有助于获取真知灼见。群众都是有聪明才智的，他们熟悉工作流程，有实践经验，对存在的问题也了如指掌，自然对如何改进工作有自己的看法意见。对于领导来说，只要把下属当成自己的“外脑”，通过“零距离”接触，向他们问计求策，并把这些好点子妙想法集中起来，无疑有助于领导形成正确决策。从一定意义上说，“零距离”接触是汇集群众智慧的最有效最廉价的方式。

最后，“零距离”接触可以形成交流互动，有助于形成上下统一的意志和步调。在领导与下属的“零距离”接触过程中，彼此敞开思想，进行交流和沟通，领导既可以吸收下属好的想法，又可将领导的决策意志渗透给下属，得到下属的理解支持，这样在交流中实现沟通，在沟通中形成统一，贯彻起来就会更彻底，更有力度。

“零距离”接触的益处是不言而喻的。问题是有些领导对此似乎重视并不够。他们一上班就忙着开会，批阅文件，布置工作，就是与同级、部下在一起时，也主要是谈工作，很少涉及个人生活话题，较少感情上的交流和沟通。他们常说：正经工作都忙不过来，哪还有时间干那些闲事！

领导工作忙，任务重是否就不能与下属进行“零距离”接触和感情交流呢？回答是否定的。

从实际情况看，时间问题首先是一个思想认识问题。有些领导者对与下属进行感情交流的重要性认识不足，以为领导与下属之间就是一种工作关系、指挥与被指挥的关系，我说你听，我管你干就行了。特别是近年来，引进西方企业管理模式后，一些经理人员感到只要用经济手段就可以包治一切，用不着做员工的思想工作。也有些领导把架子端起来，与下属保持距离，甚至以为保持距离是获得领导权威、提高效率的必要条件，因而很少接近下属，更不要说感情交流了。

其实，这些观念是十分有害的。任何单位、企业工作的高效率往往离不开上下左右的齐心协力；如果没有上下左右之间的感情沟通，齐心协力的局面就很难形成。我们必须懂得，在工作中领导与下属之间是上下级关系、工作关系，但同时又是人与人之间的平等关系。人是有感情的。这种感情因素不可避免地会为工作关系加上一层感情色彩。如果领导者不注意加强同下属的感情交流，就很难把下属真正团结到自己的身边来，形成思想统一、步调一致的局面。从这个意义上说，进行感情交流也是领导工作的一项内容、一种工作方法。如果我们能这样想问题，那么工作忙就不会成为感情交流的障碍。

领导一定要把与下属的零距离接触和感情交流列入自己的工作日程，当成一项正常工作。可视自己的工作特点和规律，统筹安排时间，拨出一定时间与下属接触交谈和交流思想。一般说来，正式列入工作计划后，再做起来就会从容不迫，长期坚持。有一位大公司经理就是这样，他针对公司青年人多的特点，把与下属交谈列入计划，除了外出开会以外，几乎每天都要找一个人谈心，征求意见，也谈个人生活、家庭问题等。新来的大学生都感到经理很有人情味，彼此关系很融洽，有话愿意和他说，大家工作起来很投入，使公司的工作充满了活力。

总之，时间的主动权就掌握在领导者手中，只要他们想做，不管用哪种方法总是可以挤出一点时间和下属“零距离”接触的，用于信息感情交流，并有所收获。

» 关心是最有效的管理

现代管理学认为，领导者在实施管理过程中，不仅需要高智商，而且需要具备高情商。所谓高情商，主要指善于处理人际关系，懂得运用情感力量，注重人际融合，能团结下属一道创造性工作，大大提高效率。

在这里，重视运用情感的力量与实施严格管理、按制度办事并不矛盾，甚至可以说两者是相辅相成的关系。如果领导者善于把握威严与亲和的分寸，就能产生理想的效果。

1. 与下属经常谈谈生活话题。上下级之间首先是一种工作关系，但是领导者不能张口闭口只谈工作，有些领导离开工作与下属似乎没有话可说，这就很难与下属在感情上融合。其实，在谈工作之余，不妨谈一谈生活话题，表示关心，这样能很自然地拉近彼此的情感距离。比如，对新成员的加盟，领导要表示欢迎，过问一下他们的吃住等生活问题；对尚无对象的青年，多表示关心，为之牵线搭桥，当回红娘；在业余时间，领导者也可以到下属那里聊聊天、打打球、下下棋等。这样一来，领导与下属如朋友一般谈谈生活话题，显得轻松投机，上下级关系就多了几分亲近和融洽。

当领导与下属打交道时，要特别注意言行细节，让自己的一言一行传递出亲切友好的情感信息，借以感染对方。比如，与下属握手时要有力量，眼睛盯住对方，目光十分专注，让对方感到你很重视他；见了下属的小孩摸摸头，逗几句，抱起来亲一口，显得很亲近。有时这样一个小动作就可以把彼此的心拉到一起，给人留下难忘的印象。宋庆龄同志是国家副主席，对身边的工作人员十分关心，很有人情味。有一次出国访问，她与同机的女摄影记者侯波亲切交谈，在下飞机时，她抓起桌上的糖果就往侯波包里塞，亲切地说："带回去给孩子吃！"这样一个小小的动作和亲切的话语，令侯记者感动不已，几十年后还撰文提及此事。你看，领导者的人情味给下属的影响有多大。

2. 对下属的切身利益多一些人性化思考。一般说来，作为下属在事业原则与个人利益方面是能分清界限、顾全大局的。然而，从领导的角度来看，则应多一些对下属切身利益的关照，在不违反制度规定的前提下，多一点人情味，就能创造出上下同心的氛围。

事实证明，领导越是关心下属，下属就越是倾心于工作。某部队干部过去每年一次的探亲假都是由领导根据工作需要进行安排的，并不考虑个人家庭情况和需求。后来，领导转变观念，照顾干部的切身利益，让干部自己确定探家时间，只要工作能安排开就批准。这样一来干部和家属一致叫好；过去有的干部探家提前归队，领导还表扬，现在作出规定，没有特殊情况不准提前归队；过去干部家属来队探亲，从车站步行十几里路到驻地，现在领导主动派小车去接。这些体现人情味的规定深得人心，大大拉近了上下级之间的感情，干部们更加尽心尽力工作，使部队工作有声有色。你看，领导仅仅多了一点关心，就赢得了人心，赢得了工作的高效率。在此，我们再一次看到了情感的力量。

3. 在关键时刻为下属排忧解难。领导对下属的实际困难，要放在心上，替他们着想，甚至做出一些非常之举，帮助下属渡过难关，下属会把领导视为知己，一心一意放在工作上。有一名打工者带了自己打工挣的钱回家结婚，到车站后不慎被小偷摸去了，车票也没了，回不了家，急得直哭。工友们为他着急，有的为他捐款，可是杯水车薪不解决问题。这时厂长知道了这个情况，很同情他，破例叫他到财务部门预支半年的工资，赶快回家结婚。经理的决定解了燃眉之急，小伙子千恩万谢重新上路。厂长这个带有浓厚人情味的举动使员工们感动不已，都说厂长人好心好，是个好领导，在大家的心目中厂长的威信更高了。人是有感情的，当人们陷入困境时，领导施以援手，为下属排忧解难，必能起到以情换情、以心换心的作用。

总之，领导对下属的关心，必然会折射在人性化管理上。如果从凝聚人心的角度看，关心就是一种最有效的管理。当然，提倡领导者多一些人情味，并不是要他们放弃原则，而是在处理公务过程中，适当考虑感情因素，那样会大大密切上下级关系，最大限度地调动下属的积极性，提高工作效率。

》如何面对下属的求助

某部队一名转业干部在安排工作时遇到了困难，他听说本部队一位首长与地方主管此项工作的领导个人关系不错，就满怀期望地找这位首长，想请他帮助说一句话。这位首长直言道：“这事不好办啊，地方有地方的政策规定，我不好随便说话。你还是请业务部门出面，走正常渠道吧。”就这样一口把他回绝了。这个下属心里很不是滋味，以为领导是打官腔，不体贴下属。想想自己在军队工作这么多年，就要离开部队了，领导对自己竟是这样的冷漠态度，不免感到心寒和无助。

在此，这位领导自以为是在坚持原则，不愿意出面干预下属的工作安排，似乎无可厚非。可是从关心下属的角度看，如此生硬处理问题，显得过于刻板和不近人情，并非最佳方式。

其实，面对下属的求助，在不违反原则的前提下，领导者理应持积极态度，伸出援手帮一把。一般来说，下属是通情达理的，不到万不得已的困难境地，他们是不会轻易向领导张口求助的。为此，领导应怀有极大的同情心，给予积极帮助，甚至动用个人资源，在不违规的情况下，帮助下属解决困难。这样做，看上去只是帮助解决个别人的问题，并非职责内的工作，但却能展现领导者的群众观念和处世风格，既发扬了同志间相互帮助的光荣传统，又体现了领导联系群众，密切干群关系的良好作风，对于提高团队的凝聚力和战斗力具有积极意义。

某单位有位工程师的家属在外地工作，孩子小，又有老母亲生病，生活困难。在这种情况下，这位工程师想调回老家去，可又不忍丢开自己心爱的专业工作。他找地方熟人的关系，想把家属孩子调过来，可是几年过去了不能如愿。在万不得已的情况下，他向公司领导反映了自己的困难，希望领导帮一把。单位领导听了，立即当成一件事亲自去跑，利用自己的同学关系，与有关部门沟通，很快促成此事。半年后，把他的家属孩子调了过来，全家团聚，一切困难迎刃而解，从此他安心工作。公司领导如此关心下属的举动，不但帮助个人解决了难题，让员工感到温暖，而且留住了人才，在群众中产生了很好的反响。

有些事情看上去不大，可是个人办起来难度不小，而如果领导出面帮助，借助组织的力量及领导个人的权威和关系，问题就会很快圆满解决。下属的个人难题一旦解决，他们必会因此而感激领导，那时，领导在下属心目中更可爱可敬了。某部队战士小裴的父亲在缴公粮时被机动车撞成重伤，住了院。撞人的是该县某局长的儿子，无照驾车，肇事后逃跑了。县交通部门处理此事件时，竟然作出了叫裴家向肇事者赔款 1.3 万元的决定。无辜被撞伤还要赔撞人者的钱，裴家无法接受，战士小裴生气不公，但又无计可施，于是他向部队领导汇报，请求帮助。政治处张主任查实情况后，几次写信，打电话到战士家乡的司法部门，均无回音。于是他亲自带着保卫股长和营领导，到战士家乡去，帮助依法提起诉讼。在法庭上据理力争，法院终于判决肇事者向裴家赔款 2.8 万元，打赢了官司。对此，小裴深表感谢说，要不是部队领导出面，自己是无能为力的。他表示："一定在部队安心服役，为部队建设出力。"

由此可见，对于下属提出的个人要求，只要合理、不违规，又力所能及，领导应该积极去办。退一步说，即使领导尽了力，最终因为种种原因没能办成，下属也会理解，并感激领导的帮助。

当然，如果下属提出一些不正当要求，或领导无力解决的难题，领导则应加以拒绝。但要说明理由，做好解释工作，以防下属误解。如此有区别地处理和解决下属提出的个人要求，体现出领导的原则性和灵活性，肯定会在团队产生正面影响，并能带出良好的风气。

» 切莫小看打招呼

与相识的人相遇时打个招呼，这本是人之常情。它表示一种礼貌，一种友好，一种尊重，对于密切人际关系有积极意义。对于领导者来说，尤其如此。

然而，有些领导常常忽略这个待人接物的细节问题。他们见了邻居，如同陌路，不理不睬；在路上看到下属视而不见，昂首走过。这样做往往叫他人心里很不是滋味。有时本来对方想和他们打个招呼，可是见他们这种高傲态度，必定心头不快，耿耿于怀，也会以同样的态度回应，故意视而不见，保持距离，形同陌路。

所以出现这种失礼行为，不外两种情况：一是性格使然。有些领导性格内向，不爱说话，不喜欢这种客套方式。如果大家相处久了，彼此了解对方的性格，也许不会过分计较这些小事。但是，从人际交往角度看，毕竟这是一种缺憾。如果他人不了解你的性格，必然会因小失大，得罪人，不利创造良好的人际环境。二是思想认识有偏差。有些人懒得与人打招呼是因为他们不屑这样做。他们以为自己地位高，或业绩突出，恃才傲物，把自己看得高人一等，生怕与人打招呼会降低自己的身份。这是一种不健康意识，这种意识还会蔓延到工作的方方面面，久而久之，他们就会脱离群众，很难赢得人们的信任，那损失就大了。

应该看到，打招呼虽说是件小事，可是它有丰富的内涵，它不仅是一种礼节礼貌，而且是一种文化，一种修养，是塑造领导形象的最便捷最有效的手段之一。对于领导者来说，平时与群众接触的机会并不多。如果彼此见面的时候，主动打个招呼，对方心里就会热乎乎的，感到领导认识自己，看重自己，那时就会对你产生好感，感到领导没有架子，平易近人，因而拉近彼此的距离，赢得了人心人情。从某种意义上说，主动打招呼是最廉价的感情投资，是最便捷的密切人际关系的杠杆。更何况“礼尚往来”，在人际交往中，人们十分看重他人对自己的态度。打招呼作为一种尊重的表示，会引起人际关系的良性互动。你打招呼，别人也会回敬。“你敬人一尺，人敬你一丈”，这样就会营造出友好和谐的气氛。

具有积极意义的打招呼，也是有一些讲究的。一是要真诚自然，要出于真心，不要虚伪客套。大凡真诚的打招呼一定是出自内心的，你必须把对方当成朋友，打招呼才可能发自肺腑，传递真情实意，产生正面的情绪感染作用。如果把打招呼纯粹当成不得已而为之的客套，应付人，必定会虚假做作，人们一看便知，那就失去了积极意义。

二是要把得体的寒暄语与亲切的表情统一起来，传达出美好的信息。如果你嘴上说“你好”，可脸上没有一丝表情，板着面孔，就很难让人心里激动。此外，要注意根据彼此之间的亲密程度，使用不同方式打招呼，有时甚至不必说话，只是微笑点头就够了。

三是要与环境气氛相一致，力求文明高雅。不必一见面就说“吃了吗?”不妨说一点具体的令对方高兴的话，如“你好”“你的设计我看过了，很有创意”“瞧你真是越活越年轻了”，甚至可以开个玩笑：“打扮这么漂亮，相亲去呀?”这种招呼语有实际内容，亲切自然，对方听了一定会感到高兴。

总之，领导者在小区里，在路上，与认识的下属、邻居打个招呼，微笑一下，这样做既不费劲，也不掉价，而且能塑造自己的可亲形象，能密切上下级关系，何乐而不为呢?

» 少一点疏忽多几分和谐

某公司经营部经理为了活跃员工生活，密切上下级关系，提议举办一次野餐活动。同去的有七名同事，大家在青山绿水之间，说笑逗闹，烧烤品酒，玩得十分开心。活动结束时，带去的食品还剩了很多，那些肉及鱼虾怎么办？经理好心好意，一个一个点名，叫他们把剩下的食物带回家当晚餐。他满以为这样就十分圆满了，可是有一名员工的脸色却阴沉下来，刚才还活蹦乱跳，此刻似乎满怀心事，很不开心。同事问她为什么？她生气地说：“说出来，你一定觉得我小心眼，爱计较，其实我绝不是贪心，想要那些剩下来的食品，只是觉得很难过，为什么经理叫了其他所有同事的名字，就是没有问我，那种被忽略的感觉，叫我很伤心！”同事安慰她：“别在意吧，主管可能正好没有看到你，或心一急没有想到你。”她说“但愿如此吧。”此后很长时间，她都一直耿耿于怀，打不起精神来，并与经理保持着距离。她的消极表现令经理十分不解，后来才知道，原来是自己的那次疏忽引起了下属的猜忌和不满，于是他主动向下属作了解释，才化解了她心中的疙瘩，重新振作起来。

事后，这位经理反思自己的言行，意识到这次不经意的疏忽造成下属的不快，本来是可以避免的。当时在场的人并不多，如果自己把每个人的名字都点到，或者干脆不点到每一个人，只是泛指“大家分着把这些剩的食品带回去”也就不会引起上述误会了。看来，领导者的一举一动都要严谨，特别在与下属接触过程中，有些细节马虎不得，应尽可能把问题考虑得周全些、细致些，时时顾及下属的感受，努力避免因小失大，影响上下级关系。

在处理上下级关系方面，周恩来同志堪称楷模。他作为领袖人物，十分善于处理各种人际关系，在多人参加的交际场合他往往左右逢源，滴水不漏，特别注意关照下级，因而赢得各界人士的由衷的敬佩和好感。比如，1962 年，周总理接见西藏代表时，由李佐民同志担任翻译。那天，天气很热，李佐民穿着中山服，工作时身上直冒汗。过了一会儿，服务员送来擦脸毛巾，给参加谈话的每人一条，但到李佐民跟前恰好发完了。周总理当即对服务员说：今天在场的人，最辛苦的是翻译同志，谈话的人都有休息的机会，唯独他要不停地说话。周总理要服务员补送一条擦汗毛巾。李佐民拿起毛巾擦汗时，心里十分激动，在场的人员都对总理的为人处世的圆满、周到感到钦佩，受到一次实际教育。

你看，周总理考虑问题多么周到，他在处理好国家大事的同时，不忘在场的一位翻译的感受，甚至关照到一块毛巾这样的小事，这不能不让我们为周总理的高尚人格和为人处世的严谨所感叹！他的这种严谨的工作作风和处世风格，值得各级领导者学习。

作为领导者，心中一定要装着群众，装着下属，真心关心他们，体谅他们，只有这样才可能自觉表现出对下属的尊重，理解他们的感受，并给予周到的关照。在具体活动中，领导者要注意统筹兼顾，细致周全，要照顾到各个层次方面，避免有所疏忽和遗漏，在保证重点的同时，兼顾其他，让在场的人们都感受到被尊重和温暖。领导者有意识在细微之处的关照，哪怕是一个手势、一个眼神、一句话，都会传递出感人的信息，让下属会意、感动，因而增强领导的吸引力，进而形成上下一心、同心同德的和谐局面。

» 给自己装道“防火墙”

有位领导在家里与家人发生了矛盾争吵，心里窝火，到单位后火气还没有下去。这时，一名工作人员送来一个文件请他审阅，他只扫了一眼，就感到不满意，冲他大发脾气道：“你写的这是什么？这样的稿子也能交差，不下功夫，不动脑子，你是怎么搞的！”他的无名火把下属说蒙了。这名工作人员加班加点熬了半宿写出这个文件，不但没有受到表扬，还挨了批，心里不免来气，说：“我就这个水平。”领导更生气了，说：“你还顶嘴？太不像话了。你还想不想干，不想干就说话。”这名下属转身就走，回去写了一份辞职书。就这样，由于领导无端拿下属发火撒气，失去了一名本来很出色的下属，同时在群众中造成了不良影响。事后，这名领导很后悔，但木已成舟，无法挽回。

谁都有不顺心的时候，领导也不例外。但是，由于领导的特殊职位和身份，他们发脾气的影响非同小可。有的领导脾气不好，遇事急躁，容不得下属出现一点失误，动不动就对下属发火动怒，有的甚至把向他人发火撒气当成展现个人权威的方式，那就成了一种很坏的毛病，难免造成不良后果。这样一来有损自身形象，降低个人威信。冲人发火撒气通常是缺乏思想修养的表现，也是水平低，没办法的表现，因而他们的形象和威信自然要受损。二来会造成上下级关系紧张，不利于工作开展。对于性格乖戾、时常动怒的领导者，下属必然心里发怵，躲之不及，敬而远之，不会积极靠拢亲近。有些自尊心强、个性刚烈的下属，甚至可能为维护人格尊严而与领导公开对抗，使矛盾激化。

正因为此，作为领导者必须自觉控制自己的坏脾气，尤其要防止把气撒在下属身上。一句话，要懂得给自己装一道“防火墙”。

1. 让交际错开怒火“易发期”。为了防止情绪失控，最好不要在气头上投入交际，不妨停一停，独处一会儿，冷静地调整自己的心绪，错开不良情绪的“易发期”再投入交际。一般情况下，只要经过几分钟时间的心理调节，就可能使不良情绪从冲动状态转化为平静状态，恢复理智，使火气得到一定程度的控制。有一位厂长知道自己脾气不好，在气头上难以自控。他就有意识采取了一种自我冷却的方法，即在生气时不见人，把自己关在屋里，“冷却”一下。有一次，因下属的失误他十分生气，正好这名下属要来汇报工作，接受批评。他立即让秘书请他等 5 分钟。厂长在办公室里静静地坐了几分钟，调整自己的情绪。当他出现在这名下属面前时，已是面带微笑，像什么事情也没有发生似的。这位厂长错开发火期，心平气和地与他交谈，指出他的问题，效果很好。

2. 选一条警示性座右铭。对于不良心绪的控制还可以通过自我心理暗示的方式进行。可以选一两句有警示作用的语句作为自己的座右铭，置于自己的案头，或悬于墙上，或牢记在心里，在关键时刻看一眼，念一句，借以把自己的不良情绪挡住，不致发泄出来。

有位经理脾气不好，他就效法古人林则徐，在墙上高悬“制怒”二字，当自己不冷静，要对下属发火时，抬头看一眼，立即使自己警觉起来，对自己进行强制性的心绪控制，这样就在潜意识中把心里的火气压住，不使它爆发出来。再如，有一位局长，针对自己的坏脾气，记下一句座右铭：“对人发火是无能的表现。”当坏脾气上来时，他就在心里念一遍，便立即警觉起来，告诫自己“不能当无能领导”，发火撒气不是好方式，只能坏事不能成事。这样一来，他很快就冷静下来，并找到更好的处理方式。所以，下属很少见到他对人发火，上下级关系十分和谐。

3. 请旁人及时提个醒。有些领导为防止自己不留神放了“炮”，就在事先与人达成默契，请同事或身边人在关键时刻提个醒，借助外力，打“预防针”，对自己的不良情绪进行有效控制。如正副书记、军政一把手、领导与秘书、警卫员之间，都可以事先有所约定，在关键时刻及时提醒。

有位领导的脾气较急，他就交给秘书一个任务，当自己快要发火的关键时刻，“拉拉袖子提个醒”。有一次，他对下属的工作不满意，刚要发火，秘书就悄悄地拉拉他的衣角，使个眼色，他立即意识到了，于是启动预警系统，强压怒火，态度温和了许多，巧妙转换了话题。事后，他再与这个下属交谈，心平气和地解决了问题，收到了理想的效果。

需要指出的是，即使采取了上述自控方法，有时也可能控制不住，发了火。那该怎么办？作为领导者应严格要求自己，不能搞“下不为例”，也不能文过饰非，最好在平静下来之后，及时向对方表示歉意，以弥补自己的过失，挽回不良影响。

话说回来，我们说领导要控制坏脾气，主要是指要控制自己的无端邪火，不当之气，并不是说领导绝对不能发火动怒。相反，为了工作，为了正气，有时候发火动怒，对下属进行严厉批评，又是不可避免的，甚至是必不可少的。一句话，正当的严厉批评与不无端拿人撒气是两回事，不能混为一谈。

》面对不敬以诚化解

有时候，领导也会遇到下属的不敬，抛几句失礼的话，或与你争辩，叫你很没面子，下不来台。面对这种情况，如果领导不够冷静，选择“以眼还眼，以牙还牙”的方式回击，以图制服对方，这样做，虽然可以出一口恶气，但却易形成公开对垒之势，不但显得领导度量太小，雅量不足，而且会激化矛盾，使积怨加深，显然不是最佳选择。

理想的处置方式是：以礼相待，以诚化解。某厂厂长在企业改革中作了一些大动作，经济效益明显上升，受到广大职工的好评，可是也有的人因利益受到触动而不满。这天，有个工人一怒之下跑到厂长办公室大骂起来，一气骂了三个小时。这个厂长只当没有听见，照样干自己的事，对他骂人的话，不予理睬。直到他骂的没了力量，厂长一句也没有反驳。最后他也觉得没有多大意思了，停了下来。厂长这才说话，严肃地说：“你骂完了吗？下次要骂，你得下班以后再来，用上班时间来骂街，我扣你的工资！”说到这儿，那个工人低着脑袋走了，后来也没有再来骂。有人建议厂长给这个工人处分。厂长说：“人家有气还不叫出啊，他骂人的话，我一句也没有听进去。我相信，他会想明白的。”厂长的宽容态度本身就是对他的教育和批评，过了几天，果然这位工人找厂长来道歉。厂长和他推心置腹交谈，问题得到圆满的解决。

厂长面对不敬言行表现出超人的冷静和宽容态度，他没有同对方一般见识，也没有动用自己的权威，意气用事，相反，他以冷对热，以诚化解，立足感化，结果成功地征服了心中有气而无理取闹者，赢得了群众的尊重和好评。很显然，他的处置方式是明智的。

面对下属的不敬，要做到宽容相对，通常是很难的。这需要当事人有很高的思想境界、宽大胸怀和责任感。

首先，确立大局意识是处理此类问题的出发点。面对不敬，如果只想个人面子，肯定会火冒三丈，奋起反击，作出常人通常的反应。可是领导者不是一般人，他们看问题的角度和高度应高于一般人，应以大局，以事业为重。如此见识宽了，立足点高了，才会有容人的气量，才会采取超出常规的处理方式，让对方始料未及，并点燃其内心的良知，将心比心，作出良性回馈。

其次，面对不敬和冒犯，多一些反省自问。不妨想一想下属为什么对自己不敬？是不是自己在哪方面做得不够好？是不是有什么误会？一般说来，下属敢于冒犯上司，八成是领导做错了什么，或彼此存在严重误解。这样想问题，领导也就不会一触即跳，反而会让自己心平气和，保持冷静和理智，进而表现出容人的高姿态，针对分歧真诚地向下属说明情况，征求意见，主动化解矛盾，追求团结。那时，领导的宽厚和高姿态，足以震慑对方的心灵，赢得下属的尊重，令其迅速改变不当态度。

在人际交往过程中，通行互敬互惠的原则。如果领导心怀雅量，不计前嫌，真诚地尊重下属，那么下属会加倍地尊重领导，这样一来上下间就会形成“你敬我一尺，我敬你一丈”的良性互动，彼此和谐同心、合作共事的局面就出现了。

» 也要为下属保守个人隐私

由于领导职责与工作需要，他们对下属的情况通常有较多的了解。有时，下属出于对领导的信任，向他们反映个人问题，说心里话，甚至把个人隐私也和盘托出，希望领导出主意、想办法，帮助自己解决问题。这样，领导在掌握下属隐私的同时，也就负有为之保密的义务。

然而，有些领导对这个问题并未引起应有的重视，他们有意无意地把人家的隐私捅出去，结果造成了不良影响，不但伤害了下属的声誉，还惹出了麻烦，影响了工作。看来，为下属保守隐私秘密不是件小事。

当然，领导在解决涉及下属的个人问题时，在领导层内，在会议上谈到下属的个人问题、隐私是难免的。但是，在其他场合对下属的个人隐私就应守口如瓶。对此，领导应从领导干部职业道德要求和增强法律观念的高度来认识，提高自觉性。此外，在一些细节问题上也不能粗心，以防泄露下属的隐私。

1. 在公众场合不要谈论下属的隐私。从实际情况看，领导者泄露下属的隐私秘密大多数并不是有意的，往往是他们一时疏忽，没有考虑到场合环境因素而说走了嘴。比如，有些领导以为自己身边的工作人员可靠，因而说话过于随便；或在某些社交场合，情绪激动而信口开河，把不该说的话捅了出去，造成不良后果。

某厂新分配来一名助理工程师，思想不稳定，厂长经常做他的思想工作。他见厂长对自己很关心，就把厂长当成朋友，无话不说，把自己处过7个对象的恋爱史，包括一些细节说给厂长听，并希望厂长为自己保密。厂长答应了。后来他又失恋了，情绪低落，厂长开导他，鼓励他正确对待，还给他介绍对象。有一次厂长到上级开会，会间在与厂长们聊天中谈到青年工人思想起伏多变的问题时，他颇有同感，便将这个助工的秘密说了出去。碰巧此事传到了这个助工新结识的女朋友耳朵里，立即提出终止关系。助工十分恼火，去找厂长算账，指责他出卖朋友，侵犯自己的隐私权，扬言要起诉他。厂长十分被动，一再诚心诚意地向他道歉，才算平息了风波。这位厂长感触颇深地说："对下属的隐私秘密不管是有意曝光还是无意泄露，后果都是一样的。下属不会因为你是无意而原谅你。所以，在这个问题上千万马虎不得，特别是在自己认为不会出问题的时候，更要保持警惕，管住自己的嘴巴。"

2. 在家人面前不要谈及下属的隐私。一般情况下，人们在家里说话是比较随便的。但是作为领导者在家人面前也不应谈及下属的隐私，以防家人当成趣闻轶事传出去。有个部队青年干部很有才干，深得领导赏识。有一次，夫妻间闹矛盾，一时冲动他找领导要求批准离婚，说妻子对自己没有感情，还谈了一些具体问题，举例说有一天晚上他打鼾太响，妻子说影响她睡觉，一脚就把他踹到了地下，他感到寒心，没法过下去了。领导劝他冷静一些，不要轻易提出离婚。经过领导耐心地做工作，夫妻两个又和好了，还请领导喝了酒，表态要好好过日子。这位领导因为办了件好事，十分高兴，回家后就把这对小夫妻的家事说给妻子听，妻子觉得很有趣，并没有意识到这是人家的隐私，第二天上班后就当成新闻趣事"广播"出去。这事辗转传到这个干部的单位，战友们就拿他被老婆踹下床的事和他开笑话。这个干部感到羞辱万分，十分愤怒，认定是领导有意识借自己的隐私败坏自己的名声，找到领导说他两面三刀，并坚决要求调出这个单位。这位领导有口难辩，又十分后悔，感到自己不该在家里说走嘴，使单位失掉了一个人才。看来，领导者在家里说话也不能太随便，不能涉及他人的隐私。

3. 发生矛盾时不要把隐私当成制服对方的武器。领导与下属难免发生这样那样的矛盾分歧。有时，下属甚至对领导蛮不讲理，让领导下不来台。在这种情况下，领导要保持冷静头脑，绝不要拿对方的隐私作为武器当众揭短，制服对方。有个工人因奖金问题与经理发生矛盾，争吵起来，说了一些出格的话，使经理十分难堪，在众人面前很丢面子。经理一时冲动，就把人家的隐私端了出来，说：

“你晚上进女厕所，被人家当成流氓送进派出所，是我把你保出来的，你恩将仇报，还往我身上泼污水!”此言一出，这个工人见领导把自己的隐私说出来，羞得满脸通红，扑上去与这位领导厮打起来，势态反而扩大了。

在这里，这位领导是很不明智的。领导一旦把对方的隐私作为武器，以图制服对方，必然触犯人家的尊严，下属会因受到羞辱而奋起自卫，只能导致势不两立的结局。

总之，对于领导者来说，为下属保守隐私秘密绝不是个人问题，而是一个原则问题，它关系到领导在群众中的威信，关系到干群关系。因此，绝不能等闲视之。

» “管理”好你的上级

说到管理，人们首先想到的是上级对下级的管理，很少倒过来想问题。然而，下级对上级的管理同样是值得研究的课题。下级对上级的管理是现代管理理念的一种活用，它对于中层或基层领导具有特别的意义。

大连锦联集团副总裁孔庆广就有这样的体会，他说：“经理要做管理链上的优秀节点。”他以为，中层经理要想成为企业管理价值链上的优秀节点，首先要做的就是管理好你的上级。因为，要想有效地完成好本职工作，就必须取得上级的支持帮助，而上级恰恰有你最需要的所有资源。

事实上，下级一旦接受了这种对上级实施“管理”的理念，就在一定程度上改变了人们的心态和方式。首先，从整个管理体系来看，每一级领导都是管理链上一个节点。而管理是一个系统概念，表现为有目的有计划有步骤的行为，从一定意义上说，管理既应包括对下的管理，也包括对上的管理，不过管理的方式有所不同而已。其次，从管理的目的看，任何管理都是为了充分运用和调动管理对象资源，最大限度发挥和挖掘潜力，创造高效益。作为对上级的管理，同样是为了理顺关系，合理利用上级资源，排除不利影响，为本级创造理想的工作环境，形成高效率。最后，管理还是一个能动性的概念，它不是可做可不做的事情，而是必须做，必须主动去做，必须创造性地去做，这样在下级对上级关系的处理上，就会变被动为主动，获得更大的主动性和创造力。这样理解下级对上级的管理，管理就成了一种主动手段，就可能更多地得到上级赋予的权力、支持和帮助，工作起来势必如鱼得水，屡屡成功。

从实际情况看，有些中层或基层领导者很少意识到这一点。他们以为管理永远是向下的，对上级只能服从听命，所以工作起来较少考虑全局，即使有一些想法，也绝不越雷池半步，只是埋头工作，并不向上思考问题，自然工作很难做得出色，更难成为整个管理链上一个优秀节点。也有些中层或基层领导虽然意识到了这一点，但是他们的观念和方法不对头，表现为闹个人意气，甚至以为自己水平高，不把上级放在眼里，自以为是，对上级领导指示不屑一顾，我行我素，甚至消极对抗，这样就打乱了上下统一管理的链条，不但会失去上级的信任，而且会失去来自上级的有效资源，肯定难以做好工作。因此，学会管理上级，也是中层、基层领导的一门处世学问和领导艺术。

当然，鉴于下级与上级关系的特殊性，这里所说的对上级实施管理，绝不是命令，不是指导，而是通过及时反馈信息，相互沟通，来影响领导，争取领导，从而使自己获得有效支持。具体说来应注意以下环节。

1. 胸有全局尊重上级。作为中层、基层领导要想成为整个管理链上的一个优秀节点，就必须立足本职岗位，心怀全局，尊重上级领导，这是实现管理上级的前提。从某种意义上说，尊重就是一种影响，一种沟通。只有这样才能赢得上级信任，你的意见才会有分量有影响力，并得到上级的高度重视。为此，你必须摆正上下级位置，对上级充分尊重，与之保持一致，在具体工作中要吃透上级意图，创造性地执行和落实上级指示精神。赢得了上级的信任，也就最大限度地获得了上级支持和帮助，获得了做好工作所必需的重要资源。

2. 及时向上级反馈情况。作为中层或基层领导要多请示勤汇报，与上级保持良好的沟通。应该让你的上级知道重要的事情，知道你在干什么。对上级交代的工作要阶段性的复命，不能只埋头工作而忽视了这一点。有些重要事情，即使你能够全权处理，也要及时报告给上级，上级一旦掌握了这些情况，就会用他们以为适当的方式给你以支持，并为你排除可能的干扰。有句话说“会哭的孩子有奶吃”，如果我们从正面去理解，那就是要及时给上级反映情况、困难和问题，让上级更多地了解下情，上级就会给予及时的具体的帮助，或在分配任务时考虑你这里的实际情况。如果你工作很辛苦，却又不反映情况，很多困难上级并不知晓，很可能再给你压担子，使你难以承受。当然，说反映情况，也要注意事情巨细，对那些鸡毛蒜皮的小事就不要事事向上反映，以免干扰上级工作。

3. 也要拿起表扬的武器。从心理学的角度看，赞扬是一种引导。对上级也是适用的。假如上级决策正确，对自己工作帮助很大，那么作为中层或基层领导也要在适当场合，对上级提出赞扬和感谢。这是对上级的一种肯定和激励，上级同样会感到高兴。实际上，领导对来自下面的积极评价是很在乎的。俗话说，“金杯银杯比不上群众的口碑”，说的就是这个意思。总之，下级对上级的表扬不仅有利于实现沟通，密切上下级关系，而且也是一种鼓舞和引导，有利于促使上级更关心、更关注你的工作，甚至给予某种倾斜和帮助。当然，这种表扬一定要实事求是，不是阿谀吹捧，更不是无中生有，否则就会适得其反。

4. 多提创造性的建议。来自下级的有创见的建议在一定程度上会对领导决策产生积极影响。作为下级不仅要做好本职工作，而且要对全局性工作进行思考，并从自己的角度提出积极建议或意见。这些建议应深思熟虑，有理有据，针对性强，有分析，有见解，能引起上级重视。这样在客观上对上级的正确决策进行积极有效的影响，也有利于自身本职工作的圆满完成。

5. 努力提高自己的知名度。作为下级还要有意识地创造条件，提高自己在上级领导心目中的知名度。比如，当上级的指示要求并不完备，甚至有漏洞问题时，作为下级有责任提出来，但是方法要十分讲究，要补台不要拆台，力争把事情做好。这样处理问题就充分维护了上级的权威，必然赢得上级的好评。此外，在处理带有全局意义的问题时，要注意照顾上级的难处，不要只摆自己的困难伸手要条件，也要开动脑筋，用足上级有关政策，在政策允许的范围内创造性工作，把问题处理好，借以分担上级的压力。这样做势必得到上级认可，同时能为上级提供解决问题的经验方法，受到领导的肯定，甚至会被上级作为先进典型经验在全局推广，那时，你将获得更大的精神鼓舞和推动自身的内在强大动力，把工作做得更加出色。

» 如何说服你的上司

事实表明，绝大多数领导者是愿意倾听下属意见，希望把工作做好的。对于下属来说，发现上司的问题，也许并不难，难的是敢不敢当面提出，并加以说服。一切称职的下属都应出于公心，多一点大无畏精神，敢于对上司的问题给以同志式的说服，哪怕上司一时想不通、不理解，也应大胆进言。当然，上下级关系的特殊性，下属要成功地说服上司，不仅仅需要勇气和胆量，而且还要讲究一点方法技巧。

1954 年全国人大一届一次会议开幕前，张治中听说毛泽东主席不准备在会上讲话，便给毛泽东提建议，说服他讲话：“这次人大是中国历史上第一次真正的人民代表大会，你是国家主席，开幕时是主持人，怎能不讲话?”过了两天，毛泽东对张治中说：“就只你一个人希望我讲话。”张治中进一步说服他，并指出不是他一个人，是全体代表、全国人民都希望听到主席的讲话。毛泽东还是不大同意讲话。但是到正式开会时，毛泽东主席却讲话了，且讲得很全面、很有力量，受到热烈欢迎。会议休息时，毛泽东对张治中说：“你胜利了。本来不准备讲话，只因开幕式我是主持人，不能不说几句话，谁知一拿起笔来越写越多，就成了一篇讲话了。”

从这件事情的发展过程，我们可以得到一些如何说服上司的有益启示。

1. 要“坐到一条板凳上”说话。一般说来，上司最讨厌下属站在对立面上挑剔、教训、指正自己。所以，要想说服上司改变主意，就要注意自己的立场。要从关心、爱护的立场出发，在思想感情上向他们靠拢，设身处地地为他们着想，帮助他们，使他们能理解你的诚意和善意，从内心感到你是和他“坐在一条板凳上”的。这样，思想感情上的共鸣就为下属的说服铺平了道路，说服之言也就变得更易于被接受了。

2. 要让事实站出来说理。对于说服的企图不应太直露，更不宜对领导正面讲大道理。有效的方法是针对具体问题，多陈述事实材料和自己的分析，让事实站出来说话。只要你能摆出令人信服的确凿事实，上司便会据此作出新的判断，并改变原有看法。陈述事实，分析事理，具有很强的征服力，能收到明显说服效果。

3. 要顾及上司的“面子”。说服上司时还应注意维护其尊严，切忌表现出指责态度，使他们当众丢丑、难堪。而且还应把握分寸，适可而止，不要逼他们当场表态、认错，也不宜和他们进行辩论，若把上司驳得张口结舌才“鸣金收兵”，自己很得意，其实很蠢。因为这样说服非但不能改变其立场、观点，而且会因其自尊心受到挑战，而变得固执起来，使说服归于失败。因此，把握说服的分寸感十分必要。一般情况下，只要说服者陈述了事实和自己的看法，领导就会思索定夺，并以自认为恰当的方式予以接受。

在这里，下属要相信领导，对于正确的意见、建议，他们会给予充分考虑的。不过，下属不要企图“立竿见影”，要给上司思考的时间，他们会权衡利弊，得出正确结论，这时你的说服也就见效了。

4. 说服要选准时机。心理学研究表明，人们心境不同，对否定性意见的接受程度也不同。对上司的说服不能不考虑到这一心理因素。要善于选择他们心境最佳的时机，比如，他们遇到高兴事，心情愉快时；一项工作圆满完成时；取得成绩，受到表扬时……此刻上司易于听进不同意见，哪怕较尖锐的意见，也易于笑纳。相反，当他们心情郁闷、工作繁忙、情绪急躁时，最好不要进言，以免碰钉子。

不过，当上司遇到重大难题，或陷入困境时，尽管其情绪不佳，但出于找出路从困境中解脱的心理，此时进行说服也属好时机。可见，说服时机的把握不能一概而论，应因人而异，看准时机，才能取得最佳说服效果。

第五章

谈吐有致，促进沟通

》明确角色再张口

人们讲话的效果和影响力如何，不仅与讲话内容有关，而且与讲者自身的角色相联系。当讲话内容、语言、做派等与讲者的身份保持一致时，听者会对内容产生认同感，形成共鸣，进而出现良好沟通的效果。反之，效果就会大打折扣。因此，领导者为了追求理想的交际效果，必须增强角色意识，使社会角色与语言内容相匹配。

1. 进行角色的准确定位，规范自我言行基调。当我们进行交际时，首先要进行角色定位，弄清自己是以什么样的角色参与这次交际活动的。定位准确了，也就为自己的言行找到了基调，不会跑调。如果定位不准就会出现问题。比如，一天，有个大腹便便的中年男子走进一家商店买东西。他不理会多人排队的情形，直奔柜台让售货员先给他拿，排队的人们有意见，售货员叫他到后面排队。他盛气凌人地说："你知道我是谁吗?"

售货员不吃这一套，戏谑地说："大家看看，他不知道自己是谁，谁能告诉他他是谁?"

有人接茬说："一个加塞儿的不讲公德的顾客!"

他的脸刷地红了，嘴里说着："没教养，要在我单位，瞧我怎么收拾你!"在群众的一片讥讽声中，他灰溜溜地走开了。

原来这位男子是某单位一个保安经理。他何以在众人面前栽了面儿？就因为他混淆了自己的社会角色。在单位里他是领导，自己可以说了算，可到商店里买东西，就是个普通顾客，他依然拿领导派头行事，造成角色错位，别人自然不买他的账，闹出不愉快来。可见，角色定位对于交际有引导或制约作用，定位错了，语言就会错，交际结果事与愿违。

角色定位通常应坚持以下原则：即不管你的社会职务如何，当投入某次交际活动时应充分考虑交际内容、宗旨和目的，以此为依据明确自我角色定位，较为得体。

2. 不断实施自我角色暗示，引导表达内容与形式。在交际过程中，通过自我角色暗示，强化自己的角色意识，借以按照特定角色的要求，规范和引导自己的言行谈吐、做派表情，说与本角色一致的话，从而推动交际向着预定目标前进。

某单位发生一起责任事故，领导针对问题，在大会上严厉批评了一个负有责任的干部。这个干部与领导关系不错，没想到领导这样不讲情面，有意给自己闹难堪，因而心怀不满。周日，这个领导到他家里走访。出发前，领导提醒自己：这次去走访要以朋友身份和他交谈，不管对方说什么，自己都要硬着头皮听下去。待他提着一瓶酒和几样小菜走进这个干部家门时，对方果然火气很大，不予理睬。这位领导并不在乎他的不友好态度，仍以朋友身份，像以往那样到厨房里找了杯子，反客为主给他倒了一杯酒。领导的做派表情使这个干部似乎找到了朋友的感觉，不由自主地端起酒杯，两个对酌起来。酒过三巡，话语多了，越谈越投机。这位领导把话说透："我为什么在大会上批评你？就因为我们是朋友，就因为你不争气，我拿你开刀，别人才服气。你要不支持我，我怎么开展工作？"如此以朋友身份推心置腹地交谈，很快使对方露出了笑脸。

这个事例表明，角色意识是一种内在的支配力量，自我角色暗示可以使自己的潜意识始终有所遵循，使自己的言行更得体、更有分寸感。试想，如果这位领导不进行这种暗示，当对方发火时，他很可能感到对方不识抬举，或感到没给自己作为领导的面子，那时他的言行就很难如此和颜悦色了。

3. 在特定场合要亮明角色身份，强化角色言行的威力。有时，具有某种特殊角色的人出现在陌生场合，因彼此并不了解，又无明显标志，他人难以形成角色认同。在这种情况下，为了实现某种目的，不妨亮明自己的角色身份，借以获得相应角色言行的认同感和影响力，增强表达效果。

某市市长没带随从人员独自到农贸市场去考察，正遇到市场上发生买卖纠纷，秩序出现混乱，且事态有扩大的危险。他作为市长不能不管，可是如果直接站出来说话，人们未必听他的。于是，他一方面用手机通知有关部门迅速派人来处理，同时他站在高处大声喊道："我是市长于××，大家不要乱，听我指挥，大家先散开，可以选一个代表到这边来我们谈。"由于他亮明了自己的角色身份，人们立即安静下来，听他处理，势态很快得到控制。试想，在人们不认识他的情况下，如果不亮明角色就发号施令，恐怕是不会有人听他指挥的。亮明身份也就为他人产生了角色期待，自己的言行也就有了相应的力度，带来预期的沟通效果。

由此可见，在特殊场合为了处理问题方便，及时亮明自己的角色身份是必要的，这是发挥角色语言威力的前提。这一点，对于有公务身份和官衔的人尤其重要。

4. 适应客观状况需要，适时调节角色言行。人们社会角色不是单一的，每个人都是多重角色的综合体。因此，在场合变化时应适时进行角色转移，更重要的是角色心态必须同步变化。如果出现角色心理变化滞后的情形，同样会造成言行举止的失当。因而，适时进行角色变换，调节角色语言，才可能创造出理想的效果。

有一位中国企业家到俄罗斯访问。经过一家百货公司的时候，看到里面围着一群人，中间有一个妇女拿着一双鞋大叫说："中国货不好，中国人是骗子，大家要当心。"

他一听不对劲，便挤进去看究竟。那个妇女见他是中国人，气呼呼地把鞋举到他鼻子前，说："看看吧，你们中国货，只穿了三天就坏了。"

他看了看说："穿了几天?"

她伸出三个手指头："三天。"

他说："这不是最差的，我买了一双穿了半天就坏了。"听众中爆发出大笑（显然取得了大家对他的认同）。他笑着继续说："因为我贪便宜，结果上了当。不过总的说，中国货物美价廉，世界公认。我曾陪同你们驻华商务代表参观过北京电视机厂等，他对中国产品很称道。当然，也有假货，这双鞋就是，可是问题出在哪儿？"

"问题在哪儿呢？"那妇女问。

"问题在于俄罗斯倒爷为了多赚钱，到中国专找便宜货。我提醒他们便宜没好货，他们不听，说能赚钱就行。"

妇女"啊"的一声："原来如此。"

也有人说："这下说清楚了。"

他接着说："所以，不能说中国人不好，也不能说俄罗斯人不好，只能说骗子不好！"

众人点头："这话好。"

他说："咱们是邻居，应友好相处，互相信任，共同提防骗子。"

就这样，他巧妙地纠正了对方的偏见，使大家达成了共识。

这位中国企业家说服的成功，与他适时进行角色变换不无关系。如果他一开始就以中国人的角色说话，肯定会受到对方攻击。而他巧妙地为自己选择了一个"受害者"的角色与对方说话，情况就大不相同了。他把自己与对方拉到一条船上，说明自己也曾是受骗者。这样就取得了说服的资格，与对方坐在一条板凳说话，彼此利益一致，他的话就有了认同感，对方就把你当成了自己人，所说的话对方就能听进去，所讲的道理也就有了征服力，所以创造出最佳的沟通效果。

此外，不管何种原因进行角色变化时，都应及时调整心态，控制自己的习惯性角色言行，防止原有角色言行的外溢，努力使心态与新角色融为一体，这样才可能达成理想的表达效果。

» 也要三思而言

由于领导地位的特殊性，他们的任何言行都可能对群众产生这样或那样的影响，因此，领导者在日常工作生活中，不仅要三思而行，而且还应三思而言。

在现实生活中，有些领导快人快语，说话很随意，常常把“嘴边话”、情绪化的话脱口而出。也许他们并无恶意，只是下意识而言，但是却容易引起不良后果，破坏了自己在下属心目中的良好形象。下面略举两例：

某厂产品一度积压，厂长十分着急，派出不少推销员也不见起色。有一次他下车间时，与青工谈起厂里的困难，随口说，谁能把产品推销出去，就给他10%的提成。事后，有个青年工人利用自己的关系，真的推销出一批产品，厂长很高兴，表扬他，可是一直不提提成的事。青工找上门去要求兑现，厂长说，那不过是说说而已。其实厂长事后核算过，这样的提成比例太高，难以兑现。可是厂长的食言，大大影响了青工的情绪，厂长的威信也下降了，在工人眼里，他成了一个说话不算数的领导。

部队某连连长有句口头禅“真差劲”，不管遇到什么事情常常顺口溜出来。有一次在队列训练中，一个新战士走得不好，纠正几次都不行。连长有些着急，随口说：“你这个兵，真差劲！”新战士听了这句话，思想压力很大，以为干部看不上自己，自己没有前途了，很长一段时间工作打不起精神来。后来，这位干部发现了问题，才意识到是自己那句口头禅惹的祸，于是主动与战士谈心，才消除了思想疙瘩。

上面两例有一个共同特点，就是领导都没有认真思考就直通通地把话说出口。前例中领导随口承诺，又不认真兑现，挫伤了下属积极性。后例是领导者的口头禅使新战士产生了误会。不管哪种情况，只要领导说出未经思考的话，就可能失去分寸，在有意无意之间影响了上下级关系和自己的形象。

从语言表达的层次来看，交际口语通常分为两个层面：一是浅表层次，即未经思索张口直言的话。这种话往往较为感性，受某种情绪支配，直接对应对方的问题，直奔主题，不拐弯，较少掩饰，难免欠周到，易于造成负面影响。二是理性层次，即人们针对特定对象，特定事情，对自己的言行进行思考设计、选择之后再说出的话，往往能顾及对方的心理情绪，照顾到彼此关系和要达到的目的，所以更得体、更到位，也更易达到预期效果。

俗话说："水深流去慢，智人话语迟。"智者说话通常是理性层次的。他们遇事不冲动，也不"话赶话"，往往想一想再说，所以处理人际关系的言行比较得体，左右逢源，天衣无缝。所以，领导者必须做智者，要懂得三思而言。如果在张口前对问题稍微走一点脑子，多一些深思熟虑，语言表达就会多一些分寸感，少一些误会；多一些得体，少一些矛盾。以那位厂长为例，如果当时他三思而言，那么他会有两种理想的语言表达选择：一是说出承诺，并认真兑现，就将赢得青工信赖；二是估计到不能兑现承诺，便会提出适当的比例，同样能产生积极效果。

总之，领导说话不能太情绪化，那样会显得浅薄，没有深度。长此以往，人们会产生这样的感觉：这个领导不动脑子，没水平。如果领导者坚持三思而言，张口前有所思考，力争说出的话有深度、有新意，与众不同，表现出智慧和技巧，让人产生"听君一席话，胜读十年书"的感慨，那样在无形之中就能赢得群众的敬重，威望就会大大提高。

» 拿捏讲话的分寸

领导者讲话的分量和影响与一般人不同，所以，他们讲话的时候，须特别注意把握好分寸。从实际情况看，当领导讲话内容涉及以下几方面问题时，尤其应拿捏好分寸力度，借以产生表达的正效应。

1. 批评性讲话的分寸。批评是一种刺激性较强的说话方式。对下属出现的失误、问题，领导有责任提出批评。为了达到理想的效果，在实施批评之前，应把错误事实搞准确。如果调查不细，在没有掌握全部事实真相的情况下就提出批评，就会造成与事实不符，或张冠李戴，下属自然难以接受，极易发生当场顶牛现象，在群众中造成很坏的影响。在批评方式上，既可以就事论事，对事不对人，以暗示方式给予批评；也可以就事论理，分析原因、找出教训，给人以较深的触动，使之心悦诚服。不管采用哪种方式，问题一定要说准，用词要恰当。有的领导在进行批评性讲话时，喜欢夸大其词，上纲上线，以为这样才能触动下属的痛处，促其改正，其用意也许并不坏，但是往往事与愿违。同时，实施批评切忌贬低下属的人格尊严。人格尊严对每个人来说都是不可侵犯的。如果领导有意无意地把锋芒指向下属的人格，甚至粗暴谩骂，这样的批评即使事实确凿无误，下属也难以忍受，必然奋起反抗，造成难以估量的不良后果。

2. 评价性讲话的分寸。一般说来，下属对领导的评价性讲话是十分关注的。如果评价过高，可能引起当事人的不当猜测，造成不必要的心理负担，而且还可能招致周围群众的不满、不服，影响其他人的情绪。比如，有的领导对工作积极分子表扬时，使用了过高的字眼，群众有看法，不但不认真学习，而且还对这个典型说风凉话，开他的玩笑，使典型本人感到不好开展工作。相反，如果领导的评价过低，又使下属感到与自己的期望值不符，易于产生失落感，同样影响情绪，压抑工作积极性。尤其是工作出现问题时，下属对于领导的讲话是否公正十分敏感，哪怕一个词都很在意。因此，领导在涉及下属的责任、水平的评价性讲话中要认真斟酌字句，做到恰如其分，以充分调动群众的积极性。

3. 表态性讲话的分寸。有时候，领导为了工作需要可能当众表态、承诺，其分寸感更不能忽视。表态是十分严肃的事情，说出来就要做得到。在没有把握的情况下领导是不应该轻易表态的，能办几分就说几分，办不到的就要说明原因，绝不能为赢得一时的掌声而任意表态。这种实事求是的讲话群众是能理解的。如果领导明知事情做不到，却当众拍胸脯、说大话，到头来不能兑现，威信就会大受影响。比如，某单位长期亏损，一位新领导上任时，没有调查就当众表态说“在半年时间内改变面貌”，而且要“解决群众的福利和住房问题”。当时，群众听了很受鼓舞，掌声热烈。可是，由于单位背了过重的债务包袱，尽管新领导使出浑身解数，一年后仍没有大的起色。他的承诺变成了空话，自然威信一落千丈，背地里群众叫他“吹牛大王”。

古人云：君子一言，驷马难追。指出人们说话的严肃性。说出的话，如泼出的水，必须兑现。所以，领导者一定要以负责的态度讲话，对讲出的话必须负责。这样的领导者言而得体，言而有信，才能赢得群众的信任，具有一呼百应的威力。

» 忌用威胁性语言

在基层单位，当下属与领导发生矛盾，当面顶撞时，领导的权威遭遇挑战，必然会感到太丢面子，十分恼火。有的领导为了压服对方，便说出一些威胁性的话来，诸如：“好，你英雄，咱们走着瞧!”“你等着，你会后悔的!”等等，以此压制对方，挽回面子。然而，这种做法绝非正确的表达选择。

纵观领导者使用威胁性语言对付下属，不外两种情况：一种是由衷之言。有些领导者心地狭窄，报复心强。他们对于无视自己权威的人，对于敢和自己较劲的人，通常会使用这种语言相威胁，下战书，而且说到做到，事后利用手中的权力，寻机对下属打击报复，穿小鞋，秋后算账，甚至利用合理的小鞋整人，借以显示自己不可冒犯的尊严，树立自己的权威。不言而喻，这种言行是极其错误的。另一种则是气恼之言，随口之语。领导在冲动之中，情急之下，急不择词，威胁之语脱口而出，不过想压住对方，结束对抗，自己体面下台。事过之后，他们又会忘得一干二净，并不付诸行动。

然而，不管哪种情况，领导运用威胁说法都是很不明智的，是有害的，往往会造成十分严重的后果。

1. 威胁性语言易于激化矛盾。领导的地位特殊，说话分量重、影响大，如果使用威胁性话语，在下属看来就等于领导对自己宣战，下属是不会当成气话听的，他们“宁可信其有，不可信其无”。所以，领导者的一句威胁性的话，不管你实行不实行，都会引起下属一系列心理活动，并长期处于紧张戒备的心态，而且不同性格的下属会作出不同的对策和反应，以对付不测的降临。如果领导面对的是性格固执、爱记仇的下属，情况可能会很糟。这些人听到领导的威胁话后会久记不忘，并把领导的一言一行、一举一动和自身的利益得失联系起来考虑，看是否真在打击报复自己，一旦自己的利益受到损失，不管什么原因，他们都会认定是领导报复，因而使彼此矛盾激化。哪怕领导者完全是秉公行事，下属也会看成是报复行为，进行坚决的回击。这样一来，上下级之间的隔阂就难以化解了。如果领导碰上性格刚烈或心胸狭窄的下属，可能引起更大麻烦。这些人面对领导的威胁语言，不管是真是假，都可能主动出击，以攻为守，甚至进行暗算，酿成事端。

2. 威胁性语言易于压抑下属积极性。如果领导是面对胆小怕事的人，他们可能经不住威胁性语言造成的心理压力，从此疑心重重，惶惶不可终日，心理处于高度紧张的戒备状态，随时担心领导报复。在这种心态下，他的工作积极性必然受到压抑，自然不会全身心投入工作，也不可能和领导同心同德，甚至会酿成事端。某单位有个业务骨干，工作能力很强，但是自尊心强。有一次就工作上的问题，在座谈会上与经理发生了正面对抗，他摆出自己的想法反驳经理。经理当时也不冷静，批评他太傲慢，目中无人。这个员工更恼火了，说经理霸道，不讲理。经理见他情绪如此激动，不想和他再争论下去，就随口说道："好，你行，我不和你争，回头再找你算账！"员工继续坚持说："有什么了不起，我候着你！"经理退出后，并没有再往心里去，他只是想等员工冷静之后再和他谈。可是正赶上工作忙，经理也没有找这个员工谈。事后，这位员工却满脑子都是经理那句"回头再找你算账！"的话，他整天等着经理来找他算账，可是久等不来。越是这样，他心里越烦，更没有心思工作。由于心情不好，精力不集中，有一次把料下错了，他更加紧张了。他以为经理一定会抓到自己的把柄整人，更是心神不定，整夜失眠。他再也承受不起这种心理压力，终于决定提出辞职。直到这时，早就将争论的事情忘得一干二净的经理才自责地说道：当时自己说的话本是无心的，没想到却产生了如此大的不良后果，真是追悔莫及！

可见，不论从哪个角度看，领导对下属运用威胁性语言都是错误的，应当杜绝。

》也要善于“抠字眼”

“抠字眼”常被用作贬义，特指不从实际出发，一味咬文嚼字，或抓别人话把儿，为自己狡辩的行为。然而，在一些特定的场合，如正式交际场合，善于“抠字眼”却是有益的，甚至是必需的。

比如，1961 年周恩来总理出访尼泊尔，在一次记者招待会上，有记者问，就珠穆朗玛峰的划界问题，两国是否把它分开？周总理说，关于珠峰并不像你说的把我们两国分开，而是把我们两国联结在一起。在这里，周总理的回答就是抓住对方的一个词“分开”，加以纠正、说明，既回答了问题，又重申了中国政府坚持睦邻友好政策的一贯立场。显然，这个字眼抠得好。从一定意义上说，善“抠字眼”也是一种交际机智和口才技巧。

抠字眼实际上就是辨析概念。我们知道，概念是一定事物本质的反映。反过来，一定事物的本质要通过一定的概念来表现。词语不过是它的语言表现而已。因此，词语准确，则能再现事物的本质；词语不准，则歪曲事物的本质，进而导致对方理解上的偏差，产生歧义，造成不良后果。所以，在重大交际活动中，对于事关重大问题的概念、词语，就不能不认真对待，不能不“抠字眼”。进而言之，“抠字眼”就是抠原则，就是辨别是非。在重大交际中，双方的分歧往往就是通过对一两个原则性词语的不同解释表现出来。如果对这些关键性字眼漫不经心，就会留下后患，后果难以想象。因此，任何一个有责任感的人在原则问题上就应词词细抠，字字计较。

在这方面，周恩来总理有卓越的表现。他在长期的革命斗争中，养成了高度的政治敏锐性和坚定的原则性。对于事关国家主权、民族尊严等重大原则问题，他总是倍加关注，哪怕有一点蛛丝马迹，也要弄清楚搞明白，绝不轻易放过。在谈判中，他善于辨析词语的细微差别，抓住关键字眼，或加以解释、澄清，或加以反驳、阐述，以求在大是大非问题上泾渭分明，不留疑点、漏洞。因此，从口语表达的角度来看，善“抠字眼”也是他的口才艺术的一大特色。下面略举几例。

1. 抠词语的“分量”。反映事物本质所用的词语不同，其程度、分量也有差异。周恩来总理往往抓住关键性词语进行掂量，加以分析，请对方给以解释，直到反映了本质，不留疑点为止。1972 年，为实现中日邦交正常化，田中首相访华。在为田中首相举行的欢迎宴会上，田中说道：“遗憾的是过去的几十年之间，日中关系经历了不幸的过程。其间，我国给中国国民添了很大麻烦，我对此再次表示深切的反省之意。”周总理一听“添了很大麻烦”，不禁眉头一动，在他看来，日本对中国发动侵略战争，给中国人民带来了深重的灾难，用一句添了“麻烦”表示道歉太轻描淡写。第二天会谈中，周总理对他提出了严厉的批评，指出：“田中首相表示对过去的不幸的过程感到遗憾，表示要深深地反省，这是我们能接受的。但是，‘添了很大麻烦’这一句话引起了中国人民的强烈反感。因为普通的事情也可以说是‘添麻烦’，‘添麻烦’在汉语里意思很轻。”他说的十分认真、严肃，表现了在原则问题上毫不含糊的立场和态度。田中首相解释道：“可能是日文和中文的表达不一样，从日文来说，‘添麻烦’是诚心诚意表示谢罪之意，而且包含着保证以后不重犯，请求原谅的意思。”又说：“如果这样表达不合适，可按中方的习惯改。”最后在《中日联合声明》中按中方的要求作了表述。在这里，周总理就是抠住“添麻烦”这个关键词，指出其在表达分量上过轻的问题，坚持了原则立场。

2. 抠词语的“内含”。有些词语包含有多重意义，如果只从表面意义来看，可能问题不大，但是在它背后隐藏着你所不能接受的东西。这时，抠词语的隐含意义就显得十分重要了。1972 年 1 月，黑格一行到京为尼克松总统访华做准备。在周总理接见时，黑格在讲话中说道，美国方面关心中国的生存能力，所以，我们双方有共同点，可以共同对付苏联。黑格讲话中的“生存能力”一词引起周总理的警觉和关注。这个词反映了美国的帝国主义观念，中国作为主权国家，不能接受美国的这种观点。为此，在正式会谈前，周总理找来几个英语翻译，要他们把“生存能力”的确切含义告诉他，他还查阅了有关的外文资料。在正式会谈中，周总理说道：“今天，我要请教一下黑格先生，你为什么在前天的讲话中使用像 Viability 这样的字眼?”黑格辩解道：“我是对贵国的安全表示关心。”周总理严正地说：“我们查阅了包括美国出版的辞书在内的好些辞典，Viability 是生存能力，来源于胎儿或婴儿的生活或生存能力。”接着又提高声调说：“为什么我们这样一个独立的主权国家的生存能力，要你们美国政府来关心呢?美国人在世界上就是习惯到处充当保护人。我要直率地说，这是一种帝国主义观念的反映。我们是不能接受的。”黑格自知理亏，满脸通红地说道：“我实在没想到这个词包含有这个意思，很抱歉，总理先生，我可以收回我说的那句话。”会后，黑格对翻译说：“久闻周恩来总理大名，今晚听他一番谈话使我佩服之至。”周总理就是这样认真地对待那些关键的字眼，一丝不苟地较真，把对手征服，使对手佩服。

3. 抠词语的“力度”。他不但善抓对方的关键字眼，而且对自己表达内容的关键词语更是反复推敲，以求使所表达的观点更准确、更有力。1950 年 6 月朝鲜战争爆发后，美国派军队协助韩国作战，并越过“三八线”，中国政府发出严正警告指出，我们不能坐视不顾，要行于所当行。10 月 3 日我志愿军出兵朝鲜之前，周总理打算再一次通过适当方式警告美国。当时拟通过印度大使传话给联合国，让美国注意。话该怎么说呢?周总理想要突出一个“管”字，就是说，如果美国再如此猖狂下去，我们可就要“管”了。他知道这个“管”字在英文上不容易翻译准确。他特地把翻译浦寿昌找去，请他斟酌，待浦寿昌把这个“管”字翻译准确后，已经深夜了。周总理把印度大使请来谈话，请他给美国传个话，指出：如果美国扩大战争，“我们不能坐视不顾，我们要管”。你看，为一个“管”字他下了这么大的功夫，可见其严肃认真的态度和字斟句酌过细精神之一斑。

总之，周总理善“抠字眼”的严肃认真态度和口才艺术是值得我们，特别是领导者学习的。

» 庄谐自如举重若轻

精彩得体的玩笑话是一种交际口语艺术。它通常是以创造欢乐和谐的交际气氛为目的，以自己或交际对象为话题，运用有趣的语言制造笑声的口语表达方式。善开玩笑能表现一个人乐观幽默的品质，机智动人的口才，有助于调动他人的亲近感，赢得他人由衷的钦佩和喜爱，进而成为推动交际成功的促进剂。

周恩来总理常常根据不同的场合、不同的对象、不同的问题，恰到好处地运用开玩笑方式为交际活动添上几束绚丽的花朵，引人情不自禁地发笑，让人笑得开心，在笑声中达到交际的目的。

1. 运用开玩笑，化解矛盾，缓和情绪，促进合作。1972 年 2 月，美国总统尼克松访华，在发表中美联合公报之前，尼克松一行到上海访问，下榻在著名的锦江饭店，随行的罗杰斯、格林等国务院官员住在 13 楼。2 月 27 日周总理到达上海，特地去看望罗杰斯和他的助手们。当他乘电梯走上 13 层的时候，立即意识到了什么，说：“怎么能安排他们住第 13 层？13 呀！西方人最忌讳 13……” 此刻，罗杰斯手下的官员正在为此事生气发牢骚，一个个面有愠色。周总理来了，在罗杰斯示意下，手下人只好客气地装出笑脸，极不自然。在交谈过程中，周总理运用高明的说话艺术，逐步地缓和了紧张的气氛。而后他又开了个玩笑，说：“有个很抱歉的事，我们疏忽了，没有想到西方风俗对‘13’的避讳。”接着他风趣地说：“我们中国有个寓言，一个人怕鬼的时候，越想越可怕；等他心里不怕鬼了，到处上门找鬼，鬼也就不见了。西方的‘13’就像中国的‘鬼’。”说到这里，众人哈哈大笑，周总理也笑了。接下去，外宾眉开眼笑，怨气顿消。

在此，周总理把“13”当成“鬼”，以开玩笑的方式，在谈笑之间化解对方的怨气，巧妙地消除了可能出现的障碍，此后中美联合公报按时顺利发表，恐怕与这个玩笑是不无关系的。

2. 运用开玩笑，表达心意，增进友好，密切感情。1960 年，周总理为朱启钤先生 90 岁寿辰举行了一次小型祝寿宴会。同时还请了一些 79 岁以上的在京政协委员作陪。周总理在祝酒时说："今天在座的都是 70 岁以上的老人，我是个小弟弟。我们今天不只是给朱桂老（朱启钤号桂辛）祝寿，而且也是给在座的各位老人祝寿。"总理风趣的祝词，使在场的老人们无不面呈喜色，表示谢意，宴会的气氛热烈。当朱老的家属集体向周总理敬酒时，周总理半开玩笑地说："你们什么时候请我吃饭？听说你们朱家的菜很好吃。"听罢此言，大家都被他逗笑了，朱老说："好呀，那就请总理定一个日子吧！"在这样的喜庆场合，他的玩笑话引出阵阵笑声，把彼此的关系拉得更近，充分体现了我党对民主人士的关怀、友好和信任之情。

3. 运用开玩笑，谈心说理，道理浅近，生动服人。周总理一生节俭，每月都要清查家庭伙食账目，要求厨师定时向他汇报。一天，周总理听完厨师念的采购明细账，微笑着问了一个奇怪的问题："世界上什么最大？"厨师说宇宙最大，周总理听了哈哈大笑，然后说："不对！宇宙算得了什么？正确答案是：世界上属眼皮最大！"他风趣地说："你想啊，眼皮这么呱嗒一合，把整个世界和全宇宙的事物全挡住了！你说眼皮有多大！"对方也笑了。随后他从伙食费长了一分钱说开去，说到物价和人民的关系，最后指出必须关注人民的利益的道理。他正是这样巧妙地运用讲笑话，说明道理，在轻松和谐的气氛中，使对方受到很大的教育。

4. 运用开玩笑，活跃情绪，使现场气氛更加浓烈。1966 年 5 月，周总理同外宾到大庆参观，有一次，一顿饭他吃了一个窝头，又吃了一张煎饼。在餐桌上，他说："煎饼卷大葱加面酱才好吃。"又开玩笑说："我可没有带苞米面来，吃了煎饼可没有兑换的呀！"大家都被他的风趣逗笑了。

还有一次，周总理陪外宾到密云水库参观，他劝大家吃栗子、核桃、梨和苹果，说这是修水库带来的结果。席间，他见廖承志聚精会神吃水果的样子，就开玩笑说："喂，廖承志，吃那么多行吗？我要告诉你夫人了。"听了总理的话，廖承志笑了起来，更有滋味地吃他的核桃、栗子。外宾也都笑了起来，都说总理平易近人、风趣迷人，和他在一起非常开心。

从上述事例，我们可以得到这样一些启示：首先，领导者应善于开玩笑。有些领导者有一个错觉，以为领导者在社交场合不能开玩笑，特别是不能和自己的下属开玩笑，这样会有失领导的尊严，不利于形成自身的权威。其实，这是片面的。周总理的事例告诉我们，领导者开开玩笑是有益的。如果领导者在交际中总是板着面孔，给人一个威严的感觉，这样就会使他人敬而远之；如果在适当的时机也放松一下，和大家开个玩笑，就可以把气氛变得更和谐，领导与群众之间的关系就会更加密切。更何况，有些场合就应该是轻松欢乐的，比如喜庆宴会上，如果过分的严肃，反而不合调。所以，从一定意义上说，领导善于开玩笑不仅是一种交际艺术，而且也是一种领导方法，即密切联系群众的方法。

其次，领导开玩笑要有分寸。领导者不同于一般群众，他们开玩笑应该高雅，不能庸俗；应该为交际的目的服务，不要为玩笑而开玩笑。也就是说品位要高，效果要好。这样的玩笑才有助于展示领导者的风采和形象。

最后，得体的玩笑又必须从场合、对象、问题出发，要因人而异，因事而异，做到恰到好处，把庄重与诙谐，严肃与轻松有机地结合起来，为交际创造更加和谐更加有利的氛围，促进交际活动走向成功。

» 善用比喻添口彩

在讲话中善打比方是周恩来总理卓越口才的一大艺术特色。不论在对外交往，还是一般交际场合，也不论在重大的问题上，还是在日常生活中，他常常运用一些生动有趣的比喻把道理说得形象生动，浅显明白，富有魅力，使人们在轻松的笑声中认同他的看法，形成思想共鸣。

1. 运用比喻创造事物形象感。这种比喻往往是用大家十分熟悉的事物作比，使要说明的观点，变得更形象、更具体、更有感染力。如在北京密云水库建设工地上，有一次开座谈会，周总理为了强调工程质量的重要性，在讲话中把双手举过头，说："这座水库坐落在首都东北，居高临下，就如同放在首都人民头上的一盆水，一旦盆子倒了，或漏了，洒出大量的水来，人民的衣服都要被打湿的。"在讲话中，他用水盆比喻水库，说明这个工程质量的重要性，非常贴切，非常生动，不仅把工程质量的意义说得清清楚楚，同时还把他将人民的利益挂在心头、对人民负责的情感表现得淋漓尽致。这样形象感很强的比喻，很容易使人产生联想，获得感性的体验，理解和认同其中包含的道理。

运用比喻给人以鞭策。有时为了勉励下属，端正思想，尽职尽责，做好工作，也会运用形象化比喻，让人们深领其高尚理念和殷切期望，实现心灵的沟通。1973 年春天，谷牧同志被恢复了国家建委主任职务。周总理在接见他时说："你恢复工作，担子很重，还得好好干哪！现在不是时兴'爬坡''拉车'那些话吗？我们这些人，一辈子就是为国家、为人民拉车啊！一息尚存，就得奋斗啊！"在这里，周总理运用"爬坡""拉车"作比喻，非常形象地把自己的思想境界表露出来，以此来勉励、鞭策下属，提出要求。这样讲法比起直接说大道理，显得既平易近人，又有激励性。

2. 运用比喻深入浅出地阐述事理。在阐述思想观点、说明道理时，他也常常打比方，从而把抽象道理变得更明白，更有说服力，更易于为人们理解和接受。如 1962 年 2 月，周恩来总理在中共中央扩大工作会议福建组会上讲话，在谈到干部调查研究与群众的关系时，说："你要了解真实情况，就要与老百姓平等相待。在战争年代，我们与老百姓住在一起，天天见面，不分彼此，和群众的关系很密切，现在就不一样了。比如，我参加你们这个会议，一进会场，你们就站起来鼓掌，我就不舒服，但是又不好阻止你们。昨天下午你们没有鼓掌，我心里就很舒畅。因为有了那么一些形式，就显得不那么亲切，不是平起平坐，而是隔了一层。当然，这一层不是一堵墙，是一张纸。你们也都是老革命了，参加革命都有十几、二十年了，为什么还会产生这个隔阂呢？我想就是因为国家大了，'官'大了，和根据地的情况不一样了。所以你们鼓掌，我心里就不安。现在造成的这种形势，一定要改变，下决心改变。要搞好调查研究，就要真正联系群众。"在这个事例中，他拿眼前的现象作比，从鼓掌说到干群关系和个人感受，进而再用纸和墙比喻隔阂的程度。这样就把问题说得十分透彻、准确，又很有分寸，使人们从上下关系存在问题的现象中，看到了问题的本质，进而让人设身处地地思考问题，心服口服地下决心纠正问题。很显然，这样打比方说道理，指出问题，更具委婉性、开导性，要比直截了当地对下级提出问题，提出要求，效果要好得多。

3. 运用比喻活跃现场气氛。一般说来，比喻多有趣味性，易于让人愉悦轻松，产生活跃气氛的效果。他常常根据现场情况，运用打比方创造出一种使大家感到轻松的氛围，促进彼此间的交流和沟通。比如1971年底，日本社会党"七〇年会"新议员团到中国访问，年过七旬的周总理在接见这些年纪较轻的新议员时，一开始就说道："诸位都很年轻，我的心也和你们一样年轻。但你们毕竟是青年，是早晨8点钟的太阳，未来是你们的。"接着又说："我已是午后3点钟的太阳。不过中国到处是年轻人。"这时，日本客人和在场的青年工人、军人等，都会心地笑了，会场的气氛更加活跃起来。接下去他讲了"老中青"三结合的问题。在这里，他把青年人比喻成早晨8点钟的太阳，借以把中日关系的未来寄托在他们的身上，既有政治意义，又形象生动，减少了彼此在年龄上的距离感，活跃了现场气氛，给来访的日本客人留下了深刻的印象。

周恩来同志在讲话中打比方的事例还可以举出很多。仅从上述几例足以看出他的口才风采，领略到在讲话中恰当地运用比喻，对于提高口语表达的生动性、形象性的明显作用，值得各级领导同志学习。

巧用数字让谈吐生花

数字是个奇妙的东西，看起来十分抽象、枯燥和单调，可是在有些人口中却变得鲜活无比，成为奇言妙语，屡屡创造出出奇制胜的表达效果，令人叹服。这是值得领导者认真学习和借鉴的。

1. 数字运算表达理念。1991 年 9 月 15 日意大利总理安德列奥蒂率团访华，其间，他在王府井大街参加斯特法内和华都合资的时装店的开业仪式。为表达他对中意企业合作的支持，他在致辞中说："……只要每 1000 个中国人中有一个人穿上斯特法内的时装，商店就可出售 100 多万件，生意一定兴隆……"此话，引来了热烈掌声。之后，有位意大利记者同他开玩笑，说他"变成了中国人"。他诙谐地说："瞧你说的，中国搞计划生育，鼓励一对夫妇生一个孩子，我排行老三，在中国是生不下来的。"逗得在场的人们都笑了。

他在这次庆典讲话中，独具匠心地运用数字做了一道十分简单却有深意的现时应用题。既表达了他对中意友好关系和企业合资合作的支持，又描绘了中国市场之大、企业合作发展的光明前景，借以鼓励意大利企业家踊跃来华投资的积极意愿。试想，如果他不用这些数字，仅仅只是一般性的表示祝贺生意兴隆的话，那现场效果肯定就逊色得多了。

运用数字运算结果进行反驳，显得言辞犀利，更有力量。在一次记者招待会上，一位来自新西兰的记者向中国外交部李肇星部长提问："中国的'军费'在增长，会给你们的'邻居'……"他刚说了一半，李部长就立即作答："你们新西兰的军费是多少？"面对突如其来的发问，这名记者停顿两秒后摇头说"不知道"。李部长继续说道："中国有 13 亿人口，中国的人均'军费'只有美国的 1/77，中国实行的是睦邻友好政策，我们和我们所有的邻居都很好。中国的国土面积是日本的 26 倍，人口大约是日本的 10 倍，我们的'军费'预算只是日本的 2/3，所以作为记者你说话要公道，要尊重事实。”

炒作中国“威胁”论是西方媒体的惯用手法。李部长有备而来，反驳对方用了一组经过运算得来的数字，用事实说明中国军费并不高，暗示西方媒体欠公允，别有用心。这样用事实数字反驳要比直接说出结论更有力，更服人。

2. 数字拆合表达心情。1983 年 11 月 23 日，胡耀邦总书记东渡扶桑访问日本。在访问的最后一天的离别宴会上，日本官员祝词，讲了一通友好和祝愿的话。等胡耀邦讲话时，他忽发奇语，说道：“……到现在为止，我们在日本已经度过了 165 个小时。1 加 6 加 5 等于 12。你们是 12 分周到的款待，我们是 12 分的感谢，我们这次建立起来的友谊是 12 万分的宝贵！”此言一出，语惊四座，赢得一片掌声。

在这里，他悉心地运用单个数字叠加恰好 12 的巧合，并借用 12 所具有的特定的超量含义，由此生发开来，别出心裁地表达了自己对这次访问的感受和评价。他的生动有趣又不同凡响的说法，显然比起常见的正面评说更新鲜，更别致，更能创造出热烈的气氛，也更显示出说者的与众不同的风采！

3. 数字换算表达美意。1965 年，中国人民的朋友、美国记者斯特朗 80 大寿，周总理等为她举行祝寿宴会。在一阵热烈掌声中，总理站起来致贺词，说：“今天我们为我们的好朋友、美国女作家安娜·路易斯·斯特朗女士庆贺 40 公岁诞辰。”大家听到总理用“40 公岁”这个新名词，都笑了起来。斯特朗更是笑得开心。总理继续说道：“40 公岁，这不是老年，而是中年。斯特朗女士为中国人民和世界人民做了大量的工作，写了大量的文章，她的精神还很年轻。我们祝贺斯特朗女士继续为人民写出大量文章，祝贺她永远年轻。”至此，把宴会的欢快气氛推向了高潮。

周总理匠心独运，一反常规地来了个公制与市制的换算，将年龄减半，真可谓别出心裁，妙语惊人。这一方面体现了中国人民对外国友人的美好的感情，表达了对斯特朗女士的良好祝愿，祝愿她越活越年轻。同时，又反映了周总理的高人一筹的智慧和卓越口才。

这样巧妙地运用数字换算，既表达了自己的美意，又别开生面，不落俗套，有幽默感，创造出了极佳的现场效果。

4. 数字替代巧解难题。20 世纪 50 年代时，一次周总理举行记者招待会，有一位外国记者问：“请问，中国人民银行有多少资金?”周总理说：“中国人民银行的资金，有 18 元 8 角 8 分。”人们一听就愣了，不解其意。他解释道：“中国人民银行发行的面额为 10 元、5 元、2 元、1 元、5 角、2 角、1 角、5 分、2 分、1 分的 10 种主辅人民币，合计为 18 元 8 角 8 分……”对他如此巧妙的回答，会场立即响起一阵掌声。

很显然，这位外国记者对刚刚建立的新中国持蔑视态度，意在刺探中国经济实力，同时提问刁钻，故意刁难总理。因为他知道，新中国实力薄弱，中国人民银行的资金又是国家秘密不能外泄，所以，不管如实回答，还是拒绝回答，都会令人难堪。周总理一眼看透了其不良用心，作为国家总理出于礼貌，不能不回答对方的提问。于是周总理巧妙地采用了“移花接木”的方式，回避了实质性数字，而从一个全新的角度，运用相关数字替代加以回答，既出人意料，又令人无可挑剔，更让人叹为观止，人们不能不为他的机智所折服。

上述事例说明，在口语交际中适当运用奇巧数字能生成独特的语言奇葩，表现某种特定的思想内涵和情感，有助于创造新奇的表达效果，活跃现场气氛，展示交际智慧，实属上乘的表达方式。领导者要掌握这种巧妙的表达方式，在平时就要对一些奇巧的数字现象给予关注，下功夫记住它，并把它们与某种思想相联系、相沟通。这样，在交际过程中就可以随时随地根据表达的需要，信手拈来，脱口而出，促进交际成功。

与新成员首次交谈的学问

新成员的加盟是事业兴旺发达的表现。然而，新成员能不能很好地与团队融合，能不能很快地起步和发展，与单位领导者和他们最初的接触交谈有一定关系。

在现实中，我们看到有些领导把新成员的到来当成例行公事处理，开个欢迎会，说几句欢迎之类的套话，以为就万事大吉了。其实，这种例行公事式的应酬，只是一种毫无新意的程式，很难拨动新成员的心弦，给他们以实际帮助。

俗话说，先入为主。明智的领导则十分看重这个第一次，把新成员的加盟当成一件大事，务必亲自接待，与之交谈。不仅仅把首次见面交谈作为一种礼仪性的程序，而且努力通过交谈创造良好的氛围，实现彼此心灵沟通，借以激励新成员尽快融入新集体，以极大的热情投身新团队，并下决心为之拼搏奋斗，创造出不凡的业绩。

1. 交谈要使新成员加速角色转换。新成员加盟一个团队必须尽快实现从局外人到主人翁的角色转换，而初次交谈是这一过程的起点。领导应借首次见面之机向新成员表达真诚的接纳和热烈欢迎之意，借以激发他们的主人翁意识。这种欢迎必须是发自内心的、真诚的，而不是一般例行程序式的寒暄应酬。为此，握手要有力，表情要热烈，语言要真挚，让对方听到、看到和感受到你的诚意，感受到自己在领导心目中的地位和分量。这种真诚欢迎的信息，对于新成员来说将是一种巨大的吸引和鼓舞，有助于强化他们的主人翁意识，增强责任感和使命感。

进而言之，在交谈中，如果领导能联系新成员的具体情况，对其才学、成绩和优长表示由衷地赞赏，给予一定评价，其激励作用就会更大。如某公司新来一名大学生，公司老总亲自接待他，与之交谈时，对他在家境贫困中能发愤学习考入名牌学校；在校期间当学生会干部，热心为同学服务；利用假期参加社会实践活动，坚持业余打工等成绩倍加赞赏，说本公司就需要他这种拼命精神，希望继续发扬光大。这名大学生没想到公司老总对自己的情况了如指掌，深感意外，又十分激动，像遇到知音一样热血沸腾，当即表态，决心全身心融入团队，倾全力为公司作出自己的贡献。

你看，这位老总与新成员的第一次见面交谈，态度真诚，内容具体，绝非虚与客套之词，因而对新成员产生了巨大的吸引，激发了对方的主人翁意识，很快实现了角色转换。

2. 交谈要使新成员感受到领导的信任和期待。对于新成员来说，再没有比领导的信任更叫人有受鼓舞的了。有经验的领导者善于从这种心理出发，在向新成员介绍工作职责的同时，大胆地赋予他们必要的职权，给他们压担子，让他们感受到领导的充分信任和期待。这种信任和期待常常能产生神奇的力量。比如，某电视台专题部主任就是如此，每有新成员到来时，第一次见面谈话他都开诚布公地把责任和权力交给他们，把担子压在肩上，叫他全权处理。这种早到的真诚的信任，常使新成员始料未及，顿时热血沸腾，真有受宠若惊之感。有些领导对主任的做法不以为然，以为太冒险。这位主任说："你既然接纳了他，就要从第一天起就把百分之百的信任交给他，相信他有这个能力，这样他才会玩命干出个样子来。"事实证明，他的做法和说法是正确的。近年来，专题部进来几位新成员，个个干得出色。有一位新手深有体会地说："至今我还忘不了领导第一次与我交谈的情形，本来我想起码得跟老同志历练几年才能上路，没想到领导一见面就交给我一个栏目，领导这么信任，咱不玩命不行啊！"从此例中，我们可以看出信任的力量多么巨大！因此，在初次交谈中，领导应把信任的信息传递给下属，下属获得信任的信息越早，越是能尽早地进入情况，越是会敬业、负责，唯恐自己做得不够而辜负了领导的信任和期待。

3. 交谈要能激发新成员的创造热情和活力。领导在给予下属充分信任的同时，还应勾画出一幅迷人的蓝图和富有感召力的方向，使他们看到发展空间，感受到单位是自己施展才华的大舞台，有效地激发起他们的创造活力。为此，在交谈中，领导应着意介绍单位不凡的经历，辉煌的发展前景，多年来涌现的出类拔萃的典型及其对人才的激励机制等。如果单位正面临困难，也可如实地告诉他们单位解困的计划和措施。不管哪种情况，这样把单位的发展前途与个人命运联系起来的交谈都可以有效地把新成员的积极性和创造性最大限度地调动起来。某 IT 公司老总与新加盟的成员见面交谈时，总是不忘介绍公司多年来在信息产业中获得的骄人专利发明，介绍有成就专家的事迹，介绍公司为此而提供的优良环境和对创造者的激励机制，使新成员听来每每激动不已，看到了榜样，深深感到自己有幸走进这个创新环境之中，决心不甘平庸，在这个理想平台之上，充分发挥自己的聪明才智，有所发明有所创造。很显然，领导通过交谈给新成员注入自信，激发活力，鼓劲加油，把他们推上发展创新的轨道是明智之举。

4. 交谈要能使新成员获得归属感。领导在谈工作、谈职责、谈使命、谈发展的同时，还应谈生活、谈爱好等，多一点人情味。特别是对新成员的基本生活条件要有一定安排，并要征询他们有什么困难和要求，凡能解决的就要尽可能帮助解决。领导如此关心新成员，以平等态度待人，以朋友口吻说话，和蔼可亲，有问有答，必能创造出和谐温馨的气氛，使新成员感受到领导的关心和温暖，心里热乎乎的，从内心产生认同感和归属感。

总而言之，领导与新成员的初次交谈，态度要真挚，谈吐要到位，个性要鲜明，借以塑造领导者可爱可敬的良好形象，从而形成强烈的人际吸引，使新成员心情愉快地入轨上路，全身心地投入工作之中，释放出更大的能量。

» 语重心长易服人

当下属遭遇不幸、出现失误，情绪低落时，领导有责任及时给予安慰和开导，帮他们走出阴影，重新振作起来。这种真诚的安慰和劝导可以有多种方式，其中语重心长谈心的方式效果最好，可谓上乘之举，值得倡导。

例一：一家大公司的老板老亨利是位很关心下属的人。一天新产品开发部的马克向他汇报说，第 23 次试验又失败了。马克有些沮丧，打不起精神来。老亨利见状，温和地说：“年轻人别着急，坐下。有些事情就是这样，你屡干屡败，眼看没有希望了，但坚持一下，没准就能成功。来，让我给你讲个故事。”

他讲起来了自己的经历："我也是个苦孩子，从小没有受过教育，但我不甘心，一直在努力，终于在31岁那年，我发明了一种新型节能灯，这在当时可是不小的轰动。但是，要进一步完善还要一大笔资金。我好不容易说服一个私人银行家给我投资。可是这种灯一投放市场，其他灯就没有销路了，我的对手们一起向我围攻，暗中阻挠我的成功。可是就在要与银行家签约的时候，我突然得了胆囊症，住进了医院，必须做手术。听说我病了，那些灯厂的老板高兴了，在报上造舆论，说我得了绝症，骗取银行的钱治病。这样一来银行家半信半疑，不准备投资了。

当时我万分焦急，只能铤而走险，先不做手术，让大夫给我打了麻药，如期与银行家见面。我忍住疼痛装作没有事似的，和银行家拍肩握手，谈笑风生。但是时间一长，麻药劲过去了，我的肚子跟刀割一样疼，后背的衬衣让汗水湿透了。我咬紧牙关继续与之周旋，心里只剩下一个念头：再坚持一下，成功与失败就在能不能挺住这一会儿。病痛终于在我的强大意志力下低头了，自始至终，我一点破绽也没有漏，完全取得了他的信任，最后我们终于签约。我送他到电梯门口脸上还带着微笑，举手向他告别。电梯门刚一关上，我就'扑通'一下倒在地上，失去了知觉。隔壁的医生早就准备好了，他们冲过来，用担架将我抬走。后来医生说相当危险。我就靠了这次成功一步步走到现在。"

马克听了，十分感动，说："从你身上我真的体会到了再坚持一下的精神。我要重新设计，不成功不罢休。"不久经过他的努力，真的获得了成功。

例二：某公司老板墨顿很倒霉，他的孩子出了车祸，他的公司又破产了。他受到了巨大打击，心情坏极了。他到一个小酒吧喝闷酒，一个部门经理、他的朋友来劝他，问："墨顿先生，如果让您在财富、健康中选择一样，您会选择什么？"

"当然是健康。"

"如果让你在悲哀和欢笑之中选一样呢？"

"欢笑！"

朋友笑着说:“是的,我想告诉您,失去财富,您不能再失去健康,而悲哀只能损害您的健康!”

“可是我没有办法控制自己的情绪。你知道,我什么都没有了,包括那个可爱的孩子!”

“可是您还有妻子和一个孩子需要您!如果您沉浸在悲痛中无法自拔,甚至作出不好的选择,那么您伤害的是四个人!”

“四个人?”

“是的,包括您和妻子、儿子,还有我!如果您从此沉沦下去,作为朋友,我会很难过的!”

朋友的话叫他感动了。

朋友继续说:“您失去了金钱,但您没有失去财富。”

“为什么?”

“您的财富难道您自己不知道吗?您的经验,您的生意朋友,还有你建立的网络,您的信誉,都是一笔巨大的财富啊!”

听了这番话,他的眼睛里发着光,似有所悟。几天后,他宣布:“我要从头做起,去打工。”他真的振作起来,而且又重新赢得了成功。

从上述两例,我们不难看出领导者管理者语重心长开导说服的魅力。它通常有两个特点:一是真诚亲近的态度。首先劝导者必须保持由衷的同情、关切的态度,用一颗爱心去抚慰对方,把双方的心拉近,从而为劝导成功创造出必要的情感基础。例一中,老亨利作为一个领导者,当他面对失意的下属时,并没有居高临下以教训的口吻说话,而是以长者身份,亲切的态度,意味深长地用自己真实的感受和体会影响对方,这种情感本身就有很强的感化力量。例二中,下属朋友用同情之心、仁爱之心去抚慰对方一颗破碎的心,使对方感受到无限的温暖,从而产生了“自己人效应”,大大强化了劝导之言的渗透和引导作用。

二是丝丝入扣的说理。语重心长的表达不是讲不疼不痒的空道理,不是抽象的理性说教,而是针对对方的心结,对症下药,进行具体问题的分析,情理并重的开导,润物细无声的启发,如此点化开导，令其思索，必然让对方心悦诚服，最终解开心里的疙瘩，作出正确选择。例一中，老亨利就是针对下属的问题，以自己亲身经历，说明坚持就是胜利的道理，让对方产生联想和类比，从而激发出相同的情感和力量，把对方引导到正确轨道上。例二中，破产老板所以能重新站起来，就得益于朋友那具体的理性分析和循循善诱的引导，把对方的注意力从失意心境中拉了出来，看到自己依然拥有的可贵财富和再战的资本，从而找到了突破低沉情绪的突破口，看到光明前途，再次树立起了创业决心。

》劝说下属宜“画龙点睛”

面对下属陷入某种问题或情感困境时，作为领导者如何才能有效地进行劝导说服，使之摆脱困境，振作起来？由于领导工作多、时间少，不可能长篇大论、娓娓道来，这时“画龙点睛”式的劝导就成了一种选择。

有时候，劝导之言不在多，只要话说到了点子上，点准问题的要害、指向“命门”穴位，三言两语就能解决问题，立竿见影，使人猛醒。经验表明，由于被劝对象情况各不相同，因而让人豁然开朗的点睛之语必须有的放矢，呈现出不同的着力点。

1. 一针见血，点明后果。有的人受到打击，情绪激动，表现出情绪化的言行，而对这样做的不良后果却不管不顾。在这种情况下，领导者如果能一针见血地给他们点出可能导致的严重后果，便可使其警醒过来，茅塞顿开，进而思索对策，作出正确选择。

有个东北姑娘到南方打工，在一家电脑制版公司工作。在那里，她是外来妹，尽管工作很积极，受到厂领导表扬，但当地人依然歧视她，同事们常和她过不去，她的组长挑她的错，训她，甚至有人揭她的短，说她“对人热情其实是一种职业习惯”“过去当过酒吧女招待，训练有素”等。她气得流泪，去找厂领导哭诉委屈。没想到领导不但没有安慰她，反而说了一句：“办公室不是流眼泪的地方，你哭得这么凶，到底是怕别人相信这件事呢，还是盼别人注意这件事呢？”

一句话使她呆住了，领导的反问如当头棒喝敲醒了她。她想了很久很久，感到自己不该这样懦弱，乞求别人同情和怜悯，只有自己扶助自己，自己必须选择坚强，才能站住脚跟，被人看得起。从此之后，她不再独自哭泣，不再理会那些风言风语；她用心钻研专业，在业务上打了几个漂亮仗，业绩十分突出，她很快被提拔为业务主管。从此，再也没有人敢小看和欺辱她了。

你看，她的转机就是领导的那句提醒行为后果的话，使她幡然猛醒，从此抛弃了软弱，选择了坚强，摆脱了困境。俗话说：“人在事中迷，就怕没人提。”有时候，只要有人提醒一句，点拨一下，就会警醒过来，作出正确选择。

2. 一言中的，说明价值。当人们遇到严重挫折，精神压抑时，对他们只讲一般道理是很难使之醒悟的。这时，如果有一两句分量重且不寻常的话，给对方击一猛掌，往往能让他们很快恢复理智，摆脱精神羁绊，重新振作起来。

女企业家李春燕在创业之初曾遇到很多挫折。她是一个有理想有抱负的青年，20 出头就独当一面做起大生意，然而她毕竟经验不足，在做电脑生意时，为她做进口代理的一家公司违规操作，致使她进口的 50 万元电脑被海关没收，血本无归。这对一个 24 岁的姑娘来说，几乎是灭顶之灾。在这突然降临的灾难打击下，她病倒了，几天水米不进。她不想活下去，几次拔掉针头只求速死，不管人们如何劝她想开些都不见效。这天，公司一位领导来看她，对她诚恳而严厉地说：“春燕，你的生命，不仅仅值 50 万！”

仅此一句话如炸雷轰顶，顿时使她从绝望中惊醒。她意识到自己的生命远不止 50 万元，自己还可以创造十倍百倍的价值，自己不能就此倒下去，她说：“我这样死去能对得起谁？我必须坚强地活下去。”

这位领导的劝说方式真可谓别出心裁，他只用一句揭示其价值的话，如响鼓重锤般激发起对方活下去的勇气，为她重新注入自信，使她迷途知返，战胜自己。后来，她接受教训，从头做起，事业越干越大，终于成为深圳企业界的名人。

3. 一箭双雕，区分利弊。有时候，人们可能对某事的重要意义认识不足，而影响了行动的积极性。此刻，一句区分利弊的点睛之语往往能使对方的认识得到升华，心灵受到激发，上进心在顷刻之间被激活。

某连指导员为组织战士参加集团军的读书演讲比赛活动，对全连进行深入思想动员，要求大家积极报名。但是大家缺乏勇气，不敢报名。有个新兵原本在学校就参加过演讲，很想报名，可又担心自己是个新兵，如果太“冒失”，拿不了名次，会影响自己的前途。所以，他和其他人一样，没有勇气举手。指导员用激励的目光扫视全场，提高嗓门说道：“我希望大家记住一句话，机不可失，失不再来。冒失有时只会使你后悔一阵子，而怯懦则能使你后悔一辈子！”这句话深深震动了这个新兵的心。他想，害怕演讲虽然可以避免失败，却同样与成功无缘，自己不能让好端端的机会在手中溜掉。于是他勇敢站起来说：“我报名！”在做了充分准备之后，他参加演讲比赛，取得了第二名的好成绩。此后，他在这句话的激励下，又战胜了一次次的怯懦，投入一次次竞争，不但考取了军校，又当上了新闻干事。至今，他还十分感激指导员那句给了他持久动力的话。

指导员那句话所以能点石成金，就在于它击中了战士的思想障碍，点透了事理，指出了一阵子与一辈子的利害关系，使战士的思想认识出现了飞跃和升华。这种有较强理性色彩的话语近乎至理名言，能量很大，不仅能产生立竿见影的激励作用，而且还有长效价值，甚至能成为伴随人生的座右铭。

总而言之，领导在对下属进行思想教育、说服劝导时，应摸准对方的思想脉搏，努力寻找那一两句能拨动对方心弦、一针见血的话，这样就可能收到一点即中、药到病除的理想效果。

现身说法真切服人

所谓现身说法，就是以自己的经历为例证，对人进行说服教育的表达方式。这种说法对于消除人与人之间的分歧意见，统一认识，推动工作具有积极作用。因此，作为领导者应善于现身说法，以增强自己口才的魅力，做好下属的思想工作，调动其积极性。

现身说法的征服力来自三个方面：其一是事实的力量。事实胜于雄辩。从本质上说，现身说法是摆事实讲道理，即为说明自己的观点而举一个自己经历的事例。因为事例是自己亲历的事实，不管是成功的还是失败的，只要是被实践证明过的东西，都具有一定真理性，因而易于让人听信。其二是对比的力量。讲述自己经历的事实、感受，与眼前的正在发生的事情往往是同一类的事实，这就形成了明显的比较，通过对比，易于引起人们的自我反思，其中的正误道理不言自明，进而使认识升华，态度转变，向真理靠拢，实现思想认识的统一。其三是权威的力量。通常现身说法者在人们心目中有一定的威望，由他们推心置腹地讲述真实可信的事实，阐述深刻的道理，这样一来，就把身份的权威性与表达内容的力度相结合，形成了巨大的说服力、征服力，易于引起彼此心灵的共鸣。

实际情况看，常见的现身说法有以下两种形式。

第一，解剖式现身说法。就是引述自己经历的事实，并进行剖析，说明道理，以此影响和说服他人。

比如，20 世纪 50 年代时，周总理在怀仁堂召集京津两地的教授和研究人员开会，作思想改造运动的动员报告。在报告中，周总理出人意料地说起自己的身世。从他自己的家庭、身世讲起，讲到自己的祖父周攀龙当过淮安府山阳县知县，尽管没有田产，也不出租房屋，但仍然属于剥削阶级。因为全家是靠做官吃饭，这个官是为封建地主阶级的利益服务的，所以也不可能做到清廉。他讲到自己也和大家一样受过旧教育，后来因为看到民族危亡、山河破碎，而觉悟起来参加了革命；在党和毛主席的领导下，革命胜利了，胜利之后又如何抵制了各种旧传统势力的袭击，正确地处理了个人、家庭和革命的关系。他语重心长地指出，知识分子要过好民族关、阶级关、家庭关，鼓励大家要从爱国主义立场发展到人民的立场，发展到共产主义的立场，这才是一个革命知识分子应有的归宿。

听了周总理的现身说法，与会的老教授们都说，周总理功勋盖世，尚且这样严格要求自己，我们自己应当如何呢？更应该加强思想改造了。多年后人们谈及这次报告，仍印象深刻，念念不忘。

在这里，周总理谈思想改造问题不是居高临下，而是现身说法，把自己放在其中，作为思想改造的一员，身先士卒进行自我剖析，说明改造的必要性、重要性，把道理讲得透彻贴近，很有说服力。因而在知识分子中引起很大反响，对思想改造运动起到了很大的推动作用。

这种解剖式现身说法的征服力，源于现身说法者的坦诚态度，以及严格要求自己，为人师表的人格魅力，以自己的榜样形成巨大的教育效果和昭示作用。

第二，对照式现身说法。就是针对当前存在的问题，讲述自己的经历，通过对比说明道理，借以引起人们反思，达到教育、启发和说服的目的。

在20世纪改革开放初期，人们对这一政策的必要性认识不足，甚至不理解，思想跟不上，因而推进改革步履艰难。某国营企业在改革过程中，因涉及方方面面的利益调整，遇到来自各方面的阻力：中层领导担心机构拆撤自己失去官位，职工担心被裁员下岗，人心不稳，焦虑不安，使改革面临重重困难。正是在这种情况下，厂长在干部会上进行动员："……我知道，很多人都在担心忧虑，站在个人角度看，我能理解。我和大家一样，也担心，也焦虑，也考虑个人的进退去留。有很多人，包括我的老战友都不理解我，直到十分钟前还对我说，你会没有退路的。可是如果站到国家命运的高度再看改革，想法就不一样了。只要改革需要，把工厂搞上去，我随时可以放弃个人的一切。同志们，不进行改革不行啊！我甚至以为，没有退路并不是坏事……我们搞了三十年不理想，万一再搞二十年还不理想，中国怎么办？没有出路了，同志们，我们只有同党同心同德，拼出一个现代化的中国来。否则，我们这些人再被打倒就不会有人再为我们平反啦！”在这里，厂长把自己摆进去，语重心长的说明不能站在个人角度看改革，必须从全局的高度，才能看清改革必要性和急迫性，最后指出，如果不改革可能出现的最坏结局，让人思考、警醒，使人们的思想认识得到转变，进而跟上改革步伐。

厂长这番联系个人实际的肺腑之言，亮明了自己对进退去留的态度，深深地影响了干部们的思想认识，在与厂长对照中反思提高，和他一样把国家命运与个人联系起来思考，很多问题就想通了，从而为改革扫清了思想障碍。

不管哪种形式的现身说法，在运用时都应把握以下原则。

1. 要缘事而发。现身说法不是一般的讲故事、拉闲话、说经历，而是为了解决眼前问题而举证。因此，讲什么、如何讲，都要缘事而发。也就是应从眼前的问题出发，思索自己的相关经历，有的放矢地讲述这一段经历，以说明问题。一般说来，现身说法无须刻意去做，只要从现实问题出发，顺理成章，自然和谐地讲述，就能产生积极作用。如果不看问题，只管讲述个人的经历，夸夸其谈，无的放矢，不但难以服人，反而会产生卖弄之嫌。

2. 要有可比性。现身说法的目的是以过去的事实说明现在的问题，那么过去事实与现时情况之间必须可比。只有两者之间有可比性，比较才有意义，才易于由彼及此，引起人们的思索和联想，诱发其内心斗争，进而产生呼应和共鸣，使认识实现沟通。如果所举事例与眼前的情形没有多少联系，比较牵强，那就难以形成比较、联想和推理过程。

3. 要事理结合。现身说法所举事例要真实可信，绝不能胡编乱造，无中生有，否则就失去了说服人的前提和力量。同时，介绍亲历的事实必须紧紧围绕自己的观点展开，以事证理。现身说法不是一般的讲道理，而是谈自己经历之后悟出来的道理，是真情实感，入情入理，所以可信度高，征服力强。如此事理结合有助于引发对方认识变化，思想升华，最终产生说服效果。

» 拨动心弦巧劝导

在职场上，在生活中，人们难免陷入情感旋涡，或遭遇挫折，或面临人生选择而举棋不定……这时作为领导者就应该出现在下属的面前，指点迷津，给予劝导和帮助，让他们振作起来。事实表明，要想让劝导之言产生预期效果，话必须说到点上，能拨动对方的心弦，形成心灵的共鸣，才可能马到成功。那么，哪些话语易于拨动人的心弦呢?

1. 拨动理想追求之心弦。对于一个有志向有追求的人来说，他们最关注的莫过于实现自己的理想和事业成功了。当他们在前进道路的选择上举棋不定时候，领导出面开导，就应对准其理念追求的目标，点化之，激发之，他们必定会为了尽快实现理想而作出正确选择。

陈章良在美国学成之后，准备回国工作。1986 年，他首先回国考察，国家科委对他说，你随便挑，挑到哪个单位就到哪个单位。他从上海到北京，从中国科学院到各个大学走了一圈。当时，他还是举棋不定。那一天，他到了北大，这是最后一站。爱惜人才的北大校长了解他的心情，很想留住他，就告诉他两点。说道：“一是欢迎你回来，如果愿意的话可以来北大；二是进北大很不容易，因为北大有的是人才，大学问家特别多，竞争也特别激烈，特别是对年轻人来说，可能会很艰苦，条件也没有别的单位那么好。但有一点是值得称道的，那就是北大的自由的气氛能够有助于学术上的交流，而且北大和国际上的交流之广泛也是中国任何一所大学都不能与之相比的。”

听了校长的话，陈章良的心里一动，产生了“共鸣”，多日来犹豫不定的心落了下来，当即下了决心：进北大。在这里，我们看到他之所以很快下决心，就是因为校长说的第二句话起了关键性作用，拨动了他的心弦，使得他这个事业心强，渴望自己能在一所学术气氛浓厚的学校发展自己，并在科研领域有所作为的年轻人找到了知音，找到实现理想的舞台，所以“一言定乾坤”，他选择了北大，后来他还担任了北大的副校长。

2. 拨动人格尊严之心弦。在职场上，人们最在乎的是自己的人格形象。对于个人面子、尊严，任何人都不会当儿戏。所以，当有人出现情绪冲动，可能做出傻事的时候，劝导者只要及时拨动他敏感的人格尊严的神经，对方就会立即警醒过来，作出理智的选择。

张明德进入安利公司后，凭着自己的才能在两年内就从业务部门中层主管升任部门经理。有一次，他负责组织安利（台湾）公司的年会。有6000多名营销员、安利大中华区的大老板、美国安利总部来的贵宾参加。他把这一重要活动授权员工去做，自己又没有认真核实。结果，他对下属的放心等于放任，授权成了弃权。年会召开那天竟然出了几个要命的纰漏：舞台没有按时完工；机器设备没有检查好，有一个激光表演节目，主持宣布之后整个会场一片漆黑；在放幻灯片时有的正，有的反，一片混乱。当时他作为主管领导如坐针毡，彻底丢了丑。他感到无脸再在公司待下去，准备向公司提出辞呈。

安利大中华区行政总裁郑李锦芬女士知道情况后，不忍失去一个有才华的下属。她对他说了这样几句话：“你这时候离开安利，大家只会记得你是一个失败的人，失败的业务经理；你继续留下来，作出一个成功的典范，作出成绩，向大家证明，原来你是一个有能力把事情做好的人。”

听了这话，他的心头一震，立即改变主意，收回辞呈，决心在这里做下去。此后他真的作出了成绩，成为安利（中国）日用品有限公司北方区总经理。

在此例中，我们看到，促使他改变主意的正是行政总裁那句直指他选择逃跑的行为有损于人格尊严的话。维护尊严是人的本能，也是做人的底线。此话点到了他的“命门”，使他很快从情绪化状态中解脱出来，决心留下来，一雪前耻，以实际行动证明自己是一个有能力把事情做好的人。

3. 拨动利益得失之心弦。有时候，人们可能一时冲动做出蠢事，甚至不顾及起码的利益损失。如果领导能从其根本利益角度提醒点化他们，同样可以拨动其心弦，让人们意识到不能因小失大。那时，人们就会顾及行为后果，重新作出选择，以维护自己的切身利益。

海口某酒店林经理对员工态度不好，有些待遇没有兑现，从而激怒了员工。当总公司经理来店视察时，一部分员工提出要集体辞职，以此要挟总经理开除林经理。中餐部经理得知情况后，十分着急。她知道大家提的有道理，可是大家这样闹，不一定起到好作用。于是，她给大家做工作，劝导大家说："如果你们想趁这个时候去提意见，要求辞职，以此要挟老板辞掉林经理，就大错特错了。对一个老板来说，没有什么比利润更重要的东西。放眼整个海口，林经理算得上是个酒店管理方面的优秀人才，她能给老板带来利润，而我们呢？像我们这样的服务员，大街上大把大把有的是，不少人伸长脖子等着空缺呢。尽管我们不愿承认，但事实确实如此。大家出门谋生不容易，如果确实另有好去处，我不阻拦，但还没有着落的，就暂时不要跟着去凑热闹。你们想想，哪个老板会喜欢挑衅生事、要挟罢工的手下？"

员工们听了，觉得有道理。他们大多数是乡下人，如果被开除了，一时很难找到工作，生计就成了问题。所以，他们听从中餐部经理的劝告，并要求她代表员工去争取利益。就这样，中餐部经理说服大家继续上班，由她出面向老板提出意见，较好地解决了问题，顺利渡过了难关。

此例中，中餐部经理的高明之处就在于她说服员工时，话语直指他们的切身利益，点明闹事可能出现的严重后果，使员工不得不进行利益权衡，从而改变主意，较好地平息了事态。

俗话说：钥匙投簧锁自开。只要拨动了人们的心弦，就能立竿见影。事实上，对心思的话不一定是惊天动地的，往往是朴朴实实的，看上去很平常，但对方听进去了，产生了共鸣，思想就会发生变化，最后作出正确的判断和决心。

» 委婉暗示妙在其中

领导者不论在工作中，还是在处理人际关系上，常常遇到一些问题不得不说，但直言明说效果又不太理想。在这种情况下，运用暗示性说法将是一种得体的选择。

暗示性说法是一种带有“潜台词”的表达方式。它通常包含表里两层含义：一是表面义，即语言直接表露出来的意思，对方一听就会明白；二是隐含义，即字面以外的意思，需要对方思索后才能领悟的深层意思。而且表面义与隐含义具有某种联系，表面义是隐含义的入口或外壳，人们可以通过表面义联想到隐含义，认识并理解其隐含义，从而实现彼此沟通。一般说来，表面义较为平和，较少刺激，而隐含义则是表达者的本意，是表达者要暗示给对方的内容。从某种意义上说，暗示性表达是一种经过包装的说法，显得较为委婉，很能体现表达者的善意和苦心，更易产生心灵共鸣，让人接受。

正因为暗示性说法有特殊的表达功能，所以它常常成为有经验的领导者得心应“口”的表达工具，特别是在表达批评性、否定性意见方面，暗示性说法能显示出特别的魅力，并展现出领导者的智慧、策略性和说话艺术。

1. 当下级出现不良苗头时，为了防患于未然又保护其积极性，可运用暗示说法提醒点拨。人们在工作中出现问题在所难免，作为领导者有责任及时给予指出，帮助纠正。对于处于苗头状态的问题，领导者既不能熟视无睹，也不能小题大做，此时可运用类比式暗示说法既巧妙地点出问题，又避免直陈问题可能造成对对方自尊和积极性的挫伤。某机关一名很有才气的大学毕业生，因工作成绩突出而飘飘然，傲气十足，结果使人际关系紧张。领导发现问题后，与之谈心，但没有直接指其问题，而是谈了一件类似的事：某单位有个青年技术员能力很强，又有钻劲，成绩突出，就是太傲气、瞧不起人，周围的人对他很有看法。后来，在一次民意测验时，他的分数最低。结果一公布，对他打击很大，认为环境不好坚决要求调走。这位领导惋惜地说："本来很有发展前途的一个青年，就因为太傲，不善于创造良好的生存环境，使自己的发展受到了影响，真是太可惜了。"

在这里，这位领导运用了类比暗示说法对对方进行善意提醒，明里说他人，暗里却言有所指，传递了特定信息。这个青年干部从这番意味深长的话语中听出了话外音，受到启示，也感受到领导的好心。当时他没说什么，但他深解领导意图，从此警觉起来，严格要求自己，克服缺点，主动改善人际关系，很快使自己成为受欢迎的人，工作更加得心应手。此后，他很感激领导及时的暗示提醒，使自己少走了弯路。

2. 当无法满足他人要求表达拒绝之意时，为了避免尴尬，可运用暗示说法让对方心领意会。领导者对于他人提出的困难和问题应在力所能及的情况下，给予积极帮助。但是，对于有违原则或力所不及的要求，则应该说"不"。然而，对他人说"不"是一件很难的事情，尤其是直言拒绝，易于让人感到有难不帮，缺少同情心，而遭人怨恨，显然不是上策。此时，如果领导善于运用关联式暗示说法，就可以在不得罪人的情况下，使对方的期望值降温，甚至打消不切实际的念头。

在部队精减整编过程中，有一位军队干部不想转业，他去找自己的一位老乡、领导，想通过他活动一下留下来。这位领导清楚这件事是不可能办到的，因为当年精减量大，而且对方的条件不过硬，很难留下来。但是他与这位干部关系甚密，作为老乡又不能直说不办，于是，就给他摆了一些情况，说："今年的形势也许你还不太了解。上面下达的转业指标是去年的一倍，这可是硬指示，党委决定了几条留人的硬条件，比如二等功以上的，先进单位的，文化在大本以上的，这些硬杠杠谁也不能突破。有些人关系很硬到处找关系也没成功。你听说了吧，师政委的侄儿想留下，最后也没成功……"讲到这里，这个干部已经明白，自己的条件不过硬，文凭太低，又只有一个三等功，硬件不行，看来留下的希望几乎是零。于是，他打消了再去找关系的念头，还对老乡的实话实说表示感谢。

在此例中，这位领导并没有直接拒绝对方的请求，只是摆客观情况和条件，暗示出问题的难度，使对方由此产生联想，作出判断，意会到结果。如此运用关联暗示方式说“不”，既达到拒绝的目的，也未伤害双方的关系。这正是关联暗示说法的妙处。

3. 当对存在问题批评指正时，为了顾及下属的面子，也可运用暗示说法点到为止。对下属存在的问题提出批评是领导的职责。由于问题性质和程度不同，在批评方式上应有所选择。对于情节严重的，自应直呼其名，把“板子打在具体人的屁股”上，甚至要当众点名批评，惩一儆百。而当问题尚不严重，且人数较多时，则不宜在大会上公开点名指出，应运用点化式暗示说法，“对事不对人”地指出问题及其危害，借以敲响警钟，引起人们高度重视，让其自觉纠正。某单位有些干部工作作风不扎实，上班有早退现象，有的甚至上班时间打扑克。针对这些问题，领导在会议上严肃地说：“最近有人反映我们单位有的人上班打扑克、下棋；有的早退去买菜，其中还有个别领导。我没有调查核实，但是我希望这些同志引起高度注意……”领导讲话之后，单位的不良现象不见了。

在这次讲话中，领导始终没有点一个人的名字，仅仅指出了不良现象，但是却暗示出他已经掌握了具体人的事实，出于某种考虑而没有点名。这种“对事不对人”的批评，既指出了问题严重性，引起人们警醒，又照顾了存在问题人的面子，充分体现了领导的善意和领导艺术，因而产生了理想的批评效果。

4. 当需要传递坏消息时，为防止造成不测，也可以运用暗示说法减少强烈刺激。有时领导还会面临一些不幸事件，比如处理伤亡事故等。由于事件对人的感情、心理冲击太剧烈，如果对方没有思想准备，很可能造成不良后果。所以，处理这类事情时，领导说话应格外谨慎，不妨采用半遮式暗示说法，有意不把问题和盘托出，而是半遮半露，说“半截话”，另一半让对方去思索和意会。比如，有个干部与妻子关系不好，经常争吵，后来这个干部决意与妻子离婚。妻子便找单位领导做工作，希望挽回家庭。单位领导对此事很重视，多次做这个干部的思想工作，既严肃批评，又耐心规劝，但都无济于事。无奈之下，领导将结果转告给寄予厚望的干部妻子，说："我们尽了最大的努力，看来，他的心已经飞走了……"对方听罢，沉默良久，终于明白事情已经到了无可挽回的地步，平静地接受了这个残酷的事实。

领导运用半遮式暗示说法传递不幸信息，既给人留下思索空间和思想转弯的过程，又展现出领导的同情心，显然是处理问题的上乘表达方式。

» 无声语言魅力无穷

由于领导者地位的特殊性，在他们与人打交道时，不仅其言论令人关注，而且他们的表情动作也有很大影响力，甚至产生意想不到的效果。

在朝鲜战争中，有一次彭德怀总司令到前线视察，在前沿阵地上有一个腿部受伤的战士向他立正敬礼，结果挣开了腿部的绷带。彭总看罢，照这位战士肩头"啪"地"打"了一下，又瞪了他一眼，接着，扶战士坐下，蹲在旁边一声不响，一圈一圈地重新为这位战士缠好了绷带。这个战士为司令员无言的爱抚所感动。后来这个战士成为了将军。他常常忆起那次相遇，对人说："当时，彭总的一拍一瞪，使我想到了儿时母亲的手，母亲的目光……"

当时彭总没有说一句话，但是他的表情动作却说了很多很多，而且下级深深地体会到了其中蕴含着的思想情感。在这里，表情动作作为一种无声语言传递了复杂的信息，产生了"此时无声胜有声"的效果。这正是表情动作语言在人际沟通中的独特魅力，值得领导者高度重视，相机而用。

一般说来，人们的表情动作是内心世界的一种真实的流露。它所传递的思想感情的信息是约定俗成的，人们可以从中准确地把握表达者所传递的信息内涵。所以，在特定场合，领导者恰当地运用态势语言表达自己的思想感情，有助于真实地展现自己的情感，塑造良好的自我形象，并强化口语的感染力，进而促进人与人之间的沟通。

在大多数情况下，人们的态势语言应与口语同步进行。这样，表情动作会作为一种形象化语言，诠释口语内容，渲染感情色彩，大大增强口语的感染力影响力，使交际对象加深对口语内容的理解。新中国成立初期，在全国科技工作会议和剧作家会议上，陈毅元帅曾作过一次令人振奋的讲话，阐述了我党的知识分子政策。他说，工人、农民、知识分子是我们国家劳动人民中间的三个组成部分，是主人翁，经过几年改造之后，再不能够把资产阶级知识分子这顶帽子戴在所有知识分子头上。他说："你们是人民的科学家、无产阶级的科学家，是革命的知识分子，应该取消资产阶级知识分子这顶帽子，今天我给你们行'脱帽礼'！"说完，他站起来向在座的知识分子深深地鞠了一躬。

陈毅元帅在讲解党的知识分子政策的同时，郑重其事地行脱帽礼，给在场的知识分子留下难忘的印象。他的这一动作充分体现了我党对知识分子的真诚和尊重，有效地消除了当时存在的一些误会不解，从而把党与知识分子的关系一下子拉近了。试想，如果没有这个行礼动作，那效果就一般得多了。难怪多年后，一些知识分子谈起他当时这一动作，仍然记忆犹新，感动不已。这正说明了得体的态势语对于口语具有明显的说明和强化作用。

有时，在一些特殊场合人们不便使用口语，也可借助态势语言传情达意，表达复杂而深刻的思想感情。"文化大革命"中，贺龙元帅被迫害而死，后来党中央为他平了反，周恩来总理亲自参加为他举行的追悼会。那天，他怀着十分沉痛的心情步入悼念大厅，面对元帅、战友的遗像，他连续七鞠躬。在场的人们见状，无不泪如雨下，大声恸哭。在这里，他以七鞠躬的方式表达了自己对战友的深深怀念和未能保护好元帅的愧疚心情。总理的高尚人格和崇高情操，更加赢得人们的爱戴。

在处理领导与下属的矛盾方面，态势语言也有积极作用。上下级之间发生矛盾、误会是难免的。在一般情况下，人们碍于面子，很难向对方直言认错，消除矛盾。这时，不妨运用态势语言传递和解的信息，以一个动作一丝微笑表达自己的歉意和和解姿态，可以收到“相逢一笑泯恩仇”的效果。比如，某部队一个营长因为工作与一个连长发生了争执，闹得很不愉快。事后，他感到自己不该太冲动，说过头话。可是让他当面向下属认错，面子又拉不下来。在第二天召集各连长开会之前，他顺手抓起一只苹果扔给这个连长。连长本来还在赌气，没想到营长扔苹果给他，他忙伸手去接，与此同时他看到营长投来的含有歉意目光和明朗的微笑，似乎在说：让昨天的不愉快过去吧！连长心头的怨气顿时抛到了九霄云外，他也笑笑，掏出一支烟扔了过去。就这样在无言之中，上下级之间扫除了障碍，完成了一次心灵的对话和沟通。

无声语言魅力无穷。领导者应善于从实际出发，运用得体的态势语言传递特定信息，为人际交往和沟通服务。

第六章

大会讲话，彰显魅力

领导讲话贵在于实

领导当众演讲大多是结合工作任务针对现实问题进行的，所以它不同于青年人比赛性演讲。其最大的特点就是要“实”。换句话，领导演讲不需要多少激情，要紧的是内容实在，表达风格朴实。这样的演讲才符合领导角色的特征，符合群众的期待，才有助于塑造良好的领导形象，有利于实现与听众的沟通，达到推动工作的目的。具体说来，领导的求实演讲表现在以下几个方面。

1. 说实话。在演讲内容上，要说真话，不说假话，避免令人倒胃口的虚话、大话，言不由衷的套话。这样大家听了才有真实感，才易于听信。一位领导曾说：“……在我们单位，学的不是本专业的外行有两个人，我是其中一个。所以，我这个当领导的压力很大，总是担心说了外行话，压抑了大家的积极性。因此，我自感有两条职责，一是要全力给大家当好后勤，支持你们这些专家工作；二是要努力学习，虚心学习，争取早日入门。在座的同志都是我的老师！”他的演讲，不是说官话，大家听了觉得很实在，很亲切，认为他是个清醒的领导者，从内心产生了几分敬意。如果他装腔作势、卖弄自己的话，那么演讲效果就将大打折扣了。

2. 举实例。领导演讲不能干巴巴地只是说理，必须善于举例，让事实说话。但在举例时，最好选用听众关注的或身边的实例，这样能有效地勾起听众的联想，调动其认同感，增强演讲的感染力。某公司领导在对干部作演讲时，谈到留住人才的问题。他说：“……这是各级领导都应关注的大事情。在这方面我们注意不够，首先我作为总裁在这项工作上就有失误。最近在北京开会时，我遇到一家香港公司一位很年轻的经理，他做得十分成功。没有想到，他主动与我握手，自我介绍说，他曾在我们公司中层做过领班。我当时就感到十分惭愧，为什么我没有发现这个人才，留住这个人才。这是我在用人上的失误，是一个教训！同时，我也要批评你们人事部门，这样的卓越人才为什么你们也没有发现？如果发现了为什么没有举荐上来？我们应从这件事情上找找教训。如果我们在人才战略上打了败仗，我们就可能被淘汰出局啊。”

他在演讲中通过解剖一个真实事例，对下面引起很大震动，使人们看到各自的责任，在挖掘本单位人才，留住人才上产生了急迫感，很快一种新的人才观念和用人机制在这家公司形成了。这次演讲所产生的佳效，很大程度上与他引述的事例有关，显然比抽象地说人才重要更有力量。

3. 动实情。领导演讲虽然不宜过分强调煽情，但是表达自己的真情实感是少不了的。当然，绝不能故作姿态，无病呻吟，应与说理叙事结合起来，让真实感情自然流露出来，撞击听众的心灵，赢得共鸣。某边防部队一位新领导深入到边防哨卡，到每一个哨位上去观察体验，了解情况。在隆冬时节，他还亲自到江面哨位上陪战士站了一班岗，发现江面温度比岸上要低好几摄氏度，他终于发现了导致战士腿疼、关节疼的原因。后来，在干部大会上，他说：“同志们，我们的战士多么可爱啊，就是在那样恶劣环境中上岗，忠于职守，没有人吭一声。我到那里，也就是上了一班岗，就感到腿部受不了。我对战士们感到心疼啊。十八九岁的小伙子如果落上一身病，那可是一辈子的事情！同志们，我们都是有儿有女的人，如果那是自己的孩子，我们会怎么想？所以，我建议大家研究一下，马上拿出一个解决的办法来！”

领导这番动情的讲话让很多在座的干部动容，感慨不已。会后，大家立即当成一件大事来研究，业务部门很快拿出了办法：每个人多发一条皮裤，多发两副鞋里垫的毡垫，每连建一个烘干用的炉子为战士烤鞋子等。此事在战士中引起了强烈反响。你看，一次动实情的演讲产生了多么好的效果！

4. 讲实理。领导演讲大多应有理性色彩，但必须说实实在在的理，要针对具体问题，进行具体地辩证地分析，引出服人的结论，而不是说抽象的论证，或人云亦云的老调。有一位局长在进行企业股份制改革动员时说："……我们进行股份制改革，就是要引进现代企业管理制度，从根本上把大家的利益捆在一起，让每个人关心企业的经营，都当成自己家的事情那样去关心去出力。最近，我们对个体企业发展现象进行了分析，论生存环境他们远比不上国企好，可以说是困难重重，可是他们不断发展，从小苗长成了大树。为什么？就是体制机制在起作用。因为他们随时有生存危机，所以，他们有很强的风险意识，有内在动力；因为他们把企业的利益与自己利益捆在一起，所以他们的聪明才智被调动起来，能发现每一点商机，始终瞄准市场，练就了市场观念，增强了适应商场需求的本领，大大增强了竞争力。说到底一句话，利益驱动机制是一种巨大的力源。我们进行股份制改造，就是要引进这种机制，注入这种内在驱动力。"

在这里，这位局长从客观事实出发进行分析，引出了服人的结论：利益驱动机制是巨大力源，企业改革的方向。道理说得具体而实在，让人受到很大启示。很好地扫除了大家的思想疑虑，推动了改革进程。这正是说实理的价值所在。

5. 表实心。有时候，在一些演讲中，领导也要表露自己的心迹。如果他们说得不是真心，明白人一听就能听出来。如果表露的是真实心声，大家会感同身受，受到感染，并给予高度评价。有一位单位领导原本晋升的呼声很高，可是突然给他下了免职命令，平调到北京一个部门帮助工作。他在告别演讲中说："……我由衷地拥护上级的安排。这样对学院，对我本人都有好处。首先，学院领导班子年龄偏大，少一点活力。我退下来后，新领导才50岁，这样平均年龄一下子就降了好几岁，工作起来肯定会有声有色；二是对我有好处。我家在北京，再有两年就该退休了，退下来后，住房、看病都比在石家庄方便，这是我的愿望。这也是领导对我的照顾，我从内心表示感激!”

此番讲话说得入情入理，是心底之言，肺腑之语，是真心话，所以赢得了一片掌声。

» 加大信息量讲话有分量

领导讲话能不能解决问题，能不能吸引人，很大程度上取决于讲话内容，取决于信息量大小。一般说来，信息密度越大，信息越新鲜，人们就越爱听，越能形成信息吸引，产生共鸣效果。时下有些领导讲话不抓人，问题就出在信息量不足上。有些单位领导作报告、讲话洋洋洒洒数万言，听完后仔细一想，也就是那么一点点信息，可以用几句话就说清楚，他们却花了几个小时。这种喋喋不休，费时劳神，效果不佳的讲话，不但难以起到信息沟通的作用，而且影响人们的情绪，还有损于领导自身的形象，实在得不偿失。

领导讲话信息量不足主要有以下几方面的表现和成因。

一是旧。信息的特点之一是新鲜，第一时间的信息最有价值。而陈旧过时的东西，人所共知的东西是很难引起人们注意的。有些领导讲话偏偏喜欢老生常谈，言必称想当年；有的则是“炒剩饭”，讲老掉牙的道理；有的讲话不但观点不新，而且语言重复啰嗦，在一篇讲话中净说“车轱辘话”，反过来倒过去就是那么几句，人们一听就是那一套，一张口就知道下一句要讲什么，甚至能背下来。如此失去新鲜度的讲话内容，有用信息含量必然大打折扣，只能让人大倒胃口。

二是空。有些领导讲话内容空洞，言之无物，脱离实际，很少触及和回答听众关心的焦点问题。他们讲道理只是一般化的认识，缺少真知灼见；讲问题浮光掠影，不疼不痒，不深不透；讲情况不深不细，不能入情入理；讲措施办法，大而化之，过于抽象宏观，没有可操作性等。这种空洞无物，既不实际，又不实在的讲话，很难让人入耳入心，从内心折服。

三是套。有些领导讲话形成了固定套路和程式，不管什么讲话，就是那些层次套套。比如讲话“穿靴戴帽”，开头一大段讲从上到下一级一级“指导下”的话；结束语讲表决心、发号召的话等，大多是人们耳熟能详的模式化的内容，没有多少信息价值。毛泽东同志在批评文章八股现象时就说过，下面送上来的材料第一段不看。为什么不看？就因为那是套话，没有实质性内容。现在有些领导讲话为了照顾到各方面需要，仍然没有摆脱说套话的毛病，但这也就减少了讲话的信息含量。

四是抄。有些领导讲话的内容并不是自己的思考所得，而是从文件中、从报刊上、从他人讲话里抄来的。现在的传媒如此发达，你抄来的东西，也许别人早就看到了，再从你口中讲出来自然已不新鲜，并非有用信息。还有的领导在讲话中引文太多，尽管引文很经典，但是由于没有自己的见解，人云亦云，构不成最佳信息吸引，自然难以让人叫好认同。

五是偏。有些领导讲话虽然提供了不少信息，但是他们没有考虑场合和对象需求，偏离了特定听众对信息期待的大方向，听众对于大量不相干的信息既不关注，又感到不满足。如果一篇讲话提供的与听众不相干的信息很多，那么有用信息量必然显得不足。比如，有些领导干部不看对象，把国内讲话拿到国外面对西方人讲，由于人们价值观不同，表达习惯不同，尽管你说了很多，但对方还是不感兴趣，你讲得无异于多余的废话。

事实一再表明，一篇好的领导讲话，首先不在你懂不懂得演讲艺术，语调节奏技巧把握得好不好，关键在于能不能传递新的有用的信息，是不是有领导者独立思考的真知灼见，能不能给人以启示。在这方面，各级领导应该学学毛泽东、邓小平同志，他们每次讲话都有大量新鲜的思想信息，都能针对现实问题讲自己思考的深邃独到的见解，给人以启迪和引导，所以大家都喜欢听，有“听君一席话，胜读十年书”之感。如果每个领导干部都能如此，那么领导讲话的作用就更大了。

» 短而精的演讲受欢迎

领导者常常需要针对现实问题，进行有针对性的引导教育式演讲。这种演讲既可长篇大论，也可长话短说。笔者以为，领导者短小且精彩的演讲往往更胜一筹，易于收到立竿见影的效果，显示出独到的魅力。某军队学院领导就常作短小演讲，很受欢迎，下面请看他针对考风问题所作的两次演讲。

在军官队考前的讲话：各位同学：有关考场纪律，我不想多重复，因为大家都是考场“老手”，已多次重温有关规定，了解违规的后果。不过有一点我想强调一下，那就是你们都是未来的军事指挥员，是管人的带兵的人，我不希望大家在考风考纪上出问题。考不出好成绩当然是一个问题，而违反纪律那就是品格上的缺陷了。成绩不好，可以补考，这不丢人，而品格出了问题，背个处分，或被取消了考试资格，那就没法弥补，损失就大了。得不偿失！那时，你将无颜站在部下面前理直气壮的讲话，更没有资格谈纪律谈作风！所以，我希望大家都能交出两张合格的答卷：一张是好成绩，另一张是好品格！

面对地方委培队考生的考前动员讲话：各位同学：前不久有的同学无视考试纪律，受到处分，被通报全校，我想大家已经知道了。在这里，我想强调的是，希望大家多一些自尊自重，在考风考纪问题上不要心存侥幸，做不该做的事，将使自己永远背上三个“对不起”的包袱：一是对不起任课老师。老师辛辛苦苦教你知识，教你做人，而你考试作弊，置老师一片苦心于不顾，给老师脸上抹黑，老师会心寒，以后你如何面对你的老师？这是第一个对不起。第二是对不起你的父母。你们是自费生，是家长出高价送到这里来学本事的，家长期望你们不但有本领，而且做一个真诚的人。如果你因为作弊而被处分，你就辜负了家长的殷切期望和爱心，这又是一个对不起。第三是你对不起自己。大家辛辛苦苦学习，本来学得不错，我想，拿个中等良好大概不成问题，顶不济也是个及格，可是如果你作弊被抓住了，那就成了一个零分。那就前功尽弃了，如此因小失大，实在对不起自己以往的努力！所以，我在这里给大家提个醒，我们应把三个“对不起”换成三个“对得起”。其实这很容易做到，只要牢牢记住六个字：“遵守考场纪律”！

这两次演讲既短且精，针对性强，声声震耳，因而收到立竿见影的效果，考试现场的纪律井然，形成了良好风气。

笔者以为，这位领导的短小演讲所以产生如此功效，就在于它具备以下特点：其一是主题集中突出，开门见山，一针见血，不拖泥带水，响鼓重锤，加深印象，使人对考纪的利弊得失不得不自省，从而起到教育和警示作用。其二是内容有新意。本来考场纪律是个老问题，可是在这里他没有老生常谈，而是别出心裁，从新角度切入，讲出新鲜味道来，给人耳目一新的感觉，因而形成心灵呼应，收到理想效果。由此可见，讲短话还要精彩动人，就必须动脑子，想点子，使演讲角度新颖，切中要害，结构简单，有所概括，让话题内容能激起大家的联想和共鸣，这就更需要领导提高演讲功力了。

» 补充讲话切忌狗尾续貂

某单位有位程副部长，资格较老，十分健谈，不论出席什么会议，不管是否有安排，他都要发言，尤其喜欢在会议临近结束时作补充发言，而且一说就是“三点”，搞得人们有点烦。

这天，部里召开安全工作会议，主管领导讲完话，时间就差不多了。由于此项工作并非程副部长分管，所以未安排他讲话。会议结束前，部长问在座的领导还有什么要说的？程副部长不失时机地说“我补充几句”。于是打开话匣子说：“谈谈节约时间问题，讲三点意见。第一点，古人说过，一寸光阴一寸金，寸金难买寸光阴，从古到今，惜时如金是民族传统，也是美德之一……第二点，现在是‘时间就是金钱、效率就是生命’的时代，时间观念尤其重要，这是时代要求，是改革开放的需要……第三点，我们单位确实存在文山会海的现象，浪费了不少宝贵时间，实在令人痛心……根据以上三点，我个人认为，精简会议，说短话是十分重要、十分及时的，我个人表示要从我做起，从现在做起。希望大家把这个精神带回去，在具体工作中认真执行……”等他讲完时，已经过了开饭时间近半小时。与会同志不胜其烦，议论纷纷，从此单位里流传开一个有关程副部长的雅号——“程三点”。

通过这个雅号不难看出群众对此类多余的补充讲话的反感和嘲讽。纠其失误，主要体现在以下几个方面。

一是偏离会议宗旨。领导讲话应围绕会议主旨进行，主报告自不必说，就是副报告或补充讲话也应如此。一般说来，补充讲话应是主报告的拾遗补缺、完善强化，而不应节外生枝，另起炉灶，冲淡主题。本来是安全工作会议，程副部长却大谈文山会海，节约时间问题，显然与会议宗旨相去甚远，有狗尾续貂之嫌，自然不受欢迎。

二是内容了无新意。就其讲话本身来看，内容属老生常谈，人云亦云，废话连篇，缺乏新鲜信息，对人并无教益。再加上他的讲话内容与其行为自相矛盾，说节约时间，自己却又在浪费时间，自我否定，自打嘴巴，难免成为人们的笑柄。

三是表达形式模式化。领导讲话要点的概括应服从内容需要，有话则长，无话则短，有几点就讲几点，大可不必非凑三点不可。可是程副部长不从实际出发，每次讲话都用固定模式和套套，不管什么内容都压成或抻出三点来讲，那就可能出现削足适履或无病呻吟的情形，难免令人生厌。

四是大凡领导喜欢补充讲话，或讲长话，恐怕与他们思想上存在某种认识误区有关。这些人往往把当众讲话当成一种展示权力，炫耀自己的机会，误以为在大会上露面，长篇大论，可以显示自己的不凡水平，赢得威信。岂不知这种不识时务、喋喋不休、狗尾续貂式的补充讲话是很难令人认同喝彩的，到头来只能适得其反，大倒听众胃口，有损于领导的形象和威信。

放下讲稿上讲台

领导讲话不外两种形式：念稿式和脱稿式。两种方式各有各的特点和用途，比较而言，后者的效果往往好于前者。一方面从听众的接受心理看，听众对缺乏生气的念稿不感兴趣，他们更喜欢听生动活泼的讲话。另一方面从信息传播角度看，念稿子易于限制信息传递的质量和数量，影响表达的生动性和感染力。因为要念稿必然把眼睛专注在稿子上，这样讲者的目光和表情就很难面向听众，更不要说与听众形成交流了。缺少了表情语言的配合，势必降低讲话的魅力。我们常常见到这种情形：有些中下层领导本来讲话很有风采，很有个性，目光、手势都能充分调动起来，有声有色，群众也爱听。可是，他们一旦郑重其事地念稿子，一板一眼，十分投入地讲话，听众反而打起瞌睡来。

为了提高讲话的效果，除了在隆重场合或传达上级重要精神时需要念稿外，一般情况下领导者应脱稿讲话，基层领导者尤应如此。当然，脱稿讲话要比念稿子难一些。为此有几个问题要注意。

首先，要从思想认识上解决问题。有些单位的领导所以讲话不离稿子，并不是他们没有脱稿演讲的才能，主要是存在一些思想障碍。比如，有的担心讲不好，影响自己的威信；有的对会议重视不够，事先没有很好准备，临时上场应付；还有的认为念稿显得庄重，有分量，能表现领导水平；等等。由于有这些认识上的障碍，所以他们讲话总是离不开稿子。看来，由念到讲这种形式上的变化，必须首先进行认识更新。我们应从追求讲话的最佳效果出发提高认识，把脱稿讲话当成提高宣传群众、推动工作的更有效手段来对待。要充满自信地上台脱稿演讲，用自己的话来讲，讲自己的思想看法，展示自己的讲话风格。特别是与群众朝夕相处的单位领导者，更应扔掉讲稿，走上讲台。在讲话的形式上，领导者完全不必过分追求所谓的“高雅”，只要讲出你自己的思想感情，表现自己的真实水平，能与群众形成共鸣，就是好的讲话。这样的讲话，听众会感到亲切、自然，更加信服。

其次，提倡讲话不念稿并不是说事先不要准备讲稿，相反，除了社交性即席演讲以外，大多数讲话都应在事先认真准备讲稿。不但在讲话内容、表现形式上要精心策划构思，而且在语言表达、修辞技法上要仔细推敲，最好亲自动手写成稿子。如果没有足够时间准备讲稿，起码也要列出讲话提纲，打好腹稿，再上台讲话。如此事先准备讲稿，或讲话提纲的目的就在于把自己的观点、思路梳理清楚，把材料安排得当，更好地体现会议宗旨，以增强演讲的自信心，为临场出色发挥奠定坚实基础。可见，脱稿讲话要比念稿方式花费更多的时间和精力才有望获得成功。

最后，在准备讲稿的基础上，还应下功夫背诵和试讲。在这方面，有不少成功的经验。比如，法国前总统戴高乐演讲的经验是三个字：写—背—扔。即先写好讲稿，而后背诵，到十分熟练程度时扔掉讲稿上台演讲，效果很好。世界著名的演讲家、英国前首相丘吉尔也是如此，他的很多重要演讲总是先写出讲稿，然后下功夫背诵，并设计动作、口型，然后上台脱稿演讲，每每获得成功。这些事例都说明要把书面讲稿变成精彩的口头演讲，下功夫熟悉、背诵和试讲是必不可少的环节。只有使内容烂熟于心时，走上讲台脱稿演讲才能轻松自如，大大增强讲话的效果，并展现出迷人的风采，令听众折服。

» 领导演讲要注意自控

某领导机关一位干部带事迹报告团到学院作报告，大会上，五个先进典型个人的精彩事迹报告受到热烈欢迎，在掌声中主持人请带队领导讲话。通常这种讲话只是礼仪性的，说几句得体的话就行了。这位领导接过话筒开讲了，说到自己对这个学校的感情，此次来院的感受，又说到学院领导的文字水平高，洋洋洒洒，拉拉杂杂，

20分钟过去了，人们以为要收场了，没料到他才“书归正传”，听众只得耐着性子听下去。他讲到这次事迹报告的意义，开展学习活动的要点及其注意事项。人们一听就觉得他的角色不对了，这些指示性的话本来应是单位领导来讲的，他越俎代庖，很不是味。人们几次给他鼓倒掌，他误以为是为自己喝彩，反而谈兴大发，引申开去，大讲国际形势，军事变革，政治工作……讲了一个多小时，眼看就要吃午饭了，还没有停止的意思。主持人只得悄悄提醒他，他才打住。台下议论纷纷，说怎么能让这样一个没水平的人带队呢？

不消说，这位带队领导弄错了自己的角色，在有意无意之间滥用了这次演讲机会，他的喧宾夺主、信马由缰、漫无边际的演讲减弱了本次演讲活动的预期效果。究其原因，并非他的口才不好，而在于他不懂得或不善于进行演讲自控，违背了演讲应遵循的基本原则，造成了演讲角色失控、内容失控和时间失控，结果事与愿违。这从反面告诉人们，善于自控是演讲者应具备的基本能力之一，忽视了自控，其演讲就很难获得听众的认可和共鸣。

所谓演讲自控，即是演讲者从会议宗旨和演讲效果出发，自主进行选择、控制和调整演讲内容、语气、节奏及演讲技巧、演讲时间的主观运作过程。演讲自控是一种能力，也是演讲者综合素质的体现。它是使演讲达到最佳效果的必要手段。

1. 要强化演讲自控意识。经验表明，演讲自控意识的增强应从做一个好听众开始。当人们听他人演讲时，一方面是想学点什么，另一方面又在同步观察评论演讲者的表现，用自己的主观感觉和满意程度给演讲打分。但是，仅仅如此还不够，我们应该由此延伸开来，进行自我反思、自我教育，充分认识演讲表达与观众感受的对应关系，演讲的优劣与演讲者自控程度的对应关系。进而与自己联系起来，在头脑中装上自控意识这根弦，在心中立起潜在的演讲高标准，知道自己是谁，该讲什么，该讲多少等。这样，当自己走上台演讲时，就会自觉控制自己的一言一行、一颦一笑，努力追求理想的演讲效果。

2. 做好超前性自我控制。每次演讲之前，领导都应对需要控制的因素进行认真分析、预测和设计，做到有备而讲。一是演讲角色定位要准，要根据自己的真实身份与此次演讲任务，明确演讲角色定位。换句话，就是要清楚此次演讲是以什么角色说话，以此引导自己，说与角色相一致的话。二是把握会议主旨，了解会议基本内容和要求，以此为准星，紧扣主旨安排演讲内容，为演讲定调，以防跑题。三是了解听众需求。要知道与会对象是什么人，判断其需求，预测人们希望听什么内容，进行对口准备，对演讲内容进行精心设计，力求满足或超越对方的期望。这种预设性角色和内容规定就为自己演讲划定了基本范围和框框，在演讲过程中，人们就会有所遵循，自主调控，不至于出大格。

3. 随机进行临场自控。演讲开始后，在倾情投入演讲的同时，还要注意观察听众的情绪和现场反应，看大家是否关注你的演讲内容，反响如何，作出评估，据此进行演讲内容、技巧的调整。如果大家的目光射向你，专注地听，说明演讲内容有针对性，大家感兴趣，在同步思索，那么你就应沿着既定思路讲下去。如果发现听众目光并未投射到你身上，大家在交头接耳开小会，会场秩序不好，这说明讲话内容不对口、不抓人，你就应适当调整演讲内容，或增加有吸引力的材料，把大家的注意力吸引过来。

4. 要特别注意演讲时间的自控。从听众心理来看，短而实的演讲要比长而空的演讲更有味、更让人喜欢。再好的演讲，一旦讲得时间太长，人们的精力就容易分散，效果就会大打折扣。因此，领导在演讲时一定要审时度势，加强对演讲时间的自控。一是要服从“定量”时间要求。要注意大会给你的演讲时间限度，要在规定时间内完成演讲，一般不应超时演讲。有些领导时间观念不强，不管大会小会，都要按自己的意愿把话讲足讲够，在他们心目中以为，反正我是主官，讲多长你都得听。孰不知，这种长演讲只能叫人烦，听众很难听进去。一场没有效果的演讲无异于废话，还影响领导威信，实在是得不偿失。二是看大会安排的顺序，决定演讲时间的长短。一般安排在前面的演讲，可以放开些，多讲几分钟不会有大影响，而排在后面的演讲，就要适当短一些。尤其是作补充性演讲的领导更要把握好时间，如果安排在吃饭前演讲，应更简短些，不然就会费力不讨好。总之，不管领导在什么场合演讲都要顾及时间因素，即便你很有地位，是单位领导，没人能限制你的演讲时间，你也要有自知之明，懂得约束自己，使演讲恰如其时，恰到好处，收到演讲的预期效果。

» 学会调动听众参与心理

在通常情况下，演讲是一个单向传递信息的过程，演讲者是信息发布者，听众是信息接收者。在这种讲与听明显分工的演讲中，听众往往处于被动接收状态，很难实现最佳演讲效果。针对这种情况，有经验的演讲者十分注意调动听众的参与意识，改变听众的心态，设法把听众吸引到演讲内容中来，让他们的思维和情感与演讲过程同步运作，互动配合，形成共鸣，达成共识，从而大大增强演讲的穿透力和影响力。

有位演讲者在演讲过程中掏出一张崭新的20美元钞票，问听众："我打算把这张20美元送给你们中的一位，谁想要？"

话音刚落，很多手举了起来。

演讲家微微一笑，然后把钞票揉成一团，用力搓起来，然后轻蔑地问："谁还要？"

一部分的手犹豫着放下了。

演讲家把钞票扔在地上，又踏上一只脚去用力踩，然后他捡起钞票。全场人都看到这张钞票已又脏又破。他更加轻蔑地问："现在谁还要呢？"

又有部分的手放下了，但仍有数只手顽强地坚持着。

演讲家请一直举着手的那几个听众起立，然后对着他们深深鞠了一躬，说："请接受我对你们的敬意。"全场哗然。

演讲家对众人说："无论我怎样糟蹋这张20美元的钞票，那几名观众依然要它。因为他们知道，这张钞票并没有因表面的糟蹋和我对它们的蔑视而贬值，它依旧值 20 美元。能透过表面看到事物的真实价值，并且勇敢坚持这种价值，这是我敬佩他们的理由。”至此，全场响起了掌声。

这掌声说明在场的人们赞赏并接受了他的观点。试想，如果演讲者不是这样，而是直接讲述表象与本质的道理，人们未必感到新鲜深刻，并认同接受。可是当他通过一系列对一张 20 美元的处理动作和提问，把大家引入到一个现实课题之中，人们必然同步思考，亮明态度，作出回答，最终当演讲者提出一个出乎大多数人意料的结论时，人们豁然开朗，明白了一个深刻的道理，从而走出了认识上的误区。你看，这种强烈的演讲效果就是在引导听众参与演讲过程中实现的。

除此而外，有的演讲者还通过调动听众情感参与的方式，来增强演讲效果。在一次演讲会上，一位演讲者走上讲台，向大家宣布："我向大家演讲的题目是：论坚守岗位。"她的语音甜润，吐字清楚。可是刚说完这句话，她就走下讲台，向会场外走去。台下的听众面面相觑，不知发生了什么，先是小声议论，彼此猜测；继而喧声四起，惊诧指责，接着同声谴责，怒不可遏。难耐的几分钟过去了，演讲者慢慢吞吞地回到讲台上，面对激怒的观众，充满激情地说："如果我在演讲时离开讲台是不能容忍的话，那么，在工作时间内纪律松弛，玩忽职守，擅离生产岗位，难道不应该谴责吗？我的演讲完了。"

会场安静了片刻后，突然爆发出一阵热烈的掌声。

在此例中，演讲者有意制造了一种激发听众情感的过程，让大家进行实际体验，由衷地对于不遵守时间者表现出反感和愤怒之情，再从情感愤怒转到理性感悟，最终经演讲者点题，巧妙地借助听众情感的变化完成了演讲主题的传递和升华，在"有谋而合"中达到了演讲目的。

在上面两例中，演讲者都成功地运用了引入参与方式，有目的地操纵听众的思维或情感，纳入到演讲的逻辑框架和推演过程之中，使听众从被动接受状态，变为同步参与、积极思索、切身感悟的积极状态，因而大大增强了对演讲内容和主题的理解。很显然，这样的演讲方式比起单向灌输教导式演讲的作用要强烈得多、深刻得多。

因此，为了追求这种演讲效果，演讲者应从实际出发，对演讲内容和表达形式进行精心设计，千方百计把观众引入特定话题和情境之中，让听众参与演讲全过程，在同步思索和体验中，达到最佳演讲境界。

》诗文入话更精彩

领导的成功演讲往往都少不了一些诗韵文采。这种文采可通过语言修辞和引经据典表现出来，其中，巧引诗文便是常见的一种。

我们知道，古诗文意境幽远，蕴含哲理，辞彩华丽，隐喻广博，深得人们喜爱。如在讲话中穿插几句诗文，不但可以使讲话生动有趣，增强内容的说服力，而且能画龙点睛，提高讲话的品位和表现力，可谓一举多得。在演讲中引用古诗文有以下几种情形。

1. 用以言志明旨。古诗文中有很多是仁人志士展现理想、追求和理念的诗句，言简意赅，志趣高远，令人感佩。为说明自己的志向，在讲话中适当引用相关诗句，并由此进行演绎引申，既可传递自己的胸襟志向，又能让人联想到中华民族文化传统精华，让人更多一层对表达者的理解和敬重。

温家宝总理在记者招待会上，回答记者有关工作风格的提问时说："在我当总理之后，总是默念着林则徐的两句诗：'苟利国家生死以，岂因祸福避趋之。'这就是我今后工作的态度。"林则徐是民族英雄，早已为中国人民所敬仰，他写诗明志，表达自己的国家利益高于个人安危的理念。在这里，温总理引来为己所用，不但显示出博学多才，而且让人把他与一身正气的林则徐相联系，看出其志向追求，让人由衷地产生了几分敬意。（《人民日报》2003 年 3 月 19 日）

2. 用以点题说理。有些古诗文内容深刻，有的概括了一种境界，有的表述一种哲理，也有的揭示一种事理。如果在讲话中引用一段诗文用以说明或概括自己的思想观点，张扬某种道理，如画龙点睛，能使道理更加雄辩有力，无懈可击，显示出讲话的犀利锋芒。

我国第一家走向世界的跨国企业海尔集团，在企业管理上有一套成功经验。有一次公司老总张瑞敏在讲企业发展真谛时说到企业文化，他说："老子有'三件宝'：一曰慈，二曰俭，三曰不敢为天下先。我理解，'慈'是以人为本，'俭'是勤俭奋斗，'不敢为天下先'是要老老实实学习，把企业建成学习型的团队，最终才能为天下先。"在这里，他引用古人之言诠释海尔企业文化的精髓，高度概括，又抓住要害，让人看到他们对民族传统的传承和在新时代的发展，令人回味无穷，很有启迪。

3. 用以抒发情感。有些诗句含有浓烈的感情色彩，很有感染力。如果在讲话中缘情而发，适当引用，能贴切地抒发自己此时此刻的心情心境，构成某种诗情画意，勾起听众同样的情绪感受，以此影响听众的情绪，寻求讲话的共鸣效果。

温家宝总理在访美时，人们最关注的是中国政府在台湾问题上的立场态度，他在第一站纽约回答记者提问时，首先给台湾问题定调。他引用了台湾诗人的一句诗："浅浅的海峡，是最大的国殇，最深的乡愁。"通过引用这句诗，表现出温总理在台湾问题上的感情投入和台湾领导人咄咄逼人几近挑衅的口气成鲜明对比，恰到好处地再现了大陆人民与台湾同胞的深情，从而征服了记者。（《环球时报》2003 年 12 月 10 日）

孙毅将军退下来后，经常为青少年作有关人生事业追求的演讲。在一次演讲时，他说道："记得叶帅有这样两句诗：'老夫喜作黄昏颂，满目青山夕照明'，说得多好哇！古人的诗里也有不少赞颂黄昏的句子。其中'夕阳无限好，只是近黄昏'两句是大家所熟悉的。但情调近呼哀叹。我们共产党人的生命，是和共产主义事业连在一起的，没有理由因个人的衰老而叹息。我老汉今年 70 多岁了，也要作些黄昏颂。虽已年老力衰，但余热尚存，把它奉献给青少年，为美好的未来多做些事！"

在演讲中老将军引诗抒志，借诗表意，表现了一位老战士的博大胸怀和高风亮节，对青少年是深刻的教育，并创造出热烈的现场气氛，引起一阵阵掌声。

从上述事例可以看出，领导者不论长篇演讲，还是即席发言，适当引用诗文名句，可以为讲话大增其色，平添魅力。

在演讲中引用诗文应注意三个问题：一是要贴切，要与表达主旨相吻合，才能起到点题明旨的作用。二是要精短，通常引用一两句，不宜成段引用。引用太长，不但显得拖沓，而且会喧宾夺主，给人以卖弄之嫌，反而影响表达效果。三是要鲜见。最好引用鲜为人知的诗句，以增加听众的兴趣和崇敬感。

» 让寓言故事为演讲增色

我们知道，寓言既是生动有趣的故事，又蕴含某种思想哲理，有很强的教化作用和愉悦功能。如果在演讲中恰当穿插寓言故事，不但可以把道理说得深入浅出，以理服人，而且能提高演讲的生动性和吸引力，为演讲锦上添花。毛泽东同志著名的七大闭幕讲话，就引用了《愚公移山》的寓言，形象生动地号召全党同志与全国人民一起，“挖山不止”，去夺取革命胜利。这个寓言故事对于统一全党思想，争取最后胜利起到巨大作用，时至今日，仍不失其光彩。此例堪称是演讲史上运用寓言故事的典范之作，值得我们学习借鉴。

经验证明，丰富多彩的寓言故事大多可以拿来为我所用，只要有的放矢，运用得当，就可以从不同侧面、不同角度增强演讲效果。

1. 针对莫衷一是的问题，运用寓言说理能让人触类旁通。有时人们对某些问题看法不一，争论不休，影响事业发展。针对这一问题，在演讲中可运用相关寓言指出问题的利弊得失，引导听者以类相比，触类旁通，有助于统一思想，达成共识。

某大公司在激烈的市场竞争中脱颖而出，实力不断增强，发展势头强劲，人们无不沾沾自喜，然而也有人不以为然，以为公司的发展缺乏核心竞争力，根基不牢，存在重大隐患和风险。这种忧患意识却遭到多数人的反对，以为是杞人忧天，动摇军心，不利于鼓舞士气。在一次大会上，公司老总给大家讲了一段寓言：成群的白雁担心被泽边的人们捕捉，夜晚总是认真选择栖宿地，还要安排雁奴在周围巡查。只要人一到来，雁奴便叫，发出警告。然而，泽边的人们熟悉它们的这种习性，先是点着火把故意照，待雁奴发出嘎嘎的叫声，人们急忙将火把沉到水中熄灭。群雁被雁奴的叫声惊醒后，四下一看却没有什么敌人。这样反复三四次，群雁不能安睡，便十分生气，认为是雁奴欺骗它们，于是一齐啄咬雁奴。此后即使见到火把，雁奴也不敢再叫了。于是，泽边的人们便打着火把一步步走到睡梦中的雁群跟前，把它们一网打尽了。

讲到这里，老总意味深长地对大家说："敢唱反调的人往往是责任心强，有敬业精神的人。我们不能像群雁那样做蠢事，在竞争中糊里糊涂地败下阵来！"

就这样，演讲者并没有就具体问题进行评说，而是巧妙地运用寓言把自己的观点暗示出来，让大家看到问题的症结和出路，懂得在激烈竞争中任何团体如果听不进不同意见，甚至压抑别人反映情况都是非常危险的。此后人们的风险意识大大提高，对不同意见也宽容了许多。

2. 针对某种不良现象或思想，运用寓言启发诱导能给人触动激励。在现实生活中，有一些倾向性问题，或不能令人满意的现象是需要解决的。演讲者也可运用寓言故事，暗示出事物的本质，指出其危害，给人们的思想以强有力的触动，借以冲破旧观念的束缚，引发思想的飞跃。如在改革开放初期，人们谈论改革多，行动却很迟缓。针对这种现象某县县长在一次会议上讲了个寓言故事：有两兄弟看到天上飞来一行大雁，就要拉弓去射，这时两个人对射下后如何食用产生了意见分歧。兄说煮着吃香，弟说还是烤着吃好。两个人争执不下，于是去找农民大伯评理。大伯说："那好办，一半煮，一半烤。"这样两个人终于统一思想、可是当他们再拉弓打雁时，发现天上的大雁早已飞得无影无踪了。

听了这个寓言故事，人们很有感触，不禁回味思索，明白了“机不可失，失不再来”的道理，也理解了邓小平同志关于“不争论”，先干起来，让实践说话的论断的意义。于是，改革方案付诸实施，有声有色地干了起来。你看，这个小小的寓言真是言简意赅，一针见血，对于解放思想、克服惯性思维是一次强有力的冲击，其说服动员作用绝不亚于一篇大报告。

3. 针对人生事业课题，运用寓言点化升华能让人警醒振奋。演讲者还可以针对一些人生事业的课题，运用寓言故事表达自己的某种忠告和追求，借以给人们敲敲警钟，引起高度重视，振奋精神，开拓前进。中国网易公司的创始人丁磊就喜欢讲寓言故事，在公司内部许多员工听他讲过一个寓言：鹰妈妈搬家的时候，搬了一窝蛋在空中飞翔，不小心让一只蛋从空中掉了下来，落到一个农夫的鸡窝里，和鸡蛋混在了一起，结果被鸡妈妈孵化了出来，鸡妈妈带着小鹰和小鸡一起生活。小鹰慢慢长大了，终于有一天被鹰妈妈发现，就把它叼到悬崖上的鹰巢里，告诉它：“你是鹰，是能够在天上飞翔的。”小鹰说：“我在地上长大，我不会飞。”鹰妈妈不再说什么，一把将小鹰推下悬崖，于是小鹰挣扎着张开翅膀，飞了起来。

他讲这个寓言故事的目的，就是要员工认识到，你是鹰，就要像鹰一样展翅高飞；你是人才就要敢于磨炼，敢于想象和创新，敢于出人头地。俗话说，响鼓不用重敲。他这样用寓言进行点化，使员工们的积极性和创造性被激发起来，很多人才脱颖而出。

4. 针对容易被忽略的问题，运用寓言强调提醒能警钟长鸣。有时候，人们对于某一问题的严重性认识不足，放松思想警惕，极易造成不良后果。那么，在演讲中运用寓言给人们提个醒，可以产生防患于未然、加强心理警觉的作用。在一次由基层主官参加的廉政建设会议上，一位市领导没有像往常那样全面说明廉政建设的意义、措施等，而是针对有些人自以为自己聪明，不会干蠢事的侥幸心理，讲了一个寓言。古时候，山上有一群很聪明的猩猩，它们喜欢喝酒。大山脚下的人们常在山下摆设大坛的甜酒，旁边放一些大大小小喝酒的器皿，同时把用草编织成的鞋子一双双地连在一起，也放在路边。自以为很聪明的猩猩见了，知道这是引诱它们的，还知道设置陷阱的人的姓名以及他们父母祖先的姓名，于是就一个个地责骂起来。过了一会儿，它们听不见动静，便经不住酒的诱惑，对同伴说："何不少尝一点酒呢？只要小心点儿，不要多喝罢了。"于是，它们相邀拿小酒杯喝，喝了一点，又骂着走开。又过了一会儿，见还是没有动静，便拿略大的酒杯喝，然后再骂着走开。像这样干了许多次，嘴里觉得很甜美，实在熬不住，便大杯大杯地喝了起来，得意忘形地喝醉了。醉了以后，它们用眼睛互相瞟着，嬉笑玩耍，把草鞋穿到脚上。这时，山脚下的人们突然追赶上来，捉拿它们。因为它们穿着的草鞋连在一起，跑不动，一个个都被捉住了。就这样，一批批猩猩得到同样的命运。

在人们评论这些看似聪明实则愚蠢的猩猩时，也悟出了"贪欲令人智昏"的道理，懂得了要想为政清廉，就要从控制自己的欲望开始，在官场上真正聪明的人是能抗拒诱惑的人。从此，人们耳边警钟长鸣。

在演讲中运用寓言是一种十分投巧的方法，易于产生良好的表达效果。在具体操作过程中，应注意以下几个问题：其一，要围绕演讲主题选取寓言故事。寓言故事成千累万，但在某一演讲中所用寓言必须贴近主题，成为支撑主题的正面力量，用以强化对听众思想的冲击和启示。其二，所用寓言要耐人寻味，发人深省。演讲中运用寓言不是一般意义上的讲故事，它必须深寓哲理，暗含思想和潜台词，能让人自觉对照和思考。同时，寓言包含的道理要明晰清楚，不能晦涩难懂，难解其意，才能折射出说理的力度。有时也可画龙点睛地将寓言包含的思想点出来，把讲寓言与讲道理有机地结合起来。其三，引用寓言要简短明了，不能冗长。寓言故事以粗线条勾出梗概即可，不必展得太开。在一次演讲中一般用一段，顶多用两段寓言。如果引用过多，显得表现手法单调乏力，反而影响演讲效果。

» 让竞选演讲多些竞争力

竞选演讲是随着人事制度的改革而兴起的一种演讲形式。

这种演讲与一般的演讲有所不同，主要表现在以下几个方面。

一是从目的来看，竞选演讲不是为了宣传，不是为了教育人，而是为了展示自己、推销自己，让听众和领导进一步了解自己，给自己打分，争取选票。一句话，它是为了赢得信任，争取选票的。

二是从环境场合来看，竞选演讲有一定的对比性、挑战性和竞争性。竞选演讲通常不是一个人来演讲，而是多个对手同台演讲。这样从内容、形式、风度、语言上就存在相互的比较、鉴别、优胜劣汰。因此，演讲者无不谋求高人一筹，战胜对手。

三是从影响来看，竞选演讲有较强的严肃性和使命性。竞选领导职位是为了工作、事业，他们的言论要对单位、对工作高度负责。也就是说在演讲中亮出来的旗帜，作出的保证是要在今后的实践中兑现的。所以，演讲内容要求必须准确，有分寸感。如果不负责任地说大话、说空话，哗众取宠，是很难取信于人的。

那么，竞选演讲如何才能赢得听众的好感，获得更多选票呢？起码以下几个问题应注意。

1. 竞选演讲必须旗帜鲜明。竞选演讲就好像几个将军在作战之前向上级分别提出自己拟订的作战方案一样，每个人都要把自己确定的攻击目标、运用的战术原则、兵力的使用等十分明确地提出来，让人们加以比较，进而从几个方案中挑出最为理想、最为可行的一个。同样的道理，在竞选演讲中当你提出自己一旦当选将要实施的蓝图、方略时，就必须用十分简明的语言亮明自己的看法、任期目标和相应的切实可行的措施。通过展示自己设计的这个蓝图使人们看到你的水平、你的思路、你的宏观决策的能力和具体实施的办法。从而使大家听了能相信，产生信心，感到可行，觉得把一个厂子、单位交给你是放心的，这就达到了目的。

为了取得这样的效果，首先演讲者必须有新思路，能给人耳目一新的感觉，使人感到有创新、有发展，高人一筹。这样，竞争演讲才会有吸引力、号召力。如果你的方案完全没有新鲜的气息，没有新的内容，都是老生常谈，这就很难得到听众的认可和拥护。

其次，目标要具体实在。只有实在的东西才能令人信任。如果为了争取群众而说大话，开空头支票，哄骗群众，群众是不会买账的。群众是最讲实际的，你说的话他们以为不可靠，就不会投你的票。有一个干部在竞选演讲中这样说："我一旦当了厂长，要在任期内使产值翻一番，每一个家庭有一套单元房子，用上煤气……"他这样许愿，听起来很诱人，可是并没有人为他喝彩，也没有多少人投他的票。因为这个工厂的生产情况不景气，已经负债累累，大家不相信他的目标能兑现，认为他不过是在吹牛。可见，在竞选演讲中只是说漂亮话是不能赢得人心的。演讲的内容必须要实在，有根有据，才能令人信服。

2. 竞选演讲要在优势上突破。竞选演讲是一种竞争，竞争不是去揭他人的短，而是要善于展示自己的长处，唤起听众的理解和支持，增强群众对自己的信心。因此，在演讲的内容中应有所选择，要用适当的方式展示自己的长处、优势，以便群众在对竞争者的比较中发现你、选择你。一般说来，最能引起听众兴趣和信赖的优势如下。

（1）已有的政绩。这是当选的重要依据。因为这些东西是被实践证明了的东西，是最有说服力的。它足以说明你的水平和能力，是最易于取信于人的。如果你在以前的工作中有明显的公认的政绩，就可以用适当的语言把它作为"王牌"打出来，一般是容易得到听众信任的。

（2）突出的特长。比如，较高的学历、年富力强、优良性格、性别特点……都可以成为自己竞争的"筹码"拿出来。有一位女性在竞选经理时，就把自己作为女性特有的优点展示了一番。她说，我们单位的女工多，我当经理后可以更好地和她们沟通，而且女同志有男人不具备的细心、体谅人、办事公道正派的长处……她这样说，使很多听众接受了她的观点。

(3) 表里如一的品质。真诚坦率的品格是最容易赢得人心的。比如，在演讲中公开地披露自己存在的缺点和问题，不文过饰非。这种直面缺点的态度和坦荡的心怀往往是很能产生积极影响的。

总之，要实事求是地展示自己的优势，让听众认识你的优势和能力，无疑可以赢得听众的好感。

3. 竞选演讲要善于解疑。大凡来听竞选演讲的人都是关心单位的前途命运和自身利益的，而且他们对于未来的当家人总是持一种评价、挑剔和期待的目光。在听演讲的过程中，他们希望心中的疑虑能从演讲中找到答案，豁然开朗。因此，成功的竞选演讲必然是有的放矢，能够针对听众心中的疑虑，说明问题的。当你的演讲把听众的疑虑解除时，你已经把听众拉到自己的一边了。

能否解除疑虑，主要体现在你能否回答听众最关心的问题上。在演讲之前，竞选者就应到群众之中调查研究，掌握第一手材料，并针对这些问题拿出对策。有两类问题要特别关注：一类是关于演讲者自身的。因为人们可能对于演讲者的情况有这样那样的传闻或猜测，甚至误解。在演讲中不待听众提出就要主动加以说明，以便解除误会。另一类是关于工作的。人们特别关注单位的一些难题，看竞选者有什么解决良策。对于这些问题不能回避，而应对症下药，实事求是地加以回答和说明，能解决到什么程度就说到什么程度，尽量和群众求得共识，并使群众建立信心。如果在演讲中你一厢情愿，只是说你想如何如何，而不考虑听众心中想的是什么，疑点在哪里，那么你的演讲是不会让听众喝彩的。

4. 竞选演讲要有气势。竞选演讲本身就是公开的亮相，是让领导和群众认识竞争者的舞台。因此，不仅演讲内容很重要，而且他们所表现出来的形象和气质也不能忽视。在整个演讲过程中，必须表现出一种强烈的自信和得体的风度，努力塑造出让群众信赖的良好的形象，给听众心目中留下一个靠得住的好印象。这样大家才会投你一票。

首先，竞选者要注意自己的外在形象。要让衣着为你的演讲服务，而不能有害于你的竞争。一般说来，群众喜欢那些稳重的人，所以衣着要讲究，能给听众留下良好的第一印象，但不能过分雕饰，要注意和自己的角色身份相一致，不能反差太大，否则就会令群众反感。比如，一个小厂的厂长上台竞选演讲时，穿着一身干净的工作服，而另一位则是西装革履，油头粉面，最终人们选择了前者。可见衣着影响人们的看法，不能小看。

其次，上台亮相要有风度。上台时要有朝气，要面带微笑，充满自信，这样会给群众一种力量，一种必胜的信念。相反，有的人上台时没精打采，像打了败仗一样，那就会影响群众对你的信心。试想，谁愿意把自己的命运、单位的命运交给一个萎靡不振的人呢？当然，自信不是高傲，如果演讲者上台后拿出一副好斗的样子，目空一切，不可一世，这样的形象群众也不会接受，谁敢让一个蛮横的家伙来主宰自己的命运呢！

总之，竞选演讲要给人一个既有城府、又很谦虚，既有开拓精神、又脚踏实地，既不同凡响、又落落大方的好印象。这样必定会赢得人们的信赖，在竞选中得分。

» 如何作报告才有吸引力

作报告是各级领导宣传群众、组织群众的有效工作方法之一。精彩的报告往往能吸引听众，产生反响，澄清模糊认识，统一思想，统一步调，推动工作，为群众所喜闻乐见。但也不乏此种情形：领导在台上讲得口干舌燥，听众却在下面交头接耳，各干各事。出现这种现象的原因是多方面的，但若从领导者一方来看，报告缺乏吸引力是一个主要因素。因此，为了提高作报告的效果，了解一点作报告的特点，练一练作报告的基本功是十分有益的。

一般地说，领导作报告起码应注意以下几方面的问题。

1. 吃透精神，精心准备。就内容而言，领导作报告大多是传达上级指示，贯彻会议精神，说明时事政策，安排当前工作，介绍经验体会。如果领导仅仅拿文件在大会上宣读一遍，这就算不上作报告。因为作报告是一种带有个性特色和创造性的讲话方式。它是对上级精神学习理解、融会贯通后，由报告人将内容重新组织再表达出来的过程，是一种再创造。因此，报告人只有理解了、吃透了上级精神，才能抓住重点要害，条理清楚地将精神概括起来，形成具有个性的报告内容和完整的格局、体系。这样的报告才能既符合上级精神，又不是原件的翻版、复制。

在吃透精神的基础上，还应做大量的案头工作，主要是拟写“报告稿”。如果有关材料、资料十分丰富，应对它们精心分析比较，分类综合，选用最有说服力的内容写入报告之中。当一个观点鲜明、条理清楚、内容丰富的报告文字稿形成之后，应下功夫熟悉、试讲和练习。只有做了上述充分准备之后，上得台去，才会心中有数，以稿为准，适当发挥，侃侃而谈，抓住听众。

大家知道，周恩来同志是卓越的领袖人物、出口成章的演说家，但他在作重要报告之前都要一丝不苟地进行准备。比如作“政府工作报告”，他“总是熬几个通宵做准备”，一字一句地推敲，一段一段地熟悉、朗读。所以他作报告，从内容到表达都能给人留下难忘的印象，大家都爱听。他的这种严肃认真态度，是值得各级领导同志学习的。

2. 内容充实，针对性强。大凡吸引人的报告总是以其内容新颖、信息密度大、针对性强而取胜。就内容而言，要善于处理好以下几个关系。

其一，报告主旨与临场发挥的关系。作报告必须围绕主旨进行，做到观点鲜明、中心突出，使上级有关规定、原则、政策等基本内容能留下十分准确、清晰的印象，不走样、不误解。在此基础上，还应说明“为什么”“怎么做”，使听众知其然，知其所以然。即围绕主旨、说明主旨，作必要的解释、阐述和发挥，如对有关规定的背景的交代，历史、现实材料的补充，对重要概念、生疏名词、专用词语的说明，报告人对文件基本精神、重点内容的理解、认识或感想，等等。

其二，虚与实的关系。理性内容精辟深刻，给人启迪，能举一反三；而实际材料通俗生动具体，可感可信，有吸引力。如果作报告“虚而不实”，只作纯理性说教，显得枯燥，不生动；如果“实而无虚”，又会成为事例堆砌，没有思想高度，难以使人领悟深刻道理。因此，作报告要兼顾两者，做到有机结合，以虚带实，虚实相融，有骨头有肉。

一般说来，报告中“虚”的部分，因上级已有精神，只要使之条理清楚、层次分明就可以了。而能否“务实”，就显得尤为重要。比如作形势报告，就应在介绍形势的基础上，针对群众对形势的模糊认识，充实具体内容，讲实在道理，帮助大家解开思想扣子。如果作工作方面的报告，那就要注意说明贯彻的具体意见，说明存在的优势、有利因素和困难，提出明确要求，等等。这样作报告，听众才会感到实在、解渴，既能得到思想认识上的启迪和升华，又清楚与自己的关系和责任，知道该做些什么、怎样去做。

其三，繁与简的关系。报告内容的繁与简实际是一个信息密度问题。一般说来，报告的信息密度越大，群众就越欢迎。作报告最忌长而空，言之无物。从具体内容来看，报告中对新信息、新知识、新精神可以讲得细一点、“繁”一点；其他内容，或众人皆知的内容，就要注意简略，同时要慎重使用“重复”“强调”等修辞手法。

3. 谈吐有致，讲究技巧。作报告虽然不同于演讲，不需要“演”，主要依靠内容吸引人。但是，为了提高报告的效果，有些演讲的表达技巧还是值得借鉴的。比如，吐字清晰、声音洪亮、节奏适度等。

作报告最好使用普通话，或稍带地方口音的普通话。有的领导作报告时，过多使用带儿化韵的口音，如把“司令员”讲成“司令员儿”，把“政委”说成“政委儿”，结果引起一阵阵哄笑，冲淡了本来庄重的会场气氛，影响了听众对内容的接收。作报告切忌讲“错别字”，如果出现了错别字，听众难免窃窃私语，甚至传为笑话，负面影响很大，不能小视。

作报告还要注意克服不良谈吐习惯。有的领导说话速度太快，像放鞭炮；有的太慢，如老牛拉车；有的则拖长腔；也有的口头禅太多；等等。这些都会影响表达效果。领导者在平时就应有意识地纠正不良谈吐习惯，提高口语表达的优雅度。

最后，作报告使用词语要注意朴实易懂，不要太文、太艰涩，可适当使用一些群众语言。如俗语、歇后语，听起来更亲切；若能加一点幽默，必会使报告更加生动活泼，引人入胜。

» 动员演讲要有激发力

动员演讲是一种宣讲某项活动意义，调动听众积极性，激发热情、鼓舞斗志的演讲活动。动员演讲在各种团体行动中有广泛的使用价值，如部队作战、训练前要进行动员，行政机关组织重大活动前要进行思想动员，体育部门在重大赛事前要进行动员，等等。

由于动员演讲的宗旨、内容及表达方式与其他演讲有所不同，因而表现出一些特点，认识并把握这些特点，对于做好动员演讲，进而圆满完成各项任务具有积极意义。

1. 用鲜明的目标激励人。动员演讲通常是缘事而发，为夺取胜利而言。因此，在任何一次重大团体性活动前的动员演讲都应该把上级领导的意图、本级的决心、行动的任务和要达到的目标向执行者讲清楚，使大家心中有数。明确的行动目标可以有效地激发大家的使命感、责任感，统一步调，为实现这一目标而拼搏奋斗。动员演讲所提出的行动目标，通常较为集中，如果有多重目标，必须分清主次，讲明首要目标和后续目标。总之，提出目标越清晰具体，大家的行动越有遵循，越能形成统一的意志和力量。

在提出具体目标的同时，还应与团体理念相一致，把具体目标与大目标相统一。比如，在体育代表团出征参加国际大赛前的动员演讲中，既要明确夺取金牌的目标，又应讲明此次行动的重大意义，把夺取金牌与爱国主义，为国争光联系起来。这样就把大目标与具体目标融为一体，更加有效地激发起运动员的竞技状态和拼搏精神。

2. 以真实的信息刺激人。为了启发参与者的积极性，动员演讲通常要从摆事实入手，把面临的形势讲明白，让人们作出判断，感受到危机或压力，从而自发地振作精神投入战斗。出色的动员演讲大都要介绍客观形势，提供真实情况，给人情况刺激，以此来调动大家的战斗热情和拼搏勇气。比如，在第二次世界大战中，当希特勒法西斯部队向苏联发起全面进攻的时候，斯大林元帅对全国人民发表了动员演讲："希特勒德国从6月22日向我们祖国发动的背信弃义的军事进攻，正在继续着……希特勒军队侵占了立陶宛、拉脱维亚的大部分地区、白俄罗斯西部地区、乌克兰西部一部分地区。法西斯空军正在扩大其轰炸区域，对摩尔曼斯克、奥尔沙、莫吉廖夫、基辅等城市大肆轰炸。我们的祖国面临着严重的危险……"

他的演讲一开始就讲明了苏联面临的危局形势，这本身就具有强烈的刺激作用，形成最现实的战斗动员，任何一个爱国者在国家危急时刻都会挺身而出，义无反顾地为保卫祖国而浴血奋战。

在竞赛性动员演讲中同样需要提供情况刺激，不过内容应有所不同。在演讲中，既要讲明本次竞赛中竞争的激烈程度，又要讲足自己获胜的有利条件，这样才能把压力和动力同时赋予每一个运动员，形成高昂士气，激发夺金牌争第一的必胜信念和拼搏精神。如在悉尼奥运会上，体育总局领导在赛前动员中为我国田径队鼓劲说："悉尼的田径场我今天去看了，11万人座无虚席，胆怯的人会发抖，但是站在场内就要有老子天下第一的气概，非要把水平拿出来……"他的动员产生了很大的激励作用。我国田径健儿能取得优异成绩，与这次赛前动员不无关系。

总之，在动员演讲中必须注意运用情况刺激，有效地激发人们的内在积极因素，调动起自身蕴蓄的革命英雄主义精神和无穷力量。

3. 以雄辩的道理征服人。成功的动员演讲还必须言之有理，以理服人，让人们领悟此次行动的合理性，夺取胜利的必然性，借以提高行动的自觉性和创造性。以战斗动员演讲为例，通常要针对部队干部战士的现实思想状况，如恐惧心理，或麻痹轻敌思想等，从正面说明本次战斗行动的重大意义，让大家懂得这是为真理而战，为祖国而战；客观分析战斗趋势，讲清获取胜利的有利因素、条件；对于有光荣传统的团队，还要着意褒奖过去的荣誉，激励荣誉心，号召大家再立新功，夺取更大荣誉；等等。如在第二次世界大战中，巴顿将军带领部队在西西里登陆前，对初次参战的士兵们进行了一次战前训话，他讲道：

“……显然，你们大家都知道战斗即将来临。但是，战争并不像你们许多人想象的那样。你们第45师的战士们必须面对这一现实，你们是要同久经沙场的老兵去竞赛，但你们也不要发愁。他们也都打过第一仗，他们的第一仗是打胜了，而你们也会打胜第一仗。”

“战争并不像那些从未打过仗的人想象得那么可怕。作家们夸夸其谈，说什么会思念你们的母亲、情人和妻子（妻子也是你们的情人）。这些作家们既没有听到过一声敌人的枪声，也从未耽误过一餐饭，他们不是按照战争的本来面目来描写战争，而是按他们的想象来描写的……”

“要记住，敌人也和你们一样害怕，可能比你们更害怕。他们不是超人，我们已经消灭了敌人的精锐部队，我们在下次战斗中将要碰到的并不是他们的精锐。此外，你们还要记住，无论是在肉搏中还是在战斗中，总是进攻者取胜，招架是不能打胜仗的。但是敌人不了解我们的意图，因而他们必然要招架的……”

巴顿将军的战前动员演讲就是针对新兵存在的现实思想，讲清道理，有效地消除了初次上战场时的恐惧心理，把大家的战斗勇气鼓动起来。士兵们一旦明白了道理就会自觉为真理而战，甚至流血牺牲也在所不惜。

因此，动员演讲必须注意针对听众的思想实际，从提高认识入手，阐明道理，以雄辩的思想去征服听众，把领导的意志真正变成大家的自觉行动，从而为夺取胜利奠定坚实的思想基础。如果动员演讲只交代任务、提出目标和要求，而不说明意义，那是不完备的演讲，而缺少了理性力量的动员，是难以获得预期鼓动效果的。

4. 以浓烈的情感感染人。动员演讲是领导者在重大行动前的讲话，此刻，人们面临着成败或生死的考验。因此，动员演讲不能四平八稳，毫无情感色彩，演讲者必须给演讲注入浓厚的感情色彩，使演讲具有很强的煽动性和感染力。

首先，演讲者要精神振奋，信心百倍，表现出敢打必胜的大无畏气概。通篇演讲要体现出领导者的责任感和与官兵同呼吸共命运的精神，以强烈的感染力影响部属的情绪和思想，产生一呼百应的效果。

如在20世纪80年代初著名的引滦入津工程中，打隧道的部队遇到了严重困难，为了按时完成任务，某师政委对这支队伍进行了现场动员："同志们，作为一个党员，一生中赶上这样一次工程是不容易的，党中央在看着我们，全国人民在看着我们，我们的肩头是一副千斤重担……从现在起，我不离开你们的洞了，我要听你们最后的炮声！"他在动员演说中，句句体现着与官兵同呼吸共命运的情感，讲得十分激越动情，把官兵的劲头鼓动起来。经过官兵努力拼搏，终于按时贯通隧道，保证整个工程如期完工。再如，在长虹杯电视辩论赛中，南京大学队与吉林大学队对垒，反方南大队第一轮比赛就失利了，出师受挫，大家情绪低落。这时，院领导出面进行再动员，他说："输要输得起，好戏还在后头呢。南大人是有骨气的。你们尽管放开来比赛，即使将来得了最后一名，我一样亲自到南京站接你们……"领导这番充满情感色彩的讲话给大家思想减了压，使大家感受到了领导的关怀和信任，从而增添了再战的勇气。大家精心准备，调整战术，再次出战，创出了佳绩。

动员演讲在语音语调处理上，应保持高亢激越色彩，要有一定"刚性"，借以产生煽情效果。经验证明，四平八稳、有气无力的演讲是很难把大家的情绪调动起来的。只有那种高亢洪亮的表达才具有强烈震撼力，在情绪上形成感染，在感情上产生共鸣，把听众的战斗热情煽起来，形成同仇敌忾的群体气势。如在《高山下花环中》有一段雷军长战前动员讲话，他以一个小事件为激发点，通过对一个干部的批评激发部队的使命感。他用高亢激烈的语调，大幅度的手势和摔帽子的动作，表达出自己对不正之风的义愤和为保卫祖国而战的决心。如此动容动情的讲话产生了巨大的震撼作用，不仅教育了被批评对象，而且对官兵产生了很大的激励和鼓舞作用，因而赢得了热烈掌声，部队以高昂斗志投入了战斗。

总之，动员演讲要掷地有声、铿锵有力、干脆利落、让人振奋、给人鼓劲、催人行动，才能形成压倒一切敌人而不被敌人所屈服的强大战斗力。

» 如何进行军事庆典演讲

举行庆典集会是军队礼仪活动的重要组成部分。部队通过举行出征、凯旋、庆功、授军衔、阅兵活动等仪式，展示文明之师、威武之师的形象，彰显人民军队的功勋，借以鼓舞士气，激励斗志。庆典演讲则是庆典活动的主要程序内容，不同身份的庆典演讲者，当从自身职责和角色出发，讲得体的话，体现庆典宗旨，为庆典助威增色。

1. 突出喜庆，烘托气氛。军队庆典通常为庆祝某项重大军事活动而进行，场面宏大，气氛隆重热烈。演讲者应满怀欢悦之情，精神抖擞，发表热情洋溢的讲话。从演讲内容看，既要表达自己参加庆典集会的愉悦心情、激动之感，又要对部队或当事人的功绩，表示充分肯定、赞许和祝贺，对特定庆典事件的意义、价值给予足够评价。不妨运用一点抒情语言，表达自己的美好祝贺和祝愿，以烘托现场气氛。如在授衔仪式上，一位干部代表演讲时这样说："……今天是国庆39周年的前夕。在这美好的时刻，我们迎来了三军百万官兵盼望已久的新军衔的授衔仪式。对我们这些保国守土的军营男子汉来说，可谓双喜临门。在此，我首先向在座的获得军官军衔的首长们及获得士兵军衔的战友们，表示最真挚的祝贺！"

庆典演讲需要激情四射，在庄重之中多一点喜悦，在严肃之中添几分热烈，让彼此分享美好庆典时光的愉快，得到情感上的满足和共鸣，使庆典气氛更加浓烈难忘。

2. 借题发挥，升华思想。庆典演讲在渲染喜庆气氛的同时，最好再给人一点启迪和思考。高水平的庆典演讲应从庆典主旨出发，借题发挥，引申到更高层次、更高境界，对人们的思想认识有所提升。其表现方式有二：一是可讲点与庆典有关的历史。庆典总有缘由，演讲者通过回顾历史，品味过去的荣誉和传统，与今天的使命相联系，可以让人追今抚昔，深领荣誉的厚重，使命的神圣，平添几分骄傲、自豪和前进动力。二是从庆典主旨展开联想，衍生意义，在理性层面上，开阔视野，点题升华，让人思绪跟进，进入新的境界。在八路军第一模范医院落成庆典大会上，国际主义战士白求恩有一段生动而深刻的演讲："……我无法表露出我对我们的八路军和游击队的伤员们的勇气和坚强而产生的钦佩之情。……他们的战斗，不仅为了拯救今日的中国，而且也为了明天的伟大、自由、民主的中国的诞生，当然，他们和我们，也许看不到那天的到来。但是，他们和我们的重任是，现在必须行动起来，为新中国而奋斗，只有这样，新中国才能诞生。有必要重申一下，它的诞生取决于我们今天和明天的行动，它不会从天下掉下来，它必须用我们这些对于未来、对于人类自己创造的伟大命运具有信心的人的鲜血和汗水去创造。"在此，作为一名医务工作者，白求恩从救死扶伤的话题讲开去，谈到自己对八路军战士牺牲精神的钦佩之心，再引申出这种牺牲精神催生着新中国的建立、中国人民必胜的结论。这段深情而深刻的话，视角独到，立意很高，启示性强，对于激励医务工作者和八路军战士为新中国诞生而战斗到底的责任感，产生了巨大的启示和推动作用。今天看来，这段演讲词依然闪烁着真理的光辉。这正是为什么要在演讲中追求思想内涵的意义所在。

3. 不忘宗旨，重申使命。庆典演讲在抒情说理的基础上，还要注意把落脚点放在根本问题上，回到军队的宗旨、人民的期望、自己的职责上来，用明快语言表达出忠于神圣事业，不辱使命的决心。借此喊出最强音，形成强烈的共振效果，把庆典演讲推向高潮。如一位军长在为他举行的离职大会上演讲时说："同志们，我们有一个挂满了锦旗和奖状的荣誉室，有一本记载着英雄集体和个人的光荣册。但是功绩和荣誉已经属于昨天，留给你们的是明天，是国防现代化的明天！即将上任的军长就在这里，我手中的接力棒已经交给了他，我相信他能够带领我们这支英雄部队向着那个令人神往的明天迅猛前进！预祝同志们成功！”这段演讲十分符合他的身份，他作为一位老将军，对继任者的殷切期望，得体而中肯，如响鼓重锤，嘹亮军号，让人快马扬鞭，接过接力棒，去创造更大的辉煌。

4. 礼仪周到，情真意切。庆典演讲有一定的礼仪性。参加庆典者是来自各方面的人士：军队的、地方的、友邻的、上级的等。庆典演讲要注意必要的礼仪，照顾到方方面面的关系，要使用与自己身份相一致的呼语、谦词敬语。在称呼上要一一点到，不能冷落或丢失了任何一方，称谓要得体准确恰当。如果来宾人数众多难以一一细数，也可综合表示，用“各位来宾”，把与会者涵盖起来，使人听来有被重视之感。如在某部举行向军旗告别仪式上，一位转业干部在演讲中讲道：“尊敬的各位首长，亲爱的战友们！我们就要分别了，从五湖四海来，到天南地北去。可是，不管走到哪里，都不会忘记军队这个大熔炉对我们的培养；不管走到哪里，都要继续填写好人生的履历表；不管在什么岗位上，都要交出事业的优秀答卷；永远牢记我军的为人民服务的宗旨，为解放军的称号添彩，为火红的战旗增辉！”此言铿锵有力，掷地有声，既表达了他对军旅生涯的眷恋，又说出了每一个转业干部的心声！

当受奖者演讲表态时，要保持谦虚态度，说必要的客套话，但一定要真挚，表述真情实感，给人留下良好印象。如白求恩在八路军第一模范医院落成大会上的演讲中还有这样一段：“在我到这个医院来和你们一起工作还不到三个月。起初，我总觉得这是‘你们’的医院，现在我能说这是‘我们’的医院。从你们那儿我学到了许多宝贵的东西：你们忘我的、合作的工作及克服巨大困难的精神感动了我。我感谢给我这些教益，作为报答，我可能教给了你们一点点医疗技术。”这段演讲词情真意切，说得是心里话，谦虚真诚，十分感人，表现了他作为一位国际主义战士的崇高思想境界和非凡的品德修养，听来让人景仰，令人崇敬。

» 即兴演讲如何出口成章

真正受欢迎的演讲，往往不是那种照本宣科，或背诵讲稿式的演讲，而是在遵循既成内容的基础上，适当即兴发挥的演讲。因此，有经验的演讲者很少完全背诵事先准备的稿子，他们在精心准备演讲内容的引导下，锦上添花，针对现场听众情况，即兴发挥，力求使演讲更精彩，更抓人。恰到好处的即兴发挥既可以补充或强化演讲内容，又能够创造出生动活泼的现场气氛，满足听众的需求，大大强化演讲的效果。

那么，应如何在演讲中即兴发挥，追求演讲的理想效果呢？

1. 借现象发挥。当演讲现场气氛不太理想，影响演讲情绪时，演讲者可根据实际情况，借题发挥，穿插一段激发性内容，借以影响和调动听众的情绪，为演讲创造理想的氛围。

北京某经济学培训班请一位归国专家来演讲。这位专家一上台就问道："在座的有多少人喜欢经济学？"他本想由此为切入点，很快进入演讲正题，可是没想到台下没有一个人响应，一下子就冷了场。其实，在座的不少人是从事经济工作的，到这里来的目的就是充电，只是由于怕被提问，而选择了沉默。这位专家不免有些难堪，他苦笑一下说：

"我先暂停一下，讲个故事给你们听。

"我刚到美国读书的时候，在大学里经常有讲座，每次都是请华尔街或跨国公司的高级管理人员演讲。每次开讲前，我都发现一个有趣的现象，我周围的同学总是拿一张硬纸，中间对折一下，让它可以立着，然后用颜色很鲜艳的笔大大地用粗体写上自己的名字，再放在桌前。于是，演讲者要听者回答问题时，他就可能直接看名字叫人。

"我不解，便问旁边的同学。他笑着告诉我，讲演的人都是一流的人物，他们就意味着机会。当你的回答令他满意或吃惊时，很有可能就暗示着他会给你提供很多机会。这是一个很简单的道理。

“事实也如此，我的确看到我周围的几个同学。因为出色的见解，最终得以到一流的公司供职……”

讲到这里，他言归正传，开始演讲。他发现，听众的态度发生了变化，他们不再沉默，而是不断有人举手提出问题或回答问题，现场气氛很活跃，形成了互动，演讲效果十分理想。

很显然，这次演讲的成功，与演讲者有针对性的即兴发挥、说了那一段题外话不无关系。可见，在演讲过程中，针对特定现象，有的放矢，插入一些相关内容或见解，能产生很好的引导或激发作用，收到立竿见影的效果。

2. 借事件发挥。有时演讲者还可以抓住具体事件进行讲解，并由此生发开去，巧妙阐明自己的观点，借以引出更深刻的思想内涵，增强演讲的影响力。

1949 年 9 月，陈毅作为上海市长到北京参加政协会议，由于住房紧张，他主动从豪华的北京饭店搬出去，把房子让给傅作义将军，自己住进了陈旧的小平房。他还代表上海市给傅作义两辆名牌小汽车。这件事在上海部队中引起很大的反响，议论纷纷，说什么“对这些大战犯不杀就便宜他们了，凭什么腾房子，送汽车？”陈毅听后，在一次会议上点了这件事，做大家的思想工作。他说：“同志们，我的老兄老弟们，要我陈毅怎么讲你们才懂啊！我陈毅不住北京饭店，照样上班，照样骂人！他可不一样！你们知道不知道，傅先生到电台讲了半小时话，长沙那边就起义两个军！为我们减少了很大伤亡！让傅先生住了北京饭店，有了小汽车，他就会感到共产党是真心要朋友的……”接着他又心平气和地说：“我们是共产党嘛，要有太平洋那样宽广的胸怀和气量呢，不要长一副周瑜的细肚肠噢！依我看，要想把中国的事办好，还是那句老话，团结的朋友越多，就越有希望！”大家听了，都很服气，说，陈老总讲得有理，思想通了，深受教育。

在这次讲话中，陈毅同志借让房子送汽车让人们不解的事情，首先进行解释性讲话，说明事情的缘由，之后，把问题引申发挥，上升到党的政策和策略高度讲道理，指出我们共产党人必须有宽广的胸怀和远大的理想，要广交朋友，善于团结更多的人一道工作，这是革命胜利的法宝！如此从具体事中引出大道理，高屋建瓴，画龙点睛，不但让人心服口服，消除顾虑，而且拓展了人们的思想和胸怀，让人受益匪浅。

3. 借问题发挥。演讲者有时还可针对某一特定问题，通过形象化的故事或寓言，由此及彼地表达自己的看法，回答人们的疑问，借以在更大范围内产生影响力。

20 世纪 50 年代，美国朝野对美武装力量体制、沿用何种军事战略、军种地位、军费投向等问题争论不休，美陆军前参谋长马克斯韦尔·泰勒对此有自己的看法。1959 年 6 月 25 日，他应邀在全国新闻俱乐部发表演讲，演讲内容是介绍世界安全形势。在演讲过程中，他借这个舞台，巧妙地穿插了一个故事介绍他对上述问题的看法：从前有个连队，士气低落，士兵纷纷抱怨伙食很糟，新任连长决定进行一次调查。他发现，给养军士是个诚实可靠的士兵，因在财政部表现出色，才调整升为本连军士。连里的 4 位厨师都很高明，但他们相互提防，各搞一套。早晨，每位厨师都给军士一份自己的菜单，并要求军士按照各自的要求去采购。军士很苦恼，他尽力根据厨师们提出的要求买一些他认为合适的食品。但当他把食品交给厨师时，他们很不满意。因此，厨师们根本不能把军士买来的东西做成三顿全连官兵满意的菜肴。上尉连长把军士和 4 位厨师召集了起来，他说："士兵们，我们必须改变这一切。军士，你要做的第一件事是与厨师制定一周的食谱，并向我报告。厨师们，如果你们不能协调工作，那就留下最好的一位，其余的回家。"上尉强调，军士必须遵照营养标准搭配好食谱，厨师必须照食谱做饭。很快连里伙食改善了，士气大振。

在演讲中，他讲这个故事的寓意十分明显，那就是军队建设必须有一个能把"厨师"组织起来的"军士"。他如此借题发挥，回答人们争论不休的问题，很快产生了效果，使三军必须减少层次重复和条块分割，必须协调发展的问题在美高级决策者中达成了共识。

在演讲中即兴发挥应注意两个问题：一是要目的明确。在演讲中即兴穿插内容必须有一定目的性，通常应针对现场听众情况，要么为了调动情绪、活跃气氛，要么为了解答疑问，满足听众需求。只有这样的即兴发挥才可能有的放矢，为演讲活动锦上添花，起到强化作用，否则就成了多余的赘语。二是要能放能收。大凡即兴借题发挥，往往要离开即定内容说看似无关的话题，但是借题发挥不能信马由缰，漫无边际，喧宾夺主。当即兴之言发挥到适当之处，就应立即回到主题上来，紧扣题旨讲下去。如此放得开，又收得拢，演讲才可能中心突出，旁征博引，生动活泼，受到听众欢迎。

» 队前讲话的技巧

队前讲话是部队基层最常见的讲话形式。这种讲话形式是我军在革命战争年代形成的管理、教育的有效传统之一，现已成为我军制度化管理教育的重要内容。它对于促进上下沟通，上情下达，保持部队内部的高度统一，进行紧张有序的工作训练，提高部队战斗力，都有着积极的作用。

队前讲话较多用于领导向下属下达命令、传达指示、实施管理、布置工作、政治教育、点名动员、总结讲评等工作中。其中，有些队前讲话是例行的，是条令规定的，如点名就是内务条令规定每天必须进行的。有些队前讲话则是领导根据客观需要临时安排，或随机实施的。从表达方式看，队前讲话大多是领导者的即席而言，或稍做准备，打个腹稿就走到队前讲话；也有一些在事先写作讲稿或提纲，再实施讲话，如任务动员、思想教育等就是如此；还有一些讲话则是照本宣科，如传达上级指示等。

从实际情况看，不管哪一种形式的队前讲话，都应注意以下问题。

1. 贴近现实，贴近对象。队前讲话的特点之一就是领导直面自己的部下，面对熟悉的群体讲话。彼此较为了解，讲话内容又多涉及现实生活、工作的情况和存在问题，通常具有很强的指导、激励和管理作用。因此，队前讲话必须贴近实际、贴近对象，针对现实问题而讲，把刚刚发生的情况问题及即将发生的事情，作为内容，发表领导的看法，作出具体规定；或对某些事情作出评价，明确是非曲直，有时要直接点到人、点到事。因此，队前讲话态度要鲜明，不管批评表扬都要界限清楚，公正公道，责任明确，不含糊其词，不躲躲闪闪，体现出赏罚严明的作风，让人心服口服。借以激励先进，鞭策落后，明确方向，鼓舞士气，并把领导的思想迅速转化为部属的行动，形成统一的意志和力量。如果领导讲话文不对题，不痛不痒，或偏心失真，意气用事，就会直接影响部队的团结和工作积极性。

2. 眉目清楚，重点突出。队前讲话内容涉及事务性内容较多，特别是基层分队的工作方方面面，思想、训练、后勤、技术、管理，等等，有时在一次讲话中都要点到，这样就可能显得头绪很多。为了把事情讲清楚，必须注意对内容进行梳理，分出层次，抓住重点，兼顾一般。一般情况下，重要问题要放在前面说，多说、说足、说到位，其他问题则点到为止。在具体表述时，要把问题排排队，按照先重后轻的顺序，用序号排列起来，如"第一，第二……"依次展开，显得有条有理。要注意把相同性质的几个问题一起说完，再说其他问题。要防止相互穿插，"眉毛胡子一把抓"。对于规定性的问题，要把条文内容、要求规定、时间地点、分工责任等一一交代清楚；对于重要内容要适当强调，可放慢速度，甚至一字一顿，叫大家听清记牢，同步思索，以便记忆和执行。

3. 就事论理，给人启迪。队前讲话通常以讲事为主，但又不能仅仅满足于安排处理事务。高质量的队前讲话应该见人见事见思想，启迪心智。这里的所说的见思想，并不是讲抽象大道理，也不需长篇大论，而是要以事引理，从具体事情中自然而然把思想认识概括出来，用一两句话把思想点化出来，让部属从具体事情的处理中感悟到思想，受到教育，举一反三，在潜移默化中提高认识，转化为精神。以"队前讲评表扬"为例，不仅要点出好人好事，而且还应小中见大，从事实中见精神。人的行为是由思想支配的。人们表现出来的值得赞美的行为，往往是受某种进步的思想或可贵的精神支配的。那么，在表扬某人某事时，就应从现象入手，揭示出他们行为背后的指导思想、本质精华，从更高的视点上说明问题，给人以启迪和昭示，起到“表扬一人，带动一片”的良好作用。如果仅仅是一般的就事论事，那就大大削弱了表扬的力度。

4. 区别情况，确定着力点。每次队前讲话的宗旨和内容不同，讲话者不应以一种姿态、一种口吻讲话，而应从讲话宗旨和内容出发，追求得体，使表达的语言、语气、表情等与之相匹配，以追求最佳讲话效果。总起来说，队前讲话的基本格调应庄重严肃，在表达上要求声音洪亮，节奏鲜明，掷地有声，具有掀动力、感染力。但是，适应不同讲话内容要求，又应有不同的表现形式和风格，有不同的着力点。比如，点名讲话以说事为主，以表扬为主，应运用赞赏口气表扬好人好事，着重起到正面引导的作用；传达上级指示的讲话，则应以平和庄重的语气说话，多一些理性语言，说明意义，提高大家贯彻执行的自觉性。动员讲话则以激发斗志为目的，应大量提供足以调动大家积极性的材料，进行有效的煽情和激励，把荣誉感和英雄主义精神激发出来。

5. 简洁明快，短小有力。队前讲话通常是站立姿态听讲，如果讲得太长人们容易分散精力，影响讲话效果。内务条令明确规定点名通常不超过 20 分钟。因此，最好控制在几分钟到十几分钟以内解决问题。为此，表述要简洁概括，三言五语，一语中的，干脆利落，不拖泥带水。在内容上，抓住要点，说明情况，提出要求，指出要怎么办，不能怎么办，不必作过多解释。对于有关军事行动内容，要注意使用军语。此外，讲话还要考虑时空条件和下属心理状态，最好不要在饭前，或在恶劣的气候条件下讲长话，那样会让人生厌，使讲话效果大打折扣。同时，军政首长或副手，不要在一次队前讲话中轮番上阵，最好事前商量好，由一人出面把问题讲完。如果需要，最多两个人讲，由一人主讲，另一人补充为宜。

6. 扬己所长，形成个性。作为基层领导，由于经历、性格不同，在表达上也各有各的风格和长处。那么，在队前讲话中应注意发挥自己的长处，显示个性魅力，提高表达的效果。如有的人学识高，知识面广，他们说话有条理性，理性味道浓，给人启迪；有的人经历丰富，见多识广，带兵经验丰富，了解战士，说话善于引证实例，深入浅出；有的人为人乐观，说话善于打比方，生动风趣，有吸引力等。这些都能体现自己讲话的个性风格，应结合实际情况大胆发挥，显示出讲话的魅力。不管是严肃内容还是活泼讲话，只要注意展示个性风采，就会更有魅力，不仅有利于上下沟通，而且对于塑造自身形象，提高威信都大有益处。

» 领导如何座谈发言

开座谈会是一种常见的公务活动形式。通常由主持人明确会议宗旨，提出话题，与会者轮流发言，畅所欲言，各抒己见，达到交流信息，探讨问题，统一认识，求得共识的目的。

有人以为，座谈发言很简单很随便，没有具体要求和规定限制，可以随心所欲，想怎么说就怎么说。其实不然。座谈发言作为一种谈吐方式也有自身的特点和要求，每个发言者必须遵循它，才能使发言精彩得体，受到欢迎。

经验证明，搞好座谈发言应从两方面入手：一方面，事先应根据会议宗旨，做充分准备，有时要进行必要的调查研究，掌握第一手材料。在此基础上，精心思索，拟出发言提纲。这样的发言才可能有理有据，有深度，说到点子上，谈出水平来。另一方面，与会发言时有一些技术性问题要把握好，主要有以下几点。

1. 发言必须紧扣会议宗旨。围绕会议议题发表见解，畅谈体会，介绍信息既是座谈发言的基本要求，也是提高发言质量的关键。一般说来，每次座谈会都有特定的宗旨和中心议题。与会者必须十分清楚会议的宗旨，做到心中有数，使发言有所遵循。常见到这样的情形：有些与会者事先不清楚座谈会的议题，到会后也不询问，他们发起言来，信马由缰，海阔天空，结果离题万里，白白占用了会议的宝贵时间，影响了座谈效果。

当然，会议宗旨指出的只是大致范围，并未限制个人发言的具体内容。每个人可以在这个大题目下做好自己的文章，最好从一个侧面，一个角度谈自己的看法、见解和信息。比如，在部分专家学者、科普作家座谈会上，与会者围绕“科教兴国”这个主题，各自从不同的角度，纵横捭阖，畅所欲言：有的从战略上谈“长志气，抓重点，打基础”的问题；有的谈“增强综合国力的战略措施”和具体建议；也有的提出瞄准世界高峰，谈“知识更新，要跟上时代”的见解；等等。与会者发言的角度不同，但精神是一个：“如何科教兴国”。由于发言者有很强的主题意识，自觉围绕会议的共同议题，从不同侧面提供不同的情况、信息，来说明、解释、探讨和回答同一个议题，就把问题说透了，从而实现了座谈的目的。

2. 发言要突出个性特色。围绕会议宗旨发言，绝不是重复一个话题内容。如果众口一词，千篇一律，毫无个性差别，不能各抒己见，这样的发言就失去了座谈的意义。有些座谈会就是这样，与会者不动脑子，“顺竿爬”，前面的发言好像定了调子，后面的顺其思路重复一遍，不但思想重复，甚至语言都雷同。这样的座谈发言既劳时费神，又不会有收获。

高质量的座谈发言应与众不同，有鲜明的个性色彩。主要表现在两个方面：一是要求异。不人云亦云，不重复他人，见解要独到。所谈内容联系实际，联系自己思想，谈个人认识，而且用自己的语言表述。要注意前面的发言，凡是他人说过的，自己就要尽量避免重复，对于有必要重复强调的问题，也要换一个角度，换一种说法。二是要求新。使自己的发言能提供新材料、新信息。所引用的事例、材料要有新鲜度，可以谈自己亲眼所见，或提供鲜为人知的材料，具有较强的信息价值和影响力。

在某师党委常委举办的一次题为“当官为什么”的座谈会上，每个人都从自己的思想认识出发，谈自己的看法。师长以“矢志不移公仆心”为中心，谈树立公仆意识的问题；政委则从坚持原则的角度，提出“咬定原则秉公办事”；一位年龄较大的副政委从个人思想实际出发，表述“老骥伏枥志在千里”的看法；后勤部长就后勤保障问题，提出“一分一厘用于强军”，努力为部队建设为战士服务。他们的发言既围绕中心，又不重复，各有各的角度，使会议开得生动活泼，富有成效，提高了思想认识，坚定了当官就要廉政、勤政，为人民服务的思想和决心。

3. 发言应注意接引深化。座谈发言通常是以轮流发言方式进行的。各自的发言看起来没有多少相干，其实并非如此。精彩的发言不仅要考虑到会议的宗旨，而且还应互相照应，瞻前顾后，彼此深化，使座谈实现整体性效果。特别是带有探讨性的座谈会，更应如此。比如，在一次军队思想政治建设座谈会上，各单位政工干部围绕贯彻军委关于“必须高度重视军队的思想政治建设，把它摆在全军各项建设的首位”的指示进行座谈。在座谈发言中彼此都注意了内容上的接引和深化。有的谈了“用中央军委的重要指示进一步统一各级领导的思想”的问题。接着，有人指出：要在实践中不断深化对指示的理解，增强抓好部队思想政治建设的紧迫感和自觉性。还有人进一步说道，要一级抓一级，把思想政治建设的任务落实到基层。接下去又有人指出要抓好团以上领导干部这个重点，切实把党委班子自身搞坚强。如此一个接一个发言，不断引申探讨，把问题揭示得更深刻更全面，最后形成了较为集中一致的共识。

座谈发言的一大特点就是彼此承接，相互启发。后者对前者的发言既可以补充、深化，也可以否定、修正。有时候，一个人提出新的观点，会出现“一石激起千重浪”的局面，一下子使与会者打开思路，很多新颖见解、思想火花会冒出来，这样就把对问题的探讨引向了深入。

4. 发言要简明扼要、生动活泼。座谈会通常时间有限，所以发言要讲究时效，要短而精，忌长篇大论。有些人谈起来滔滔不绝，像作报告，不给别人插话的机会，这就违背了座谈发言的特点和要求。有的则相反，不注意听人家讲，随意打断他人的发言，自己插一杠子，扯开去，影响别人完整表述自己的看法，这也是很不受欢迎的。

在座谈发言中也可能出现不同意见，一般不应展开争论，更不要强加于人。对于不同意见，可以从正面提出自己的看法，心平气和地交换看法，摆事实、讲道理，以理服人，注意创造平等交谈的良好气氛。尤其不要武断地否定他人，更不能火药味十足，上纲上线，扣帽子、打棍子，大兴批判之师，这样把会议气氛搞得十分紧张，就有违座谈会的宗旨。

此外，座谈发言不要念稿子，要用自己的语言说话，如果你善于幽默，在发言时也可以诙谐幽默一些，如此笑谈真理，生动活泼，效果会更好。

» 让口头述职绘出真实的自己

口头述职是各级领导干部、公务员、专家教授等人员向组织、群众或评委所作的工作汇报。它是组织、群众了解你的思想情况、工作情况和业务能力并作出客观评价的依据之一。所以，做好口头述职不论对本人的发展，还是对工作事业的成功都有重要意义。

做好口头述职报告有两个标志：一是内容充实，实事求是。从内容上看，述职的基本特点是摆事实，提供信息。通过系统回顾总结，把自己所完成的主要工作、成绩成果、存在问题，用事实和数字材料加以说明。二是表达清楚，详略有当。述职不是演讲，不是作报告，不需要绘声绘色，过分煽情渲染，只要把事实内容表达清楚明白，就达到了目的。

从实际情况看，不少人的述职报告并不理想，甚至一些很有工作经验的人在大场合述职时，也不知道自己应该说些什么，如何表达，从而影响了他们的形象，影响了他人对他们的评价。可见，了解口头述职的特点，掌握口头述职的要求是必要的。

1. 要主次分明。口头述职的主线应该是系统介绍自己担负主要工作的表现、成绩和存在问题，次要问题则不必过多表述。有些人在述职时主次不分，在主要工作上太简略，没有展开，而非主要工作说了很多；在介绍主要工作时，有的又侧重于过程表述，列“豆腐账”，没有进行必要的概括，浓缩不够，缺乏有用信息，难以勾画出自己的工作面貌和实际水平。如有位干部介绍自己担负上级赋予的宣讲任务时，从何时开始，第一站到哪儿，第二站到哪儿，第三站……先坐火车，又坐汽车，行程6000里，到了草原、边防、海边等单位……过程说了一遍，却没有介绍宣讲中做了什么，有什么表现，效果如何，反而给人一种他在游山玩水的感觉。再如，有位外事干部述职时，介绍自己的翻译成果，说参与了翻译美军战役原则的书，自己担负了其中一章的翻译任务。接下来他开始介绍原作者是谁，他在美军中的地位影响及这本书的出版过程，最终给人一种“拉大旗做虎皮，包住自己吓唬别人”的感觉，如此喧宾夺主，很难给自己的述职增加正面分数。

2. 要粗细得当。口头述职通常要在有限时间内完成，所以应采取概述方式粗线条展开，勾画出自己的工作面貌即可，不必过多展开细节，尤其不必进行细节的渲染。如果过多展开细节，介绍花絮，势必占用大量时间，而有用的东西就没有时间说明，那就舍本求末，轻重颠倒，违背了述职的基本要求。有位法官在述职时，介绍自己的办案工作，并未就工作情况、特点及对稳定社会的作用加以说明，却用大量时间介绍某一案子的细节材料。他从案件的起因说起，说到当事人如何做伪证，自己如何调查取证，进行智斗等，根根梢梢，细枝末节说了一遍。结果时间超了，主要内容还没说，述职成了案例介绍，评委很难对他的工作作出全面客观的评价。

此外，述职还是一种理性的事实表述，并不强调以情动人。有位教师述职时，说自己经常用业余时间给学员补课，本来介绍到这里也就够了。可他为了生动感人，举例说有一天晚上，天下着大雪，自己如何深一脚浅一脚推着自行车去补课，不小心摔到沟里，摔坏了自行车，摔伤了脚，艰难地爬出来，结果鞋子又找不到了，只得光着一只脚，扛着自行车前进……如此像讲故事一样刻意渲染，虽然生动感人，却言不及义，缺乏理性概括，同样不能令人满意。

3. 评价到位。在口头述职中，对自己的工作进行自我评价是必要的，但要客观，要恰当，不能太高或太低。某教授在述职报告中说："5年来，我完成了作为教授应该担负的教学和科研任务，从工作能力、教学水平和研究成果来看，我以为自己是称职的。"这样评价就比较客观。

在自我评价上，切忌说过了头，自我吹捧。如在评价自己的著作、学术成果时，指出曾获哪级颁发的奖项即可，一般不要说"全国唯一""全军第一"。这种提法过高，又拿不出那一级权威认定，很难叫人信服，且有吹嘘之嫌。有位军事干部述职时，说自己一篇论文提出了新的作战思想观点已经转化为整个部队的战斗力。评委听了就提出疑问："请你具体说明一下，哪些观点成果转化成了部队的战斗力？"他无法答上来，说有些观点在总部的训练大纲中有所体现。显然，他的评价太高了，反而影响了评委对他的看法。

4. 语气庄重。口头述职在总体语言风格上应严肃庄重，言辞应质朴无华，实话实说，少用形容词进行过分修饰，尤其不要用调侃语气说话，以免给人留下华而不实的印象。

有些人似乎不懂这一点，在述职时自觉不自觉地运用诙谐调侃语言说话，听来叫人大倒胃口。有位公务员在述职时这样说："我的学历是高中，比较低，可我不是不想上大学，如果不是赶上'文革'时代，也难说我考不上大学""我的水平虽比不上珠峰，起码也比马里亚纳海沟深一点吧"。他甚至讲了一个接待农村上访者的笑话，把人逗得捧腹大笑。可是，在这样严肃场合开玩笑、耍幽默，与现场气氛不相符，很难取得评委的认同。

还有些人，在日常工作中遇到一些不顺心的事，对领导有意见，平时没有机会提，于是在述职时就把这些想法看法一股脑儿兜出来，借机发牢骚，甚至用阴阳怪气的口气说话，效果很不好，在客观上暴露了他们存在偏激思想，给人留下不好的印象，很难为自己加分。

》如何做好口头汇报

上级领导和机关召开汇报会是了解下情的重要工作方法。通过听下级或部门领导的口头汇报，可以达到两个目的：其一是掌握所属单位的思想状况、工作进度、存在问题、典型经验。有助于领导更好地进行宏观科学决策，并对下级工作作出具体指示、指导和帮助，推动工作深入开展。其二是可以考察干部，了解下属的素质、能力。因为口头汇报能从一个侧面反映一个人的综合能力。通过听口头汇报不但可以了解下属做了哪些工作，遇到哪些问题，而且还可以看到他们的工作作风是否深入，工作方法是否得当，思想方法是否科学。此外通过口头汇报的逻辑性和材料组织的情况，还能了解其认识能力、思维方式和思想水平。这无疑也是考察干部的一条有效途径。

苏军大将什捷缅科，人称斯大林的"参谋官"。他由一个普通军官升至作战部长，参与了统帅部的一系统作战计划的制订。这一切几乎是从一次汇报开始的。1942 年 8 月的一天，他奉命到斯大林办公室向最高统帅汇报苏德南线战场的作战情况。那是他第一次见斯大林。当时，他对照作战地图，讲述得有条不紊、详略得当，使人感到他对前线情况了如指掌。斯大林静静地听着，一直没有插话。他汇报完了，斯大林开始提问。他对所提问题一一作答，从容不迫，清晰明了。斯大林满意地笑了，赞扬他说："不错，小伙子，真是个出色的参谋军官。"接着回身对在场的莫洛托夫、马林科夫等高级官员们建议道："将来你们去前线时把这位上校带上！"

事后，同事们问他为什么一点也不紧张，他回答得很干脆："因为我想的不是让最高统帅知道我，而是让他知道前线的一切。"

就是这次汇报，他给斯大林留下了深刻印象，得到极大信任。仅用 6 年时间，他就从一个处长升到总参谋长。

从此例可以看出，出色的口头汇报是多么重要。正因为如此，作为下属应特别重视提高口头汇报的质量，使上级领导和机关满意。

为了提高口头汇报的高质量，汇报者应在事先做好充分准备。一般情况下，上级召开汇报会前总要下达“安民告示”，下级领导应根据通知精神及汇报会的主题、范围和具体要求，有的放矢地进行调查研究，掌握第一手材料，并对汇报材料进行仔细研究，甚至写出汇报材料。在组织材料时，要对材料进行认真选择、提炼，作出必要的归纳和总结，使材料有观点、有事实、有条理性。当然，如果汇报者对情况十分熟悉，就不必写成文字材料，只要列出汇报提纲就行了。

在精心准备书面材料的基础上，与会时汇报者还应有出色的口头发挥。有的领导在写作汇报材料上下功夫不小，但是与会时不善于临场发挥，或不注意会议要求和变化，一厢情愿地发言，这同样难以产生理想的汇报效果。因此，领导者与会时还应该注意以下几个问题。

1. 要进一步了解本次汇报会的主题和上级领导的意图，组织好自己的汇报内容。与会时需要弄清的问题如下。

一是汇报会的宗旨是否有变化。对于汇报的宗旨要十分清楚，知道上级最关注的最想听到哪方面的情况。有时候会议前上级可能临时提出一些新要求，汇报者就要据此随机应变，对已准备好的汇报内容进行必要的增删调整，以使汇报符合会议的新要求，符合领导的期望。

二是会议时间的长短。既要了解会议的总时间，又要了解会议给予汇报者的时间量。要根据时间长短决定自己汇报内容的多少，力争在规定时限内完成口头汇报内容。较为多见的情况是，汇报者事先准备的汇报内容篇幅较长，而给予的汇报时间较少。解决这个矛盾的办法是果断地将汇报内容进行压缩删除，让内容服从时限。

三是汇报发言的顺序。对于汇报者来说，被安排在前面还是后面汇报，在汇报的要求及方式上应有所区别。在会议开始时汇报，时间显得宽裕，上级领导听汇报的精力也比较旺盛，听得仔细，汇报者应谈得详细一些，即使时间上有所超越也不会产生副作用。如果安排到午饭前或晚饭前汇报，情况就不同了。与会者已经很疲劳，时间比较紧张，汇报者就应再一次压缩、修改汇报内容，突出重点问题，尽量避免与前面的汇报重复。如果不注意这些问题，就可能影响汇报的效果。

总之，及时了解汇报会的要求可以使自己从容主动，得体地驾驭自己的汇报内容。有些领导忽视这些基本问题，坚持“以我为主”，一味按事先准备的内容发言，并不理会会议的要求，只管从头到尾，洋洋洒洒道来，结果占用很多时间，影响了他人的汇报；有的被上级领导制止，使很多重要内容没能说完，还给领导留下了啰唆的印象。这是很失策的。

2. 口头汇报要虚实兼顾，点面结合，有详有略，粗细得当。在规定时间内进行汇报，还要注意汇报的方法。一是观点要叫响，要提纲挈领、简明扼要、眉目清楚。一般要把观点放在前面说，最好加上序号，使人听来十分清晰，容易把握要点。观点不能冗长、啰唆，要有准确精彩的语言概括，有一定的深度。二是事实材料要充实、生动。一个好的汇报必定要有反映本单位情况的丰富生动的事实材料。所用事实应比较典型，有说服力。在介绍事实材料时要有点有面，点面结合。如果只介绍具体材料会显得拖沓、不全面、缺乏深度；如果没有细节材料，听起来又显得不生动、太空洞。所以，汇报时既要注意运用反映全貌的概括性情况和数据，又要有具体生动的细节材料。表述典型材料要有名有姓，有时间地点，有细节描述，以给人留下深刻的印象。如果有需要，还要绘制图表，结合图表汇报，这样更直观更形象。

3. 口头汇报不能只罗列事实材料，还要有理性分析和升华。这可以从两方面体现：一是汇报本单位情况时要进行适当分析，提出自己的看法、见解，以体会的形式表达出来。对于存在问题要深刻地剖析原因，找出教训，指出解决问题的思路和办法。二是要对与本单位相关的全局性工作提出有益的建议和意见。上级领导对于下级提出的有建设性的意见是十分重视的。所以，在汇报本单位情况的基础上，应把自己深思熟虑的意见提出来，供上级领导和机关参考。理性分析不仅能表现自己的思想水平，而且也是责任心强的表现，这一点应认真去做。

4. 口头汇报不要照本宣科念材料，应以交谈方式侃侃而谈。如果在口头汇报中念稿子，就显得十分拘谨、不自然，给人留下一种情况不熟的感觉。既然是口头汇报那就要发挥口语表达的特点，以文字材料为蓝本和依据，绘声绘色自然流畅地娓娓道来。在说话的速度上要把握适中，注意节奏不要太慢。

在汇报过程中，要十分重视回应上级领导的插话和提问。这些是领导所关注，并希望听到的内容，应在这些问题上多用一点口舌，多提供一些信息材料。这样的口头汇报才是有益的、受欢迎的。

第七章

孜孜以求，强化素质

挤出时间读点书

当今时代生活工作节奏加快，人们忙于工作，忙于应酬，很少有时间读书。常听一些领导说，很想读点书，可是太忙，坐不下来。看上去这是一种无奈，为不读书找到充足的理由。其实，并不尽然。如果悉心观察就会发现，不读书的最大障碍不是时间，而是意愿，是对于读书重要性迫切性的认识不足。

我们常常见到说自己没有时间读书的人，可以在酒席上泡几个小时，可以去歌舞厅待上一个通宵，可以在电视前一看几个钟头……很显然，不是没有时间读书，而是缺乏读书的原动力。

在"世界读书日"，温家宝总理到商务印书馆和国家图书馆与编辑和读者交流读书心得。他说："也许有人会说，没有时间读书。但是一个人一天总可以抽出半个小时读三四页书，一个月就可以读上百页，一年就可以读几部书。"又说："读书决定一个人的修养和境界，关系一个民族的素质和力量，影响一个国家的前途和命运。一个不读书的人、不读书的民族，是没有希望的。"此言点出了读书的重要性。温总理日理万机，仍坚持每天读书，堪称读书的楷模，值得各级领导学习。(《人民日报》2009 年 4 月 23 日)

时下，很多人急功近利，只是以做好眼前的事情为目的，而读书学习、充电提高那是慢功夫，是"长线投资"，一时很难看到效益。所以，人们大多对于这种长线投资采取放任的态度，并不急于去抓，以为自己还有以前的老底子，还可以应付局面，还搞那么疲劳、下功夫读书干什么？此外，社会上的诱惑太多太强，钱的诱惑、色的诱惑、权的诱惑、时尚的诱惑，使一些人坐不住，太浮躁，安不下心来，就是拿起书来也是心猿意马，于是逐诱惑而去，放纵自己，痛快一时算一时，读书自然没了时间和地位……

所以，要想沉下心来读点书，非要战胜急功近利思想，非要抵制住诱惑不可。为此，只有一样东西可以排除上述干扰，捧起书来，那就是主观认识和清醒的理智。在读书的问题上，领导者不妨多想想以下问题。

你虽然大学毕业、研究生毕业，可是自己掌握的知识够用吗？能管用一辈子吗？你负责一个单位工作，可能遇到很多新问题新情况；社会上每时每刻都有新东西出现，超出我们的认知范围；你可能不断升职，职权扩大，责任加重，你的能力是否跟得上？社会竞争如此激烈，很多有才能的人在向你挑战，你能不能在竞争中占据优势……所有这些，都会告诉你一个结论：如果你不想落伍，就必须学习，必须读书，不断充电，跟上形势！这是唯一可以提升你的能力，使你可持续发展的途径。

如果人们认识到读书学习的紧迫感，那么，没有时间也会挤出时间来读书。有很多大公司的领导时时有一种危机感，他们每天在忙完公务之后，还要在深夜读书两三个小时，天天如此，成了一种习惯。他们从书中找导师，找信息，找解决问题的方法，找可以学习的经验，自然也找到了支撑企业发展的后劲。

领导要想挤出时间读书学习，首先就要给读书时间规定硬性指标。要制订一个读书计划，每天规定好时间，不完成读书任务不上床。还要提高工作效率，为学习挤出一点时间；同时要自觉减少一些不必要的应酬，用于读书。

其次，要适当控制看电视时间。电视节目生动活泼、直观快捷，有强烈的吸引力。但从另一个角度看，看电视不能代替读书。因为看书与看电视接收信息的方式有所不同。看书是由文字转化为生活画面的，这个转化过程，读者凭借想象联想和思维才能实现。而且，对于文章思想内容由于隐藏在字里行间，读者必须进行思维才能概括出来，这样一来人们的抽象思维也就得到了锻炼和提高。简言之，读书过程是一个同步思维的过程，易于锻炼人们大脑的思维能力，特别是对提高抽象思维能力有好处。所以，适当控制看电视和娱乐时间，留一些时间静下心来读书是十分必要的。

最后，要带着工作中的问题读书。为解决问题而读，就有了动力，而且可能培养出读书的兴趣。在平时多读一些与工作专业有关的书，从书中找老师，找信息，找解决的办法，一旦尝到甜头就会大大提高读书的自觉性和积极性。还要把读书与思索创新结合起来，最好动动笔，把自己的体会感受和思考记录下来，写出文章，这样就会大大提高自己的认识水平，并转化为工作能力和成果。

» 有时也要“一目十行”

说到“一目十行”，不外两种解释：一是夸人聪明，一目十行，过目不忘，以表称奇赞赏之意；另一种是说人读书毛糙、不认真，一扫了事，知道大概而不深入。显然，对前者是赞扬，对后者是批评。

从实际情况看，真正一目十行、过目不忘的聪明人并不多见，然而，后者却大有人在。笔者以为，对于读书不认真的毛病的确需要批评，但是“一目十行”式的阅读方法，却不可一概否定，甚至还应给它以应有的地位。对于领导来说，日理万机，阅读时间有限，那么掌握一目十行式的阅读就显得越发必要了。

我们之所以要肯定它，就是因为这种快速阅读方式在信息爆炸的时代能派上用场。当今社会，各种书报信息铺天盖地而来，让人目不暇接。在这种情况下，快速阅读就成了掌握大量信息的必要手段。

不仅如此，快速阅读还是一种选择式阅读，有助于提高阅读效率和质量。信息量大大膨胀，其中未必都是珍珠，必然也有垃圾；即使都是真实的信息知识，也未必对自己有用。因此，进行选择就成了一种必然。人们可以通过“一目十行”式的快速阅读，把有用的信息抓住，把没用的放过；把珍珠留下，把垃圾放弃。相反，如果不善于选择，不管什么书抓住就看，而且“十目一行”地读，那肯定会白白浪费大量宝贵时间而无所得。

其实，这种一目十行式快速阅读方法，人们早就自觉不自觉地在运用着。比如，你骑自行车在街上行走，路边常有人追上来，把一份什么广告报纸硬塞到车筐里，人们拿起来扫一眼，是与自己完全不沾边的治便秘的药之类的广告，于是不客气地一扔了之。这就是一次一目十行式的快速阅读。

从实用的角度看，一目十行式的快速阅读有多种不同的表现方式，值得我们掌握。

一是扫视大标题。一般新闻稿，纪实性文章的标题大多是内容的浓缩。对于这类报纸刊物的内容，有时可通过扫视大标题方式，把握了解大概内容，决定取舍。

二是扫视小标题。纪实性文章的内容大多分成若干层次段落，并冠以小标题做内容要点提示，我们可以翻看小标题，大体了解内容，决定是否细读。

三是看内容提要。对于书籍可以先看扉页上的内容简介或内容提要，这样就可以从宏观上把握本书的内容精华，再决定是否读下去。

四是跳跃阅读。对于书刊的内容，可翻看几个段落，或找几个点阅读，或看开头与结尾，了解其内容和风格，看是不是自己喜欢或需要读的书。

五是探寻阅读。有时带着需求或某种目的对内容进行扫视，一旦发现相关的关键词就阅读下去，这样带着选择性而读，很容易找到自己需要的内容，而放弃无关内容。

运用上述一目十行式阅读法，既可以节约时间，尽可能多地掌握大量信息；又可以快速找到自己所需要的内容；还能为进一步重点精读进行快速定位。

话说回来，从提高读书效果而言，仅仅掌握一目十行阅读方式还是不够的，还应把快读与精读、一目十行与“十目一行”结合起来。通常应先用一目十行方式发现信息点，再对值得一读的内容进行“十目一行”的阅读思索，挖掘内涵，这样既兼顾到了信息量，又能读出深度，读出体会，读出成果。

读书的三种境界

读书有不同的境界，境界不同收获也不一样。

读过了，这是一种境界。不少人读书看报追求数量，以快著称。他们可以在一夜之间读几本长篇名著，或几十篇时尚小说。他们看东西多而快，与他们交谈起来，似乎无所不知，别人说到什么，他们都能插上嘴，很赶趟。但是，没有钻进去，不会有深刻体会和独到见解，往往处于了解大概情节、梗概的层面上。从读书心态来看，这样读书与其说是为了扩大知识面，倒不如说是为了“面子”。但是，毕竟读过了。在当今充满诱惑的时代，书刊如海，让人目不暇接，能拿起书来翻翻，一目十行看一看，知道个大概也算不错。

读懂了，吃透了，这是另一种读书的境界。一部好书，一本精品，内涵丰富，往往不是读一两遍就可以读懂弄通的。这要下功夫去读，集中精力思索，有时要读几遍几十遍，才能有所收获。毛泽东同志身边就放着一些书，是经常读的。他说过，《红楼梦》起码要读五遍，才有发言权。对于好书，只有反复地读，边读边思索，才可能把一本书读深读透，把握精髓，吃到肚子里，品出一点滋味来。当然，并不是任何书都值得人们下这样功夫去读的。从实际情况看，值得细读精品的书，大体有这样几类：一是经典理论著作；二是名著精品；三是专业权威书籍；四是对眼下工作有用的书。这样的书不可能很多，但是要下功夫去读懂它，消化它，那时将受益匪浅，书中的精华会转化为你的内在素质，使你一生受用。

读活了，读出了体会，读出了成果，这又是一种读书境界。如果读书仅仅为了吸收，而不创造，这样读书对社会并无太大价值。有些人读书本意是要学习知识，加强修养，提高才能，但是在深入学习过程中，钻得很深，读出了体会，读出了见解，进而产生了新创意、新想法，或有所发明创造，或解决了工作难题，或著书立说，成果累累，这就进入了一个更高的境界，更加体现出读书的价值。

有位企业领导博学多闻，著述颇多，是公认的学术权威。他读书很下功夫，且勤于思索，所以每读必有体会，必有新鲜创意。一次笔者带着崇敬的心情去拜访他。他正伏案苦读，因为眼神不好，手里拿一个大倍放大镜，专注地读着。不小的桌面上，床铺上，都放着书，有的书里还夹着长长短短的纸条。看上去，他像个在书山之中勤奋耕耘的长者。见有人到来，他歉意地说："不好意思，太乱了。"但笔者一点也没有乱的感觉，相反却感到惊异，自愧不如。这是真正意义上的读书，他是在读书中开拓。书在这里真正成了创造的母体和土壤。这比有些人把书橱摆得整整齐齐，却从未动过一下，只是装点门面的状态，不知要强多少倍。

客观地说，读书的三种境界是一个联系的递进的过程。读过了，知道大概，掌握了一些信息，对于大多数人而言已经不错，但是如果满足于此，就显得有些浅薄；而读懂了，就大大进了一步，但是必须端正读书心态，准备花很大精力和时间去做。只要人们有毅力，坐得住，钻进去，要想达到这个境界并不难，而读出成果，与工作相结合，有所创造那就不一般了。作为领导者，更应提高读书的层次，树立为工作、为创新而读书的目标，在目标牵引下读出自己的体会，读出成果，实现个人的价值。从某种意义上说，这应该是领导者应追求的境界。

» 领导干部动笔好处多

在实际工作中，需要领导者"亲自"做的事情很多，"亲自"

动笔写作就是十分必要的一项。在过去革命战争年代和和平建设时期，党和国家领导同志大多有动笔写作的习惯。毛泽东、周恩来、朱德等老一辈革命家，不仅要求各级领导干部要亲自动笔，而且他们自己也亲自起草写作了大量重要的命令、通报、总结报告、新闻稿等，用以指导工作，发挥了巨大的作用。从一定意义上说，领导动笔是一种光荣传统，在今天仍具有现实意义。

之所以提倡领导动笔，是因为这样做有很多益处。

1. 领导动笔有助于更好地反映实际情况，更有效地指导工作。一般说来，领导者有较高的认识水平和表达能力，他们熟知上头精神，又熟悉本单位情况，很多工作就是在他们亲自参与、指导下完成的。如果领导者能亲自动笔，根据自己掌握的第一手材料，自己思索的成果，用自己个性化的语言，写出文章、讲稿来，不但符合上级精神，符合实际情况，而且能反映自己的思想认识和见解。这样的文章材料必然有个性，有水平，能说到点子上，对工作会有更强的针对性和指导意义。

2. 领导动笔有助于提高自身的思想水平和工作能力。写作是一项复杂的制造精神产品的脑力劳动过程。整个写作活动不仅能使写作者驾驭语言的能力得到锻炼，更重要的是能使其分析综合、联想想象等的思维能力得到全面的提高。因此，领导者亲自动手撰写与自己工作内容有关的文章材料，写总结、报告、大会发言等，不仅会加深自己对本单位工作情况和规律的再认识，而且还能有效地锻炼思维能力，提高思想认识水平，使自己的思维运作更科学、更敏捷、更深刻。

3. 领导动笔有助于塑造良好的自我形象，在群众中树立威信。在群众看来，领导者亲自动笔写讲稿，上台演讲，或亲自写文章刊登在报刊上，是理论水平高、有文字修养的一种标志。因此，群众往往对能说、能讲、能干的领导由衷地佩服。如果领导者在报刊上发表了有见地的文章，使部下茅塞顿开，不但无形之中在群众心目中塑造了领导的良好形象，提高了领导者的威信，而且可以在更大范围内发挥作用，产生影响，易于创造出公关效应，对工作产生积极的推动作用。我们常常看到，有些领导干部结合本单位工作，或针对热点问题发表有独到见解的文章，在社会上引起很大反响，本单位群众为此而由衷感到自豪，同时还受到上级领导和部门的重视，这对于个人的发展无疑也是有益的。

4. 领导动笔有助于影响下属的工作作风，提高干部队伍的素质。古语道："上有好者，下必甚焉。"领导的言行作风对下属有很大的影响，领导亲自动笔往往能把下属也带动起来。有些单位的领导就是这样，凡是自己可以写的材料绝不叫秘书代劳，而且他们对善写的下属十分器重，给予表扬、培养和使用，这样就在客观上起到引导作用，上行下效，助长了自学的风气，使机关形成深入调查、钻研写作之风，工作姿态也更加务实，更有效率，干部队伍的整体素质随之发生变化。由于领导和下属人人写稿，反映本单位工作情况的报道、文章便常常在报刊上出现，反过来又鼓舞了士气，群众的积极性更高，思想更加活跃，有力地推动了工作的深入发展。

然而，也有一些领导者对此不以为然，他们从来不动笔，不管大小材料一律叫他人代劳，甚至连小型会议的发言，也要秘书写好，自己拿着现成稿子上台照本宣科。从严格意义上说，这实在是领导者的一种缺憾。

我们提倡领导亲自动笔，并不是要他们整天钻到文字材料中，冲击其他工作，也不是说一定要把文章都拿出去发表，而是应从实际情况出发，把亲自动笔当成一种有效的工作方式来对待。

为此，就应处理好写作与工作忙、时间少的关系，选择最恰当的写作方式而为之。这里有几条经验可以借鉴：一是要养成勤于动脑、勤于动笔的好习惯。适当读一点写作方面的书，培养自己的写作兴趣，养成思索的习惯，只要工作需要，且时间又允许，一般的讲话稿、总结等，自己就应该亲自动手写作，不要他人代劳。二是有时候工作太忙，没有时间精力写，也可以采取与下属合作撰写文稿的方式，但自己一定要出思想、出提纲，叫下属起草，然后自己动笔修改。三是把讲话与写作结合起来。有的领导者擅长于讲，可以讲得十分精彩、很有条理，那就扬其所长，先在会议上讲话，然后再根据讲话录音整理加工，形成文章。四是如果领导者有较高的文学修养和文字表达能力，可以在业余时间搞点创作，写一些文艺作品，展示自己的才华。这样不但使自己的业余生活更丰富多彩，而且还会有更多的精神成果问世。总之一句话，为了更好地开展工作，领导者还是拿起笔来得好。

» 多才多艺多魅力

一个精通本职，忠于职守，富有创造性的领导，如果同时又多才多艺的话，那么他在领导岗位上，将游刃有余，有声有色，具有无穷的魅力。

老一辈革命家大多如此。毛泽东、周恩来、朱德等领导同志，不但有很深的理论修养、卓越的领导才能和高超的指挥艺术，而且还能诗善赋，精通书法，为人们所景仰。

多才多艺不但能反映一个人多方面的爱好和才能，丰富他们的生活情趣，对于领导者来说，多才多艺还具有特殊的意义和价值。

1. 多才多艺有助于开拓思路做好工作。如果一个人在本职工作之外，还在文学、戏曲、音乐、绘画、书法等方面有所研究和造诣，那么，这些才能将会作为潜在的素质折射到工作中来，对工作起到一定的推动作用。因为知识和能力是互通的，这些知识和才能一旦与本职工作相联系，就会大大地拓展人们的思路，创造有效的工作方法。当工作遇到矛盾问题时，人们就会从不同角度进行多向思索，迸发出思想火花，进而找到最优化方案，创造性地解决问题。在现实生活中，我们看到，大凡多才多艺的领导往往思路广、点子多，方法灵活，工作效果好，就是明证。

2. 多才多艺有助于扩大交际面。作为领导应最广泛地联系群众，了解群众的心声，这是做好工作的基础。一般说来，领导的才艺爱好可以成为很好的媒介和桥梁，与有同好的群众联系起来。大家一起切磋技艺，交流心得，在共同爱好领域打破了上下级界限，拉近彼此的心理距离，甚至达到无话不说的地步。这样一来，领导就可以增加联系群众的广度和深度，就会听到很多在一般场合里听不到的声音和真实信息，这对于领导了解下情，制定政策，无疑具有积极意义。

3. 多才多艺有助于提高领导威信。多才多艺的人在某一方面或几方面表现出高出常人的艺术才华或文化修养，他们的出众才能和技艺往往令人由衷地羡慕和钦佩，而多才多艺的领导不但易于赢得钦佩，而且还能优化他们的形象，让人增加几分敬意。如在公众场合，领导者和群众在一起，同唱同乐，表演一段京戏，或弹一曲钢琴，或朗读一首自创的诗词，必然会给人留下深刻的印象，甚至使人为之倾倒。陈毅元帅不但是军事家、外交家、诗人、演讲家、书法家，而且还是围棋爱好者一名誉七段棋手，多种才能集于一身，共同展示出他为人豪爽，豁达大度，才思敏捷的领导个性，为人们所推崇。总之，领导的多才多艺会为他们的形象增添光彩。

概言之，多才多艺不论从哪个角度看，对领导工作都是有益的。这对于中下级领导来说，尤其如此。任举一例：某部队戚政委就是一位多才多艺的领导。他不但是一个优秀的政治工作者，而且他还会刻章，会书法，会做诗写文章。多年来，他利用自己的特长与士兵交流，不但打开了政治工作的思路，而且提高了他在群众中的威信，还结交了很多战士朋友，受到了官兵的好评。如他刻章明理，为成绩优异的战士刻了“戒骄戒躁”，为有过失的战士刻下“知耻而后勇”等，使战士得到了真理的启迪和文化的熏陶，不少战士退伍多年还珍藏着这些篆刻章。有一个战士因打架而受了处分，不服气，还要闹事，连队干部做通了他的思想工作。这个战士找到戚政委要求为他写几个字，戚政委当即挥毫写下四个大字：“军营无悔”。后来，戚政委又有了新思路，决定创办书法、写作等学习班，组织老战士学习，由他亲自上课，让战士学上一技之长。他会写诗，在进行人生观教育中，他写了《人生只有三天》这首诗：“……手握昨天这部凝重的书，脚踏今天这方深沉的土，描绘明天这幅壮美的图。”在进行作风纪律整顿大会上，他没有讲套话，而是宣读了他写的遵纪守法《三字经》。这首《三字经》朗朗上口，易懂易记，很快在军营流传开来，后来还被《解放军报》刊用，号召全军学习借鉴。

这位多才多艺的戚政委就是这样把自身的多种技能，巧妙地融合在本职工作中，把政治工作做得有声有色，富于新意，卓有成效。这再一次印证了多才多艺对于领导工作的积极意义和实用价值。

作为领导者要善于把自己的艺术潜能充分发挥出来，既可用来丰富个人生活，又可有效地推动工作。即使你还未表现出这方面的才能，也应下决心学习和掌握一两招技艺。某部队有一个基层干部过去认为自己没有音乐细胞，可是他每天面对着生龙活虎、爱唱爱跳的青年战士，为了和他们玩到一起，有共同语言和爱好，于是他也买了一个吉他，硬着头皮学起来，不久他就成了一个很不错的吉他手。在晚会上，在业余时间里，他就弹上一曲，与青年士兵同歌同舞，打成一片，大家心贴得更近，工作也更有起色了。

这说明，学一点技艺并不太难。当然，所谓多才多艺并不是一个很专业的标准，通常只要拿得出手，比一般人强那么一点，就会被认可，受到欢迎。如此看来，任何一位领导只要分一点时间出来，都可能拥有某一方面的才艺，显示出艺术魅力。

» 懂得欣赏下属

著名企业家吴士宏女士在谈及当领导的体会时说，随着自己不断提升，与下属的关系变得很一般。发现问题后，尝试着克制自己的情绪，开始欣赏别人。学习先看懂别人的优点，再适时提出自己的意见。练习使暗劲，目标是让每个人都能发挥出优点，共同创造整体业绩。

她的经验体会提出了一个很有意义的课题，这就是：领导要学会欣赏别人，尤其是欣赏下属。笔者以为，懂得欣赏下属对领导而言具有积极意义。

其一，有助于塑造自身可亲可近的领导形象，展现亲和力，赢得下属好感，密切上下级关系。由于职责不同，领导与下属之间存在着一条界限，彼此之间常常有距离感。当下属面对一个不苟言笑、很少欣赏自己的领导者时，他们往往是敬畏多于亲近。相反，如果领导者对下属表现出某种欣赏的情感和态度，那情况就不同了。欣赏本身是对下属某种优点的肯定和人格的尊重，很容易让人感动和激动，下属会更加尊重领导，领导的威信就大大提高了。进而言之，下属还会把领导当成知己，当成朋友，这样就在彼此心灵之间架起一座桥梁，无形之中上下级关系就会和谐起来，出现同心协力、合作共事的局面。

其二，有助于优化领导的思想方法和工作方法，有力地推动工作。领导懂得欣赏下属，就会大大增强对下属的信任感，在工作中更加尊重下属的意见和建议，大胆地把重要工作交给他们去做，把下属的聪明才智调动起来。同时，领导欣赏下属就会眼睛向下，不断发现群众中蕴藏的能量，工作亮点，好的做法和先进典型，把这些推而广之，势必使工作流程得到最优化，工作效率大大提高。

其三，有助于激发和调动下属的积极性和创造性。领导欣赏下属常常会在表情和语言上流露出对下属才干的欣赏之意，当下属作出成绩时，又会慷慨地给予表扬和奖励，甚至会创造条件为下属提供表现才能的机会和舞台。对于领导的这种态度，下属是十分看重和感激的，哪怕是领导的一个欣赏的眼神，一句赞扬的话语，下属都会记在心上，当成一种激励的力量，更加尽职尽责，更加努力工作，把自己的潜力充分挖掘出来，工作就会有创造性，富有活力。

如此看来，领导者懂得欣赏下属，绝不仅仅是待人处世方式的问题，而且还是一种领导艺术。

正因为如此，领导者要十分关注、关心下属，在看人问题上，要调整好视角，克服偏见，尤其不要戴着有色眼镜看人。对下属要全面评价，及时发现和捕捉他们的优点长处，为欣赏下属提供客观依据。同时，欣赏下属必须出于真心，不能虚情假意。领导所欣赏的内容必须是下属确实存在，当之无愧的，不是虚构的。这样真心实意的欣赏，对方才会感动，感到愉悦。也只有真诚的欣赏才会变成一种鼓励、一种推动，才有积极价值。正是从这个意义上说，领导欣赏下属并不完全是一种技巧，而是一种真诚的心灵呼应和美好感情的流露。

然而，在现实中有些领导对此并不以为然。他们过分欣赏自己，以为自己能力强，比别人高明，对下属多是指示、支使，很少考虑他们的感受；工作上作出了成绩，以为是自己领导有方，看不到下属的贡献；有的领导则看下属毛病多，时不时敲打他们几句，搞得下属很紧张、很自卑，工作放不开手脚。这些现象从反面提示我们，提出欣赏下属的问题并不是多余的，有一定的现实意义。

英国历史上有位杰出的将领惠灵顿公爵，在他的指挥下，英国和普鲁士联军在滑铁卢一举击败了不可一世的拿破仑。尽管他才华很高，为人低调，可是对他的下属而言，他不是一个容易相处的人。他对下属要求极其苛刻，几乎没有一个下属得到过他的表扬和鼓励，直到晚年，他才意识到自己的欠缺。曾有一位女士问晚年的他："假如时光能够倒流，你能重新选择生活，你会做哪些与过去不同的事情呢?"

他肯定地回答说："我不会再吝惜我的称赞。"

这是他真诚的悔悟，也是对教训的总结。他的耐人寻味的悔悟，不啻是对我们有意义的提醒：那就是作为一个领导者在位时就应懂得欣赏他人，赞美他人，尤其对下属要不吝赞美之辞，千万不要等到卸任之后。

» 选条座右铭管自己

座右铭通常是自己写给自己看的一种简约文字。它针对性强，富于哲理，且被自己所推崇和信服，对自己做人处世有很强的警示意义。不少成功人士都选择一两条人生格言作为自己的座右铭，或置于案头，或悬于墙上，简短而醒目，看一眼便如警钟长鸣，让人警醒，对自己的言行产生巨大的点化、指导和约束的作用。从某种意义上看，座右铭是加强思想修养、优化性格作风的重要手段。作为领导者应拿起这一行之有效的自律武器。

从实际情况看，并不是任何话语都可以成为座右铭的。大凡座右铭都包含着积极向上的内容，浓缩了深刻的人生哲理，蕴藏着待人处事的真谛，闪现着理想信念的光华。因此，座右铭句句是妙语珠玑，字字如金玉良言。这样的语句绝不会是唾手可得的，它需要人们在人生旅途中用心去体验，在工作学习中潜心去发现，在不断思索总结中精心去捕捉，才可能挖掘出来，为己所用，借以让自己多一点理性自控，少一些任性而为，让自己尽职尽责地把工作做得更好。

1. 把他人的忠告当作座右铭。在人生之路上，自己最钦佩的人有时会对自己发出某种忠告，对自己的走向往往产生重大影响，从中受益匪浅，深受启示。于是，把这种至理之言当成座右铭，作为人生信条，将会管自己一辈子。比如，1946 年，年轻的吉米·卡特从海军学院毕业后，遇到了当时的海军上将里·科费将军。将军让他随便说几件自认为得意的事情。他得意扬扬地说起自己在海军学院的成绩：在全校 820 名毕业生中，我名列第 58 名。科费将军不但没有夸他，反而问道："你为什么不是第一名？你尽自己最大的努力了吗？"卡特惊讶不已，很长时间答不上来。从此，他牢牢地记住了将军这句话，并把它作为座右铭。每当遇到困难，或不努力的时候，他就问自己：你尽最大的努力了吗？在这条座右铭的鞭策下，他尽自己最大的力量努力做好每一件事，因而不断取得成功，最后成为美国总统，登上权力的顶峰。他卸任后写了一本回忆录就用了这个名字："你尽最大努力了吗"。

我们看到，一句话可以改变人的一生。在这里，上司的一句话看似很普通，但却点明了人生成功的真谛，指出了问题的要害，使他猛醒过来，以此作为座右铭指导自己，管了自己一辈子，而且受益终生。由此可见人生座右铭的巨大威力。对于青年干部来说，当自己尊敬的前辈对自己提出忠告的时候，万不可当成耳旁风，一听了之，应该想一想，自我对照一番，对于合理的就要见诸行动，说不定你会因此而得到一条座右铭呢！

2. 从自己的人生经验中提炼座右铭。在人生之路上，人们既有成功的喜悦，也会有失败的痛苦。当我们回首往事的时候，应从刻骨铭心的记忆中，发现并总结出具有某种指导意义的体会和感受。这种浓缩了个人经验教训的语言概括，就可能成为指导自己的处世原则和座右铭。如1989年鲍威尔出任美国参谋长联席会议主席时，第一天他就把一张卡片压在玻璃板下面，上写着：鲍威尔的座右铭："1. 事情并不像你想的那么糟。到新的一天来临时，它会变得好起来；2. 有时可以大发雷霆，然后要平静下来；3. 不要让你的自我太靠近你的职务，以免失去职务时，也会失去你的自我……"

显然，他的座右铭是对自己人生和工作经验的总结和升华，也是他在新的任职岗位上，对自己提出的标准和要求。对于一个权力很大的人来说，借助于这种座右铭进行自我约束是理智的，也是十分必要的。

一般说来，浓缩自己人生经验而形成座右铭，需要一个冷静的思索过程，完成从感性认识到理性认识的飞跃。而经过这一认识过程得出来的原则和信条，往往是被自己的实践所验证过的，是成熟的，因而也是自己深信不疑的，自然会有很强的约束力和指导作用。

3. 从名人名言格言警句中选择座右铭。人们在读书学习中，常常会发现一些闪光语言，让自己茅塞顿开，豁然开朗；更有一些名人名言，格言警句，蕴意深厚，耐人寻味，为人们所喜好，甚至让人情有独钟，爱不释手。不少人从中选择对自己最有益的精辟语句作为座右铭，置于眼前，这同样是十分管用的。

有位公司经理在开创事业过程中，为了防止自己滋生惰性和"小胜即足"的想法，便为自己选择了一条格言："最大的敌人是我们自己"，以此作为自己的座右铭。每当取得一点成绩的时候，就用它提醒自己，努力超越自己，向更高的目标进发，公司的规模越做越大，取得了非凡的发展。有个青年领导干部上任不久，在一位老领导家里看到大厅里悬挂着一条横幅，上书"人到无求便是德"，看罢很受触动，认识到不当欲望是万恶之源，联想到这位老领导的高尚品格，深悟到这句格言的价值。于是，他也照此，在办公室，在家里都悬挂了这样一幅字，以此抑制自己的欲望，管住自己，有效地保持了自己的清廉形象，受到群众的好评。

名人名言、格言警句都是他人经验的总结，言简意赅，有很强的指导作用，只要我们选准了，拿来为己所用，都能在一定程度上指导和约束自己的言行。

最后，不管是从他人那里借鉴的，还是自己概括出来的座右铭，有两点需要注意：一是必须有的放矢。要针对自己的思想实际和工作需要有针对性地选择座右铭，使之成为自己的心灵严师和场上监督，让它帮助自己驾驭人生方向，纠正为人处世的不足，修复作风性格的缺陷，根治思想方法工作方法的痼疾。针对性越强，作用就越大。二是座右铭要经常对照，照着去做。座右铭的指导作用并不在形式方面，重在言行一致，管住自己。有些人也写座右铭，但那是给别人看的，并不准备实行。这样的东西就成了摆设，毫无意义。当然，座右铭并不一定非写出来摆在桌子上不可，如果能刻在心上，自我警示，随时随地约束自己，那将能创造出最佳境界，让自己大受裨益。

» 自责使领导更有力量

某公司接到一批订单，因数额大、时间紧，管理部门习惯地把任务压到各车间，限期完成。各车间八仙过海，各显神通，采取不同措施，努力完成计划指标。其中一车间领导简单地把指标分配到人，要求员工加班加点，有时甚至连轴转，提出完不成任务就扣工资。由于员工长时间工作，睡眠不足，有位工人精力不集中，结果发生事故，受了伤，被送进医院抢救。此事发生在一车间，按照制度规定对有关责任人进行处理，并采取补救措施就可以了。但是，公司经理认为，出现这些问题，与公司领导有关。在问题检讨会上，经理分析了发生问题的主客观原因，指出事故折射出经营管理上的问题，我们还是粗放式的经营理念，平时不重视员工技能培养，素质提高，更不注意调动群众的聪明才智，进行技术改造，提高生产效率。任务一来就知道加班加点，拼人员、拼设备，结果出了事故，长此以往，公司不会有大的发展。所以，对这次事故，公司经理负有领导责任。他在宣布对责任人处分决定的同时，自己也作了深刻检讨，并扣发自己一年奖金，以示惩戒。经理自责自罚的举动，在公司引起很大震动。此前，不少基层领导对此次事故的严重性认识不足，以为事出偶然，力图推诿责任。经理的自责态度，使下属个个感到压力，纷纷从自身找问题，在思想上挖根源，总结经验教训，从而在经营管理理念上发生了质的飞跃，形成了转变发展模式，向创新要产值的共识。

在这里，领导的自责态度引起了一串正面的连锁反应，带来了多方面的积极成果，这也让我们看到了领导长于自责的意义。

首先，领导的自责展示出一种处世态度，一种责任意识。勇于自责的人通常是责任感强烈的人，他们面对错误哪怕是仅有一点点责任，也绝不推诿，敢于承担，这与那种遇事推诿塞责、文过饰非的态度形成鲜明的对比，很能表现领导者的勇气、公平公正的原则和纠正错误的决心，显示领导者的人格魅力。这种处世态度易于赢得人心、赢得下属、赢得信任，大大增强团队的凝聚力。

其次，领导的自责还是一种榜样、一种教育。当出现问题时，群众往往会自发地关注领导，看他们的态度和做法。如果领导坚持高姿态，主动承担责任，无形中就为下属做出了榜样，起到教育导向作用，有很强的示范意义，使下属从内心产生敬佩的同时，也会效仿领导，照着去做，反思自己，真正接受教训，纠正问题，使工作更上一层楼。

最后，领导的自责还是一种加压、一种激励。有时候，领导为了掌握批评教育的主动权，往往在自己率先承担责任的基础上，指出问题的症结，严厉批评下属的失误，给他们施加压力，促他们警醒。此时，由于领导者率先自责，分担了责任，又会使这种严厉批评显得更客观更公正更中肯更有穿透力，有助于突破下属的消极心理防线，自觉接受批评，提高认识，使问题得以彻底纠正。

有一段时间，天津市有些地区煤气压力不足，做饭都困难，有的煤气服务部门态度还差，居民意见很大。此事被当时担任天津市市长的李瑞环同志知道了。于是，他召集主管此事的公用局领导和群众代表开了个座谈会，听取群众的意见，现场解决问题。

在会上，针对群众代表提出的尖锐意见，李市长诚恳地承担责任。他说："市政府接受群众代表的意见。过去，天津市煤气等于零，现在气化率居全国第一。由于没有经验，又抓得不紧不实，出了些问题，我郑重向全市人民检讨。"

接着他进一步表态道："煤气化是城市现代化的标志之一。现代化的东西搞不好，还不如原始的；飞机出了问题，不如自行车安全。有了煤气搞不好，不如没有。老太太不管你公用局长有这原因、那原因，只知道点火就得着，不着就有问题。我要求市建委、公用局、煤气公司立即采取措施，保证居民用气。我向代表宣布：不会很长时间，在煤气供应上一定给大家一个可靠的感觉，不然就换班子，直到搞好。"

他的讲话赢得一阵热烈掌声。这次座谈会后，各部门立即行动起来，狠抓落实，不久，天津市的煤气供应问题果然得到了很好的解决，市民无不拍手称快。

此例再一次有力地证明，领导真诚的自责，对于塑造自身形象，对于引导下属，对于推动工作，都具有十分特殊的重要作用。

总之，当工作出现失误时，领导者采取什么态度，不但对群众的情绪和事态变化会产生重要影响，而且对自身的形象和权威也是一种考验。对于领导者来说，勇于自责，主动承担起责任是明智的选择。如此自责言行不但不会降低自己的威信，反而会赢得人心，让人心服口服，产生威信效应。正是从这个意义上说，敢于自责也是一种领导艺术。

》可贵的闻过则喜

某县领导为了尽快发展当地经济，提出了宏大的建设计划，很多开发项目同时上马。由于过于匆忙，在拆迁问题上引起百姓不满，出现了群体上访的问题。事发之后，在一次会议上，有几位局长向县领导提出质疑，有的甚至说得很难听，说领导不从实际出发，好大喜功，片面追求政绩。当时，县领导脸色很难看，一言未发就离席了。几位发表意见的同志见状，不免有些紧张，以为和领导唱反调，接下来自己不会有好果子吃。可是他们没想到几天后，县领导专门召开会议，让中层干部提意见，叫大家畅所欲言，什么难听话都要听。领导的这种开明态度让大家深感意外的同时，也受到激励和鼓舞。在会上，很多人都说了心里话，指出问题，说明本县经济条件有限，引进开发一定要从实际出发，保持适当的速度，量力而行，不然会引起后患，适得其反。

县领导虚心接受大家的不同意见，甚至是刺耳的意见，重新研究发展规划，拿出了切实可行的方案，再进行广泛讨论，很快统一了思想认识，大家群策群力深入做工作，再也没有发生群体事件，各项工作稳步推进。有位县领导很有感触地说，“古人说得好，闻过则喜，这实在是至理名言，作为领导如果听不得反面意见，一听即烦，八成会头脑发热，盲目行动办错事。多听听不同意见，才能冷静、客观一些，路也会走得更正更稳些。”

他的体会很有几分道理。很显然，闻过则喜还是“闻过则烦”是两种不同的思想境界和处世态度。作为领导者，由于职责在身，面对逆耳之言，绝不能只顾个人情感和面子，采取一概否定和排斥的态度，相反应从工作大局出发，从坚持真理和对人民负责的高度思考问题，从不同声音中吸取一切有益的东西。一句话，坚持“广开言路、闻过则喜”的态度是正确的选择。

当然，对于领导者来说，要做到闻过则喜并不太容易。他们必须端正自己的心态，从更高层次上思考问题，严格要求自己，才可能从善如流，闻过则喜。

首先，要多一点自以为“非”的思想。有些人所以听不进不同意见，根子就在于他们总是以为自己是正确的，好像真理永远在自己手里，所以就会对不同意见闭目塞听，闻过则烦。作为领导者一定要有自知之明，要懂得“智者千虑，必有一失”的道理。其实，任何人的认识都不可能永远正确，不可能时时事事总是真理。人们的认识都有一定局限性，不可避免地会存在空白或死角，因而在工作中出现某种失误或偏差。如果能这样想问题，他们就会变得谦虚一些，就会多一些自以为“非”，就会懂得尊重下属的不同意见，并鼓励大家发表不同意见。当面对不同意见时，不但不会烦，反而会表现得“喜闻乐见”，并展现出“言者无罪”“闻者足戒”的雅量。

其次，要多想想直言者的良好动机。有的领导听不得反面意见，问题还出在他们过多计较对方相悖的态度和逆耳的说法，而没有思考他们的动机和初衷。其实，下级敢在领导面前发表不同意见，其动机往往是积极的，是出于对上司对单位工作的关心和爱护，是有责任心和向心力的表现。也许他们的不同意见和说法偏激或过分，叫人听来难以接受。但是，领导者如果多想想他们的积极动机，多想想下属的可贵的责任感和事业心，就会看本质，看主流，“舍末求本”，表现出对直言者由衷的感激之情及善解人意的大度和欢迎态度。

最后，要真诚地吸取不同意见中的合理成分。领导者坚持闻过则喜态度，并不仅仅表现在听到意见不反感，不求全责备的态度上；更重要的在于要认真对待，高度重视，善于分析，能从不同意见中，看到积极的合理的有益的成分，哪怕其中有一点点正确因素，也要吸取过来，体现在工作方案和决策之中。这才是领导“闻过则喜”的真正价值。

事实表明，领导者坚持闻过则喜的态度，不但有助于避免工作出现失误和偏差，少走弯路，把事情办好；而且有助于树立领导自身的良好形象，更多地赢得人心，促使下级敢于直言，做到“知无不言，言无不尽”，增强团队的凝聚力，使上下同心同德，拧成一股绳，把工作做得好上加好。

» 多讲讲存在问题有益处

说到工作评价，有些领导喜欢讲成绩，而对问题谈得少，他们担心说问题太多会影响威信，丢面子，不利于工作开展。其实，这是一种错觉。从实际情况看，多讲讲存在问题，不但不丢人，反而更有益。

外交学院原院长吴建民在《外交与国际关系：吴建民的看法与思考》一书中有这样一段话：“有些时候，你讲一讲存在的问题，不丢人，反而有好处。原驻德国大使卢秋田同志对我讲过这样一个故事：1999 年，他陪同施罗德访华。施罗德第一次来中国，晚上在浦东机场降落，因为天黑什么都看不见。第二天早上窗子打开一看，‘不得了，这么发达呀！你们还是发展中国家？有些发达国家也赶不上你们’。当他这样告诉当时的上海市市长徐匡迪时，徐匡迪说：你只看到我们好的一面，我们现在面临的问题很多。我有几大难题，每天头疼，睡不着觉。一，国有企业改革，几十万的下岗职工怎么解决。二，城市拥挤。我们公共汽车上下班高峰时拥堵状况非常严重。三，城市污染。城市高速发展的同时，污染也越来越严重了。施罗德听了说：‘你们的市长了不起，头脑很清醒。我要用人就要用这样的人。’”

你看，市长对外讲问题，不但没丢人，反而获得了好评。常言道：“成绩不说跑不掉，问题不说了不得。”不讲问题或怕讲问题，甚至回避问题，并不一定能给自己加分。因为问题是客观存在，认识不到，或不下功夫解决问题，问题就成了隐患，迟早有一天会暴露出来，到那时就会真的丢丑了。相反，能看到问题，并敢于讲问题，说明领导者头脑清醒，有强烈的责任心和忧患意识，如此展示负责任领导的形象，反而易于赢得广泛的理解和信任。

“两会”结束时，有记者问温家宝总理，中国经济形势高增长低通胀，今后还能不能继续保持发展势头，温总理答道：“近些年来，中国经济保持了平衡较快的发展，但无论是过去、现在还是将来，都不必评功摆好。我的脑子里充满了忧患。‘名为治平无事，而其实有不测之忧。’中国经济存在着不稳定、不平衡、不协调、不可持续的结构性问题。”

在我国经济高速发展举世公认的大好形势下，温总理却充满忧患意识，敢讲存在问题，让人们看出他的为政品格、宽阔心怀、高度责任感和思想关注，这无疑对各级领导者都是很好的教导和示范。古人云：“生于忧患，死于安乐”作为领导者任何时候都应保持清醒头脑，眼睛盯着问题，心里充满忧患，问题一日不解决，就寝食难安。如此正视存在问题，敢于当众讲存在问题，无疑是一种自我警示，自我加压，逼着自己对问题深入思考，千方百计地寻求解决问题的良策；而且在决策时，也会更谨慎、更科学、更民主，使问题得到更快更好的解决。

进而言之，领导多讲讲存在问题，还是一种上下间的信息交流和思想沟通。有些带全局性的问题，下属和群众未必都十分清楚，如果光是领导自己扛着，形不成群体意识，问题解决起来难度就会很大，甚至得不到下属的支持和理解。如果领导多讲讲存在问题，一方面可以用自己的理念和风格影响下属和群众，让大家在成绩面前同样保持清醒，思路与自己一样清晰，上下一条心，同心同德地工作；另一方面，领导把自己看到的问题和趋势讲出来，让大家知道问题所在，心里也装上问题，一起开动脑筋，共同思索解决问题的办法，就能把大家的聪明才智充分调动起来，反而可能加快解决问题的速度。

» 要看重“口碑”

“金奖银奖不如老百姓夸奖，金杯银杯比不上老百姓口碑。”有些领导者十分看重口碑，一心为老百姓做事，把好口碑当成对自己的追求，当成最高的奖赏，实在是一种很高的思想境界和难能可贵的为官之道。

所谓口碑，通常是比喻群众口头上的评议之词。它不是在会议上、不是在正式公文里，而是在群众私下议论中交口传播的。其内容多涉及对为官者人品、业绩的褒贬评价，带有一定的自发性，流传快，影响面大，有时甚至胜过官方的正式定论。由于领导者地位的特殊性，他们不可避免地会成为群众舆论的焦点、世人评说的对象。所以，作为一个领导者关注自己的口碑形象自在情理之中。

一般说来，群众舆论是零散的、五花八门的，并不完全一致，有些可能是道听途说，议论也未必正确，其中不乏偏颇之词，不当之语。但是，如果从总体上分析，又不难发现，群众舆论往往有着明显的倾向性，锋芒所向大多不会离谱，十有八九是客观的公正的。比如，对于兢兢业业、作风正派、两袖清风的领导者，群众舆论的倾向总是赞赏多于贬斥，口碑好，即便他们存在缺点不足，也是瑕不掩瑜，舆论不会过分偏离大方向。相反，对于作风不正、成绩欠佳的领导者的口碑肯定不会好，他们的奇闻轶事会不胫而走，屡屡传播，令人侧目。这也从客观上印证了一句名言："群众的眼睛是明亮的。"

在现实中，有些领导较多重视来自上级的权威性的评价，而对于群众舆论并不在意，以为众说纷纭，不足为训。其实，这种认识是片面的。口碑虽然无形，但却十分有力。从一定意义上说，口碑体现着民意，是一种巨大的舆论监督力量。如果领导者不关注它，势必有损于自己在群众中的形象和威信，最终不但影响工作，而且还会影响自身发展。这方面的事例并不少见。比如有的基层领导干部作风武断，没人敢当面对他们说问题，他们听到的尽是阿谀奉承，看到的都是讨好笑脸。他们因而飘飘然，自我感觉良好，以为自己人缘不错。其实，他的口碑很糟，背地里人人唾骂。到民主选举时，没人投他的票而落选。这时他才大梦初醒，知道了真相，但后悔晚矣。

从根本上说，领导者严格要求自己，努力工作，追求佳绩，塑造自身的良好形象，这是赢得好口碑的关键。因为口碑无非是一个人工作姿态、人品面貌、处世作风在群众中的评价。只要领导者清正廉洁，真心实意为人民服务，尽心尽力的工作，不断创造出色的业绩，群众舆论必定给予充分肯定和赞扬，口碑一定很好。但这还不够，在此基础上领导者还有必要随时了解自己的口碑形象，借以发现问题，纠正失误，发扬成绩，使自己做得更好。

要放下架子到群众中去。领导者要走出会议室，主动和群众交往，了解群众的意见建议，倾听群众的呼声。在必要时可以进行领导与群众的对话，直接接受群众的询问，进行交流，了解群众的评价。当领导与群众接触时，要格外注意自己的言行分寸，要充分尊重群众，随和平易，给群众留下良好印象。群众与领导者打交道的机会毕竟不多，在短暂接触中群众十分相信直感。当群众感到领导诚实可信时，就会说心里话。此外，在业余时间领导还可以和群众一起进行娱乐活动，或到群众家里串门，此时群众就会完全解除对领导的戒备心理，距离感一旦消失，说话也就随便多了，领导者就可以听到群众的肺腑之言。

要善于从他人眼里看自己。在日常接触中，领导者应善于察言观色，听话听声。有时候，人们对领导说话并不直出直入，往往委婉曲折，也可能半藏半露，话里有话，那么你就要善于进行分析辨别，听得出其中的潜台词，从对方的表情中看到他对你的评价。比如有时赞扬话背后隐藏的却是批评，你就要敏感地意识到，这样就会多一点自知之明。

要多交几个诤友。一般情况下，直属下级为了自身的利益，往往看领导眼色行事，不一定说实话，话到嘴边只讲三分。可是诤友就不同了，他们与领导者没有隶属关系，而且有很强的责任感，一旦听到什么反映，他们会立即说出来，不怕驳领导面子，有时甚至疾言厉色提出批评。这样，领导者就多了几条听取来自群众评价之言的渠道。因此，领导者不但要听下级的汇报，而且还要多交一些非隶属关系的知心朋友，特别是敢于直言的诤友，必能听到更多的真话。

总而言之，领导者一定要关注自己的口碑，千万不要让群众在背后“戳自己的脊梁骨”。只要领导者能经常从口碑中看到自己，知道群众给自己打多少分，他们就会不断鞭策自己，警钟长鸣，减少失误，多出成果，进而得到群众的支持和拥护，赢得好口碑。

》领导要懂得节制

所谓节制，就是有意识的自我约束、自我限制。有人说，做人的最高境界是节制。这话很有道理，值得领导深思。

节制的对立面就是释放、放纵。对于有权有地位的人来说，他们在自己的领域之内，工作有成绩，自己又说了算，很容易忘乎所以，放纵自己。但，这是很危险的。一味释放，头脑膨胀，任性而为，必然会误入歧途，最终身败名裂。到那时，人们只能追悔不已：“如果当初自己稍稍节制一点，也不会有今天的下场。”

这也从反面告诉我们，节制是多么重要。人有欲望是正常的，就怕欲望膨胀而没有节制。因此，学会节制对任何人都是需要的，而对领导者来说尤其必要。

节制是一种理性行为，基本方法就是进行自我说服，调动理智的力量自觉规范自己的言行，对欲望进行必要的约束。为此，有必要从思想上弄明白以下几个问题。

1. 要正确看待自己的能量。大凡成绩突出的领导者，大多能力很强，能量很大。在这种情况下，人们容易目空一切，看不到节制的必要。因此，明智的成功者必须正确评估自己，懂得一个人能量再大，总还不是“佛法无边”，在你的头上还有天，在你脚下还有地。看到苍天在上，大地在下，你就会意识到社会并不是你一个人的，自己其实很普通，能量有限，那时你就会有所畏惧，不敢为所欲为，进而对自己的言行有所节制。

2. 要正确认识自己的成功。大凡领导者肯定有过人之处，但是不能忘乎所以，过高估计自己。有些人放纵自己，就是因为他们把功劳都记在自己的头上，以为成功全是自己奋斗的结果，因而助长了霸气，失去了节制自己的内在动力。其实，他们这样看待问题是片面的，不客观的，有必要实现认识的回归，想一想自己的成功到底从何而来？还有没有其他因素？这时，他们就会发现，任何成功原本是一种合力的结果。如某项事业做得出色，除了自己的努力之外，必然得益于上级的指导、同事的支持和下属的辛勤劳动等，如果离开了这些因素，成功几乎是不可能的。如果这样想问题，人们就会感到值得感谢的人很多，自己不过是幸运儿，不应该头脑发热，进而节制自己，夹起尾巴做人。

3. 要用成败先例警策自己。古往今来，有多少名人官宦因自觉节制自己而功勋卓著，名垂青史，被人交口称颂；也有不少名人官员因放纵自己，骄奢淫逸，而身败名裂。上述正反实例，为官之道，做人之道，成败经历，感悟之言，无疑都是一面面镜子，一声声警钟，对于今人来说是最好的教材和范本。时代背景虽然不同了，可是道理是相通的，示范意义是深刻的。如果人们能经常看看他们的言行及其对应后果，对照一下自己，从中找到自己的影子，就会警钟长鸣，使自己变得冷静起来，理智起来，深刻领会自我节制的意义，那时，节制自己就会成为自觉的行动。

当然，自我节制是件痛苦的事情。但是与无限释放可能造成的更大痛苦比起来，眼前这点小不便和小痛苦算得了什么？明智的领导者必须学会承受节制的痛苦。如果这样做了，人们便会享受到节制恩赐给自己的平安、自得和快乐人生。

» 要管住欲望

欲望是个好东西，也是个坏东西。对于领导者来说，尤其如此。

说它是个好东西，是因为人有欲望，有追求，才有动力，有进取心，人们为实现欲望而奋斗，去劳作，去创造，才干得以发展，本领得到提高，财富不断增多，事业走向成功。从某种意义上说，人们的欲望多高，成就就多大。

欲望之所以能改变人生、创造人生，就是因为欲望是一种目标，是努力方向，是一种内在驱动力。只要人们心中有更美好的东西召唤自己，就会有一种诱惑，让人们不满足现状，就会不断去探索，去尝试，去追求，去寻找另一片新天地，在那里大显身手。因此，欲望既是人的本能需求，也是人们追求高品位的动因。这正是欲望的价值之所在。

然而，欲望又是个坏东西。事实表明，欲望是人的一种本性因素，它常常与人性的弱点和劣根性相联系，具有自私性、膨胀性和极端性的特点。比如，人们与生俱来的占有欲、贪欲、色欲等，都是人性欲望中的不良因素。进而言之，有时在不良欲望支配下人们可能不择手段，甚至铤而走险，把自己引上悬崖，走向深渊。在现实生活中，很多有才干、有品德的人因欲望膨胀，做出伤天害理、违规犯法的事情，不但把个人的事业毁了，甚至把自己送上断头台。古往今来，无数坏事罪恶几乎都可以找到欲望恶性膨胀的内因。

正因为欲望既是个好东西，又是个坏东西，所以就看人们如何把握它了。欲望如同洪水一样，如果在堤坝之内就成了水利，而漫出堤坝就成了水祸。因此，作为领导者应保持清醒头脑，自觉成为欲望的主人，而不是欲望的奴仆，要有意识地管住自己的欲望，做到有疏有堵，趋其所利，避其所害，为我所用。

事实表明，管住欲望的关键在于自我控制。一个人的修养水平很大程度上取决于能否提高自控能力。自控水平越高，人们的修养程度就越高。古今中外有成就的人并不是没有欲望，而是他们善于为欲望定向定位，进行有效的控制和管理，使之保持在理性的有益的范围之内，使欲望释放出积极的正面的能量，推动自己走向成功。对欲望的有效自控可从以下环节入手。

1. 提高认识，靠理智控制欲望。对欲望最有约束力的因素来自于个人对于欲望利弊得失的认识。当人们意识到欲望失控可能带来巨大危害时，人们自然会警觉起来。因此，领导者应不断学习，提高思想认识，时常对个人欲望进行分析解剖，看它是否在道德法律规范之内，看自己的欲望是否积极。如果属于理想追求之类的欲望，就要助长，而对于不良欲望、过分的欲望、损人利己的欲望，就要进行压抑和消除。如此理性分析，就会多一些自律，为欲望的野马装上一条控制的缰绳，使之处于可控范围之内。

2. 冷静自省，让欲望与能力相匹配。有些领导的欲望很高，往往是不切实际地看待自己的结果。他们过高估计自己的能量和水平，从而把自己的欲望鼓动起来，以为自己无所不能，没有干不成的事。这是很危险的。在这种情况下，人们就可能被欲望所支配，失去控制，干出蠢事来。所以，人们要有自知之明，正确认识自己的能量，把欲望与能力统一起来，脚踏实地地追求自己可以达到的目标。

3. 防微杜渐，防患于未然。不良欲望的膨胀往往是从小是小非开始的。我们应牢记一句古训："勿以恶小而为之，勿以善小而不为。"要时时对自己言行的动机欲望进行检点，发现微小失误，不要姑息，坚决刹住，不使发展。这样从小事上把关，将欲望规范在合理范围之内，就能起到良性疏导作用，不至放纵欲望成恶性膨胀之势。

» 当心在爱好处失足

纵观有些领导者在廉政问题上跌跤，大多是栽倒在金钱、美色上。不过还有一个缺口也是不能不防范的，那就是个人嗜好。

在嗜好爱好处失足的事例，古已有之。郑板桥为人正直，有口皆碑，人称清官，他写得一笔好字画，远近闻名，很多人想得到他的手迹。不过，他一向鄙视权贵，从来不给富商大贾写字画，哪怕重金收买也是惘然。有一次，板桥出门赏竹，走在路上，听见不远处传来悠扬的琴声，于是循声而去。他走进一个大庭院，只见有位老翁在弹琴，书童在一旁煮狗肉。郑板桥闻到狗肉香味，顿时眉开眼笑，原来他有一大嗜好，就是爱吃狗肉，见到狗肉，便馋涎欲滴。

他问道："先生也爱吃狗肉?"老翁答道："百味唯有此最佳，你若喜欢，就请吃吧。"板桥如遇知己，也不客气便大嚼起来。他发现一面粉墙上空空荡荡的，就问："为何不挂些字画?"老翁答："没有好的。板桥先生字画，盛名已久，不知果真如何?"板桥笑着说："鄙人郑板桥，给你画两张怎么样?"顷刻间，他就为老翁留下了许多书画作品。

原来此老翁是个大盐商，自他得到板桥的书画后便洋洋自得，到处炫耀。至此，板桥方知自己中了他的狗肉计，好生遗憾。

在当今，因嗜好而失足者，也不乏其例。有一位主管房地产审批的处长，人称铁面，秉公执法，清正廉明。一次，有人想从他那里得到一块黄金地段土地使用权的批文，便采取种种卑劣手段，送金条、献美女、给回扣，处长不为所动，严词拒绝，确有刀枪不入的功夫。然而，行贿者并不死心，一计不成再用一计。这些人嗅觉灵敏，无孔不入，在研究对手中，发现一个秘密：处长爱好养鸽子。于是，行贿者以鸽友身份拎了一对名鸽求见。处长一见这对久闻大名的鸽子，喜出望外，那张一向板着的铁板面孔顿时绽开笑容，爱不释手。两个人侃起养鸽经，形同挚友，最终一对名鸽无偿奉送，处长笑纳了。后面，不消说批文顺利到手。一次交易过程不知不觉中完成。就这样，一个可以过很多关的铁汉子，最终却没能过了嗜好这一关。

看来，要想守住清廉，必须全方位地筑起防线，其中个人爱好、嗜好这个关口也是不能忽略的。

一般说来，嗜好是一个人最钟情的也是最难割舍的。而且人们往往把个人嗜好当成个人私事，以为与大事、政事没有多少联系。因此，从清廉的角度看，人们很少在这里设防，于是个人嗜好就成了防线中最薄弱的一环，十分易于为投其所好者留下缺口。

那些行贿者善于瞅准要害，从薄弱环节发起攻势，以满足你的嗜好为突破口，布下诱饵，引你上钩，只要你一旦咬住，那就由不得你了。比如，有的人爱好收藏，行贿者就送你名人字画；有的人爱好集邮，他就送上珍奇稀有邮票；有的人喜欢垂钓，他就会给你提供鱼塘、高级渔具；等等。总之，满足你最喜欢得到的一切，不由你不动心，不笑纳，那时你的心理防线就被撕开一道口子，不由自主地放弃原则，网开一面，为投其所好者打开了方便之门。真可谓“防贪之堤，溃于一‘爱’”。

话说回来，我们大可不必因噎废食，放弃爱好。爱好嗜好作为个人生活中最有滋味的一部分，完全可以爱之不却。不过我们应遵循“君子爱财，取之有道”的原则。为了守住清廉，我们应在个人爱好上加一把锁。当有人打你的嗜好的主意时，应清醒一些，对于那些慷慨的满足你嗜好的行为，不妨多长一个心眼，问一个为什么？想一想，它是不是一发糖衣炮弹？如果是，那就不必客气，宁可委屈一下自己的嗜好，拒之门外。那时，你的清廉防线就可能又多了一块甲板，而少了一个缺口。

» 在变故中反思提高

某单位群众评议领导干部时，给一位部长打了最高分。他工作勤奋，为人和善，体察民情，为群众办了不少实事，因而受到群众好评。其实，过去很长一段时间他的群众威信并不高，所以有如此大的变化，是得益于对两次变故的反思。

第一次是发生车祸，他被撞成重伤，当时路过的小汽车一辆接一辆风驰电掣般驶过，但没有人停车下来救人。后来被当地一个青年发现了，回村招呼一群人把汽车抬起来将他们救出，又抬着他跑步送到医院，才保住了他的生命。医生说再晚一会儿就没救了。他躺在病床上，反思自己的过去，愧疚之感涌上心头。在他看来，人死过一次之后，不但对生命意义的理解更深刻，而且对做人处世有了新的看法。他从普通百姓的同情善良与那些官员车辆的冷漠而过中反思到自己，发现自己为官多年的失误之处。比如，对人端架子，很少露笑脸，本来能办的事情也拖着不办；等等。他反思，他自责，他决心矫正心灵，弥补过失。出院后，他对人对事的态度大变，把群众关注的事情放在心上，见了群众总是笑脸相迎，没了架子，对于找他办事的人，只要不违原则的他都积极去办，绝不推诿，他甚至这样要求下属：如果你对群众的要求冷漠，你就不配当干部，你就走人！在他的带动下，这个机关的作风也发生了深刻变化。

再一件事是机关精简时他被免职。自从他失去权力后，他发现原来跟自己亲近的人对他冷淡了；先前甜言蜜语的人开始贬他了，说“早就看他没水平”；原来一天登三次门，对自己无微不至关照的人也不照面了。相反，这些人转而跑到新上任领导那里去了。他很伤感。这对他刺激很大，过去感到这些人很贴心很可爱很能干，现在觉得这些人很卑劣很势利。冷静下来，他反思现象背后的东西，真正认识到有些人唯权是尊，心术不正，不可重用。过去他对于正人与小人还没有多少体会，这一次他看清了势利小人的嘴脸，他懂得了这些人的亲近讨好，前呼后拥，绝不是对领导真有感情，无非是受权力魔杖的吸引和利益的驱使罢了。不过使他欣慰的是，他下来后，过去自己不太理睬的普通干部反而对他很热情，有的还安慰几句，到他家里坐坐。这一冷一热，使他看到了假意和真情的区别，懂得了哪些才是值得珍惜和信赖的。

又过了一年，他从党校学习毕业，官复原职。他又看到那些离他而去的人们的回归，蜂拥而至，极尽献媚之能事。但是，对这些人他再也热情不起来了，他从心底保持距离，相反更能听取不同意见，更加亲近正直的人。这位领导深有体会地说，如果没有这两次变故恐怕我还蒙在鼓里呢！人不能太顺，太顺了容易飘飘然，被一些假象所蒙蔽。变故和冲击使我清醒了，知道了如何看人用人，如何做人为官。

这位领导的肺腑之言值得我们深思。不过，笔者由此又想到另一个问题：撞车后懂得了仁义，免职后学到了公正，固然让人感到欣慰和庆幸，然而对于大多数领导来说，不可能人人都经历事故或免职的冲击，那么我们能不能在未遇变故的情况下也变得清醒些呢？答案是肯定的。一个良方就是多看看别人的经历和体会，从别人那里记取一点经验教训，反思自己言行，他山之石，可以攻玉，同样可以让自己走得正些做得好些，成为一个亲民爱民的受人尊敬的好官。总之一句话，问题的关键在于你自己，在于你想不想反思，能不能反思，会不会反思！

参考书目

王永盛等：《周恩来的语言艺术》，济南，山东大学出版社，1992。

甄小英：《周恩来坚持党性的楷模》，北京，中共中央党校出版社，1989。

李蔚：《周恩来和知识分子》，北京，人民出版社，1985。

王东：《能言善辩，妙语连珠》，北京，军事谊文出版社，1993。

季明 刘强：《周恩来的外交艺术》，济南，山东大学出版社，1992。

陈敦德：《毛泽东、尼克松在1972》，北京，昆仑出版社，1988。

张全珍：《周恩来的感情世界》，济南，山东大学出版社，1992。

新华社参考新闻编辑部：《日本友人回忆周总理》，1991。

高路：《共和国元勋风范纪事》，北京，人民出版社，1990。

胡志刚：《将帅轶事》，北京，华艺出版社，1989。

何晓鲁、铁竹伟：《一个人和一个城市》，北京，人民出版社，1983。

高永华：《巧舌胜似强兵》，北京，世界知识出版社，1991。